Ted Andr

Zauber des Feenreichs

Begegnung mit Naturgeistern

Ted Andrews

Zauber des Feenreichs

Begegnung mit Naturgeistern

SILBERSCHNUR

In Liebe für
Mutter Erde und
alle ihre Wesen

Orginaltitel: „Enchantment of the Farie Realm-Communicate with
Nature Spirit & Elementals“

ISBN 3-931 652-30-0

2. Auflage 1997

Coverbild: Angelica Ostholt
Covergestaltung: dtp XPresentation, Boppard
Satz: DTP-Servic-Studio, Rheinbrohl
Printed in Hungary

Verlag „Die Silberschur“ · Steinstraße 1 · D-56593 Güllesheim

Inhalt

VORWORT

ES IST ZEIT, SICH ZU ERINNERN

Als Kinder lebten wir in dem Bewußtsein, daß alles sein eigenes Leben und seine eigene Energie hat. Die Entfernung zwischen unserer Welt und dem, was wir jetzt "Phantasie" nennen, war nicht größer als zu dem Schrank in unserem Kinderzimmer oder dem Hof hinterm Haus. Jeder Grashalm, jede Blume wußte eine Geschichte zu erzählen. In unseren Ohren wisperte der Wind, Schatten wurden lebendig, und Wälder waren mehr als nur eine Ansammlung von Bäumen.
Bei unserer Suche nach dem modernen Leben haben wir verlernt, mit den Augen eines Kindes zu sehen, und machen uns lustig über jene, die dies tun. In einer Welt des High Tech und der Technologie sind wir den feinen Schwingungen der Natur gegenüber unsensibel geworden. Wir bauen Mauern um unser Leben, um uns vor dem zu schützen, was wir nicht verstehen. Obwohl unser Leben sicherer und behüteter zu sein scheint, hat es viel Staunen und Freude verloren.
Zauber des Feenreichs zeigt Ihnen, daß nichts auf der Welt stirbt. Auch wenn die Tore zum Feenreich im Verborgenen liegen mögen - es gibt eine Möglichkeit, sie zu finden. Mit diesem Buch werden Sie lernen, daß es noch richtige Abenteuer zu erleben gibt. Es wird Ihnen zeigen, daß Bäume sprechen können und Höhlen zu unsichtbaren Bereichen ins Innere der Erde führen. Es wird Ihnen helfen, sich zu erinnern, und Sie werden entdecken, daß Feen und Elfen immer noch in der Natur und in Ihrem Herzen tanzen.
Jeder Mensch hat ein Ziel, aber manchmal verliert er es bei seinen Schwierigkeiten mit den Aktivitäten und Verantwortungen des Alltags aus den Augen. Und so vergehen die Tage sinnlos und freudlos. Das Reich der Feen und Elfen erinnert uns daran, diese Freude zu bewahren und unsere Schöpfungskraft lebendigzuhalten.
Dieses Buch wird Ihnen helfen, das verlorene Kind in sich und den Zugang zum Reich der Feen wiederzufinden. Dadurch wird Ihr Leben neuen Glanz bekommen.

Widmung

Für Cara, Sarah, Nicolas und Ryan -
Für Teddy, Katie, Babs und Corey -
Und für jeden, dessen *Inneres Kind* immer noch das Wispern des Feenreichs hören kann

Mögen Ihre Augen immer offen sein!
Mögen Ihre Herzen überfließen!
Das, was verzaubert, schützt -
Mögen Sie sich dessen immer bewußt sein.

EINFÜHRUNG

EIN FEENMÄRCHEN

Ein Mann namens Brian verdiente sich seinen Lebensunterhalt damit, Ruten zu schneiden und Körbe zu flechten, die er verkaufte. Eines Tages konnte er die richtigen Ruten nicht finden, um die Qualitätskörbe, mit denen er sich einen Namen gemacht hatte, anzufertigen. Die Zeiten waren schlecht, und er wußte nicht, was er tun sollte - und das, obwohl draußen vor der Stadt eine Schlucht lag, in der eigentlich ausgezeichnete Ruten wuchsen. Aber niemand traute sich, die Ruten zu schneiden, weil die Sage ging, in der Schlucht würden Feen hausen. Brian glaubte nicht richtig daran, aber er achtete diese Sage.

Als sich die Situation weiter zuspitzte, beschloß Brian, trotzdem zu der Schlucht zu gehen.

Am nächsten Morgen stand er früh auf und machte sich auf den Weg zur Schlucht. Nach kurzer Zeit hatte er zwei schöne Bündel Ruten gesammelt. Als er sie zusammenband und sich anschickte, die Schlucht zu verlassen, bildete sich plötzlich dichter Nebel um ihn. Er wagte nicht, sich zu bewegen und ließ sich auf dem Boden nieder, um zu warten, bis der Nebel wieder abziehen würde. Dieser jedoch wurde stärker, und bald war er so dick und dunkel geworden, daß Brian nicht die Hand vor Augen sehen konnte.

Weil er Angst hatte, noch länger zu warten, beschloß er, sein Glück zu versuchen und sich auf den Weg nach Hause zu machen. Als er wie blind durch die Schlucht irrte, entdeckte er plötzlich in der Ferne ein Licht und steuerte darauf zu. Kurz darauf kam er zu einem großen Haus, dessen Tür offenstand; ein warmes Licht schien durch Tür und Fenster.

Als Brian den Kopf durch die Tür steckte, sah er einen alten Mann und eine alte Frau am Feuer sitzen. Sie lächelten ihn an und forderten ihn auf, sich zu ihnen ans Feuer zu setzen. Während sie sich unterhielten, bat der alte Mann Brian, ihm ein Feenmärchen zu erzählen.
Brian antwortete: "Das habe ich in meinem ganzen Leben noch nicht getan. Ich glaube nicht an Feen, und ich kenne kein einziges Feenmärchen."
"Nun denn", sagte die alte Frau, "dann hol uns wenigstens etwas Wasser."
Brian nahm den Eimer und ging hinaus zum Brunnen. Als er den Eimer mit dem Wasser wieder hochzog, rutschte ihm unglücklicherweise der Eimer wieder in den Brunnen. Er griff nach ihm, verlor das Gleichgewicht und fiel hinunter. Er stürzte tiefer und tiefer und landete schließlich sacht auf dem Boden. Aber, oh Wunder!, auf dem Boden des Brunnens gab es gar kein Wasser.
Statt dessen sah er ein Licht, und als er darauf zuging, war es ein Haus, in dem sich eine Gruppe Menschen für ein Fest versammelt hatte. Ein wunderschönes Mädchen kam auf Brian zu und begrüßte ihn.
"Hallo, Brian, du kommst genau richtig!" rief sie aus. "Jemand wollte gerade nach einem Fiedler Ausschau halten, damit wir mit dem Tanzen beginnen können. Und da tauchst du auf - der beste Fiedler von Irland!"

"Das habe ich noch nie in meinem Leben getan. Ich verstehe nichts von Fiedeln, und ich weiß auch nicht, wie man sie spielt."
"Mach mich nicht zur Lügnerin", sagte das schöne Mädchen, und mit einem Lächeln reichte es Brian einen Bogen und eine Fiedel.

Brian schaute erst das Mädchen und dann die Fiedel an, hob diese ans Kinn und begann zu spielen. Die Menschen lachten und tanzten und riefen, nie zuvor hätten sie jemanden gehört, der so schön fiedeln könne wie Brian. Brian lächelte und wunderte sich sehr.

Plötzlich kam ein Mann durch die Tür auf der Suche nach einem Priester, der die Messe lesen sollte.

Das schöne Mädchen stand auf und sagte: “Nun, du brauchst nicht weiter zu suchen. Brian hier ist der beste Priester von Irland.”

“Das habe ich noch nie in meinem Leben getan. Ich verstehe weder etwas von Messen noch bin ich ein Priester”, protestierte Brian.

“Mach mich nicht zur Lügnerin”, sagte das schöne Mädchen, und bevor Brian wußte, wie ihm geschah, stand er, in das Gewand eines Priesters gehüllt, am Altar und zelebrierte die Messe. Und die versammelte Gemeinde rief aus, nie zuvor hätte jemand die Gebete besser gesprochen.

Als er aus der Kirche trat, wartete das junge Mädchen auf ihn. Neben ihm standen vier Männer mit einem Sarg. Drei von ihnen waren klein, aber der vierte war so groß, daß der Sarg, als sie ihn hochhoben, kippte und schief hing.

Einer der Männer sprach: “Wir müssen einen Arzt holen, damit wir die Beine des Großen kürzen und den Sarg auf gleicher Höhe tragen können.”

“Nun, du brauchst nicht weiter zu suchen. Brian ist der beste Arzt von Irland”, rief das junge Mädchen aus.

“Das habe ich noch nie in meinem Leben getan. Ich verstehe nichts von Medizin”, protestierte Brian erneut.

“Mach mich nicht zur Lügnerin”, lachte das junge Mädchen und drückte Brian eine Arzttasche in die Hand. Brian nahm ein Instrument aus der Tasche und durchschnitt die Beine des

großen Mannes direkt unterhalb der Knie. Dann kürzte er die Unterschenkel um ein Stück und steckte die Beine wieder zusammen. Nun war der große Mann genauso klein wie die drei anderen. Brian war erstaunt über das, was er getan hatte.
Die vier Männer schulterten den Sarg und setzten sich in Bewegung. Das junge Mädchen folgte ihnen. Es drehte sich um und winkte Brian, mitzukommen. Als er ihnen nachlief, übersah er den offenen Brunnen am Weg, stolperte und fiel hinein, tiefer und tiefer. Schließlich landete er sanft auf dem Gras neben dem Brunnen vor der Tür des Hauses, in dem der alte Mann und die alte Frau lebten.
Als er wieder zu Atem gekommen war, füllte er den Wassereimer, der neben ihm lag, und trug ihn zurück ins Haus. Der alte Mann und die alte Frau saßen noch dort, wo er sie verlassen hatte, direkt am Feuer. Es war, als wäre er nie weggewesen. Er stellte den Eimer hin und setzte sich zwischen die beiden.
"Nun, Brian", sagte der alte Mann, "kannst du uns jetzt ein Feenmärchen erzählen?"
"Oh ja", antwortete Brian sanft. "Ich bin ein Mensch, der felsenfest an Feen glaubt. Und jetzt werde ich euch eine tolle Geschichte erzählen."

***

Ich kann mich an keine Zeit in meinem Leben erinnern, in der ich keine Feen gesehen oder gehört hätte. Wie das möglich war? Nun, indem ich Feengeschichten las. Ich war ein leidenschaftlicher Leser, und alles, was nur das Geringste mit Phantasie und Feenzauber zu tun hatte, zog mich in seinen Bann. Ich erinnere mich an viele Nächte, in denen ich, auf meinem

Bett liegend oder in einem Sessel zusammengekauert, Feenmärchen las, manche immer wieder.
Und ich erinnere mich an viele Gelegenheiten, bei denen ich die Gegenwart anderer Wesen spürte, auch wenn ich sie nicht immer sah. Manchmal entdeckte ich auf der Bettdecke Dellen, als wenn sich dort unsichtbare Wesen niedergelassen hätten, um sich an den Geschichten zu laben. Später sah ich dann flackernde Lichter und schließlich einen kleinen, bärtigen Mann, der sich, an die Wand am Kopfende meines Bettes gelehnt, eine Pfeife anzündete.
Er nickte mir zu, als solle ich fortfahren, und während ich las, schien er meine Gedanken wie gesprochene Worte zu hören, als wenn ich laut lesen würde. Er sprach nur wenig, ließ mich aber dennoch an seinen Gedanken teilhaben. Zuerst schien er sich mit dem Zuhören zu begnügen, obwohl seine zerklüfteten Züge sich jäh verändern konnten, wenn Elfen oder Zwerge in einer Weise beschrieben wurden, die offensichtlich beleidigend und falsch war. Dann schnaufte er und runzelte ärgerlich die Stirn. Dennoch bedeutete er mir mit der Hand, fortzufahren.
Manchmal las ich laut - mit flüsternder Stimme - und bei diesen Gelegenheiten wurden die Lichter um mich herum stärker, und es schien, als ob eine ganze Horde um mich herumsaß. Viel später, als ich die Geschichte von *Peter Pan* las, war ich immer tief beeindruckt von der Ähnlichkeit der Szene in meinem Zimmer mit jener von Peter Pan, der draußen vor dem Fenster saß und Wendy lauschte, die ihren Brüdern Geschichten vom Niemandsland erzählte.
Viele Male in meinem Leben habe ich den kleinen Mann gesehen. Ich glaube, er ist mein 'Glückszwerg'. Obwohl dieser Ausdruck ihn zu einer Art Maskottchen zu machen scheint, ist er alles andere als das. Im Gegenteil: Er ist ein wundervoller

Lehrer und Freund, der mich so akzeptiert, wie ich bin. Jahrelang hat er mich auf meinen magischen Wegen begleitet und die Mysterien des Feenreichs für mich erschlossen. Wann immer ich deprimiert bin oder nicht weiß, wie es weitergehen soll, taucht er auf, und die Räder beginnen sich in meine Richtung zu drehen. Ohne ihn wüßte ich nicht, daß es Magie gibt und Wunder geschehen können - und daß das Leben dazu dient, sie zu erleben.

Auch heute noch kommt er auf Besuch. Als ich das Material für dieses Buch sammelte und zusammenstellte, machte er sich bemerkbar, wie er es immer tut - zuerst durch den Geruch seiner Pfeife und dann durch sein Erscheinen. Er beobachtete mich genau und prüfte das Material, das ich zusammentrug.

Vielleicht liegt es an seiner ständigen Wachsamkeit, daß ich niemals an seiner Existenz oder der anderer Wesen seines Reiches gezweifelt habe, und vielleicht habe ich ihm zu verdanken, daß meine Phantasie immer lebendig geblieben ist. Vielleicht liegt es an ihm, daß ich mich immer geweigert habe vorzugeben, etwas, was ich sah, sei nicht real. Vielleicht liegt es an ihm, daß ich ein wenig von Peter Pan in mir trage, das sich weigert, erwachsen zu werden. Und das ist gar nicht so schlecht. Erwachsen werden bedeutet, einen Teil der Kindheit abzulegen, es sollte jedoch niemals bedeuten, den *Geist* der Kindheit abzulegen, denn wenn der Geist verschwindet, verschwinden auch die Freude und das Wunder des Lebens. Dann ist das Erwachsenwerden nichts anderes als Altern ohne Wachstum.

Kapitel 1

LEGENDEN UND MYTHEN

Nichts regt die Phantasie mehr an, als sich mit Feen und Elfen zu beschäftigen. Leider sind wir bei unserer Suche nach dem modernen Leben unsensibel geworden für die Feinheiten der Natur. Wir haben Mauern um uns gebaut und schützen uns vor dem, was wir nicht verstehen.

Wir gehen selbstverständlich davon aus, daß wir alles über die Welt wissen. Schließlich haben wir alle Ecken erkundet, die Ozeane erforscht und sind sogar in den Weltraum geflogen. Und dennoch hören wir immer öfter von Menschen, die auf der Suche sind nach einer Welt, die einst unsere Mythen und Legenden gebar. Die Menschheit ist auf dem Weg zu entdecken, daß viele unserer Mythen und Legenden Wahrheit sind. Das ist der Grund, warum sie uns immer noch fesseln und faszinieren. Sie bringen eine ursprüngliche Saite in uns zum Klingen. Das Wissen über feinstoffliche Bereiche ist vielfältig und in jedem Teil der Welt zu finden. Ob *Tir nan Og, Niemandsland, Eden* oder *Avalon, Hesperides, Elysium, Em Hain* oder *Middle Earth* - von den alten Sumerern bis zu den alten Griechen - die Existenz anderer Reiche neben unserer sichtbaren Welt ist eine feststehende Überzeugung. Dieses Wissen ist nicht immer nachprüfbar. Vielleicht ist das gut so, denn wenn das Leben alle seine Geheimnisse verliert, verliert es auch seine Lebendigkeit.

Das meiste, was wir vom Feenreich wissen, haben wir aus Märchen, Geschichten, Erzählungen, Gedichten und Liedern. Sensitive, Mystiker und Seher sind ebenfalls traditionelle Quellen. Tatsache ist, daß jene Bereiche jedem von uns mit ein wenig Wissen und Wahrnehmungsfähigkeit offen stehen. Das

Reich der Feen ist nur so weit entfernt, wie wir es zulassen.
Ob durch Mythen, Legenden oder Feenmärchen - diese Geschichten werden oft nicht als das angesehen, was sie eigentlich sind - Allegorien und eine Widerspiegelung größerer Wahrheiten und eines höheren Bewußtseins. Sie inspirieren uns, uns auf die Suche zu begeben - die Suche nach unserer spirituellen Essenz und der Möglichkeit, ihr im physischen Körper mit Ehrfurcht und so wirkungsvoll wie möglich zu begegnen. Eine solche Suche ist ein Ruf nach dem Abenteuer, aber auch eine Zeit des Wachstums und des Reifens - der Einweihung in die höheren Mysterien.
Wenn wir uns auf diese Mythen und Mysterien einstimmen, wird unsere Psyche aufnahmebereit. Das schärft unsere Wahrnehmungsfähigkeit, erhöht unser Bewußtsein und schafft so neue, bessere Möglichkeiten, die für unser Leben nur sinnvoll sein können. Wenn wir uns den Möglichkeiten des Feenreiches öffnen, bringen wir Farbe, Kreativität und Zauber in unser Leben zurück.
Wer sich mit den Mythen und Sagen der Völker auf der ganzen Welt beschäftigt, findet schnell heraus, daß sie alle an feinstoffliche Wesen, höhere und niedrigere, glauben. Für manche sind sie weniger als Götter und mehr als Menschen, für andere die Geister der Toten. Wieder andere sehen in ihnen Überbleibsel einer Rasse, die älter ist als die Menschheit. Und für noch andere sind sie Teil eines Königreichs aus Engeln oder Devas, die durch ihre eigene Art der Evolution arbeiten.
In diesem Buch werden wir einige der gebräuchlichsten Fäden dieses magischen Gespinstes untersuchen. Es ist eine Synthese, die nicht wissenschaftlich nachprüfbar, sondern nur persönlich erfahrbar ist. Dieses Buch bietet eine Art "Karte" für Ihre Suche nach diesen verborgenen Schätzen und basiert auf alten Schriften und meinen eigenen Untersuchungen. Diese Fäden

können Sie ganz persönlich entwirren - indem Sie sich eingehend mit der Literatur beschäftigen, die in den einzelnen Kapiteln angegeben ist, die beschriebenen Techniken und Übungen anwenden und sich mit den entsprechenden Volkssagen befassen. Wissenschaftliche Daten dazu gibt es nicht.
Natürlich wird es immer Menschen geben, die behaupten, dies sei nur "erfundenes Zeug". Sie werden sagen, dies alles sei ein Produkt der Phantasie, die Suche eines "Tölpels" oder sogar Teufelswerk.
Wir Menschen neigen zu Blasiertheit. Wir möchten gerne glauben, wir wären die höchste und einzige Form intelligenten Lebens. In einem Universum, das so riesig ist wie das unsrige, ist ein derartiges Verhalten arrogant. Ebenso wie es viele Kräfte im Universum gibt, die wir nicht oder noch nicht verstehen, gibt es Dimensionen und Wesen, die wir noch nicht kennen oder verstehen.
Und immer werden viele Menschen den Kontakt mit jedem Wesen oder jeder Energie außerhalb der physischen Ebene fürchten. Gewöhnlich sind die heftigsten Vertreter dieses Standpunkts jene, die auch den Kontakt mit anderen Menschen außerhalb ihrer eigenen Rasse, ihres eigenen Geschlechts und ihrer Religion ablehnen. Was ein Mensch fürchtet, wird er leugnen und zu zerstören versuchen.
In einem Universum unendlicher Energien und Lebensformen kann alles, was unser Bewußtsein erweitert und Freude in unser Leben bringt, nur von Vorteil sein. Wenn wir uns zuerst der Möglichkeit als solche und dann der Wahrnehmung der Wirklichkeit öffnen, machen wir uns bereit für die Wunder des Lebens, die nur darauf warten, erforscht zu werden. Wir öffnen uns den Mysterien des Lebens, und das gibt uns neue Chancen, in unserem persönlichen Leben mehr Erfüllung, Wohlstand und Freude zu finden.

Noch immer hält das Leben einen alten Zauber für uns bereit. Es lädt zu Reisen ein in das Unsichtbare, in nicht erforschte Welten. Einst war die Entfernung zwischen unserer Ebene und jener, die wir als "Phantasie" bezeichnen, nicht weiter als ein Steinwurf. Jede Höhle, jeder hohle Baum war die Schwelle einer anderen Welt, und in allem entdeckten die Menschen das Leben. Die Flüsse sangen und der Wind wisperte uralte Worte in die Ohren eines jeden, der zu lauschen vermochte. Jeder Grashalm, jede Blume konnte eine Geschichte erzählen. Mit einem Augenzwinkern ließen sich ganze Welten entdecken und ein Wissen erkunden, das das Leben mit Licht erfüllte.
Schatten waren nicht nur Schatten, Wälder nicht nur Bäume und Wolken nicht einfach nur schön. Alles vibrierte vor Leben, alles hatte einen Sinn, und zwischen den Welten herrschte eine liebevolle Verbindung.
Heute haben wir verlernt, mit den Augen eines Kindes oder eines Sehers zu sehen. Statt dessen lachen wir und machen uns über jene lustig, die dies alles noch nicht vergessen haben. Und das ist der Grund, warum sich die "Gesegneten" zurückgezogen haben. Der Raubbau, den wir mit der Natur und uns selbst betreiben, schreckt sie ab, und so vermeiden sie, wenn auch auf Menschen neugierig, den Kontakt mit uns.
Doch keine Welt stirbt ganz. Jene alten Welten existieren noch, auch wenn der Zugang zu ihnen dunkler geworden ist. Heute müssen wir danach suchen. Aber immer noch gibt es richtige Abenteuer zu erleben, immer noch stehen Töpfe, gefüllt mit Gold, am Ende des Regenbogens.
Ich glaube an Feen und Elfen. Ich glaube an Bäume, die sprechen können, und an Höhlen, die zu den Reichen unter der Erde führen. Ich weiß, daß es Drachen und Prinzessinnen gibt und Weisheit in allen Dingen. Ich habe Engel und Devas gesehen und Wesen, die mit uns arbeiten bei allem, was wir tun.

Meine Welt ist voller Farbe, voller Freude und voller Wunder. Jede Seele hat ein Ziel, aber manchmal verlieren wir dieses Ziel im Alltag aus den Augen, und unser Leben dümpelt dahin - ohne Sinn und Freude. In diesen Zeiten versucht die Seele, uns durch ihre Verbindung mit dem Göttlichen daran zu erinnern, daß etwas fehlt. Das Reich der Feen kann uns helfen, Freude und schöpferische Kraft lebendig zu halten. Und so hoffe ich, daß dieses Buch und seine Techniken Ihnen helfen werden, Ihren eigenen Zugang zu diesem Bereich zu entdecken und Ihrer Seele neues Leben einzuhauchen.

Die Reise zwischen diesen Welten ist oft als gefährlich bezeichnet worden. Selbst wenn diese Bereiche nur kurz berührt werden, machen sich beim einzelnen oft deutliche Veränderungen bemerkbar. Er entwickelt eine gewisse Ruhelosigkeit und sein äußeres Leben wird von einem inneren Sehnen bestimmt. Das Gefühl, nie wirklich dazuzugehören, wird stärker, und gleichzeitig entsteht das innere Wissen, daß es irgendwo einen Ort gibt, an dem alles zueinanderpaßt. Ein Mensch, der nie oder nur sehr wenig schläft, mag zu jenen gehören, die den Fuß über die Grenze gesetzt haben. Ein Mensch, dessen Träume durch seltsame und lockende Bilder gestört werden, hatte vielleicht das Glück der Begegnung mit einer Fee.

Oft verlieren Menschen, die mit Feen zu tun gehabt haben, ihre Identität. In vielen Erzählungen wurde er oder sie ein Geist, den man nicht wiedererkannte, das Selbst wurde gespalten. Solche Erzählungen enthalten oft mehr, als bei oberflächlichem Lesen oder Hören zutage tritt.

Wenn wir uns neuen Erfahrungen öffnen, werden wir uns verändern - das ist klar, und die, die uns nahestehen und gewöhnt sind, daß wir uns so oder so verhalten, werden spüren, daß wir nicht mehr dieselben sind. Das ist für sie verwirrend. Derartige Erlebnisse können einschneidend für das Selbst sein, aber mei-

stens ist das sogar gut. Wir reden nicht von einer gespaltenen Persönlichkeit, sondern von einer Loslösung von alten, täglichen Ritualen des Lebens die schal geworden sind, und der Öffnung für neue, kreative Möglichkeiten.
Die menschliche Essenz ist ein erstaunliches Gebilde. Wir sind multidimensional und haben ein Energiesystem, das es uns ermöglicht, auf vielen Ebenen - der physischen und anderen - wahrzunehmen und zu reagieren. Unglücklicherweise erstarren die meisten Menschen in Routine und einem Lebensmuster, das statisch und automatisch wird und wenig Raum bietet für alles, was über das Gewohnte hinausgeht. Die meisten wollen die Vielfalt der Möglichkeiten, die das Leben bietet, und die Energien jenseits der sichtbaren physischen Ebene nicht kennen und erfahren.

DIE KÖNIGREICHE DES GÖTTLICHEN

Dies ist nur e i n e okkulte Konstruktion. Es gibt viele Dimensionen, die die physische Ebene umgeben und durchdringen. Mit der richtigen Übung und Praxis können wir lernen, durch unser inneres Energiesystem mit den Wesen dieser Dimensionen Kontakt aufzunehmen.

Existenzebenen	Feinstoffliche Wesen
Göttlich	Götter, Göttinnen
Monadisch (1)	große planetarische Geistwesen
Atmisch/geistig (2)	Gebieter der Devas, Devic Lords, Meister
Buddhisch/intuitiv (3)	Avatare, Adepten
Mental	Erzengel
Astral	Große Devas Engel
Ätherisch/Physisch	Naturgeister, Elementarwesen

(1) die sechste der sieben Ebenen, eine sehr feinstoffliche ätherische Schwingung; ein Bewußtseinszustand, in dem das Allumfassende beginnt und endet.

(2) die dritte der sieben Ebenen, die dem Monadischen auf seiner Reise nach oben zum Ausdruck dient.

(3) die vierte der sieben Ebenen, auf der das Bewußtsein beginnt, allumfassende Liebe zu verströmen und menschliche Nächstenliebe zu praktizieren, damit die Seele wachsen und reifen kann. Auf dieser Ebene spielen Intuition und Inspiration eine große Rolle.

Wer sich dem Feenreich öffnen möchte, muß lernen, mit diesen höheren Wahrnehmungsformen umzugehen. Das menschliche Energiesystem kann so gesteuert werden, daß es sich leichter auf die feinstofflichen Einflüsse des Lebens einstimmt, sowohl auf die Bedürfnisse derjenigen, die uns umgeben, als auch auf die Wesen im Feenreich.

Feen und Elfen sind Kinder von Mutter Natur und so vielgestaltig wie die Natur selbst. Sie variieren in Größe, Form und Persönlichkeit und sind nicht gebunden an die Regeln der Materie, die wir ihnen oft auferlegen möchten. Mit all' den Zeugnissen und Informationen, die wir durch Märchen haben, ist es schwierig - wenn nicht gar unmöglich -, eine Theorie zu schaffen, die sie alle auf einen Nenner bringt. Sie sind zu unterschiedlich, und wir müssen uns daher fragen: "*Müssen* sie überhaupt organisiert und vereinheitlicht werden?"

Wie bei allem, was mit Feen und Elfen zu tun hat, liegen die Ursprünge der Namen im Dunkeln. Die Bezeichnung "Fee" scheint aus dem lateinischen Wort *fatum = Schicksal* zu stammen, in Würdigung der Fähigkeit der Feen, das menschliche Schicksal vorauszusagen und zu steuern. In Frankreich weist der Begriff *feer* auf die Fähigkeit der Feen hin, die Welt, die die Menschen sehen, zu verändern - indem sie über das menschliche Sehen einen Zauber werfen.

Im Deutschen wurde das Wort Fee von dem französischen *fée* = Zauberin übernommen.

Ein anderer Begriff für Fee ist *Elfe*. Er stammt aus der skandinavischen und germanischen Tradition und Sprache. Im Skandinavischen steht für den Begriff 'Elfe' *Alfar*, was sich auf jeden Berg-, Wald- und Wassergeist beziehen kann. Das ist insofern sinnvoll, als wir im allgemeinen Elfen und Feen mit allen Bereichen der Natur verbinden.

Wahrscheinlich werden einige Menschen etwas gegen Fee und Elfe als Bezeichnung für alle Naturgeister haben, aber es würde den Rahmen dieses Buches sprengen, alle Variationen

und Namen dieser Wesen zu beschreiben. Es ist daher eher ein Versuch, das Verständnis der Leserinnen und Leser zu wecken, mit diesen Wesen wirkungsvoller zu arbeiten.
Zu der Zeit, als jeder Baum noch einen Namen hatte und jedes Reh unter einem Namen bekannt war und bei diesem gerufen wurde, hatte das "Kleine Volk", wie es manchmal genannt wird, in der Welt noch eine wichtige Position. Diese Wesen waren zahlreich und sehr mächtig und spielten im Alltag eine wichtige Rolle. Der Mensch war nicht der übergeordnete Herrscher über die physische Welt. Es gab viele Wesen in vielen Formen - oft in Geschicklichkeit, Stärke und Kraft den Menschen gleich oder sogar überlegen.
Viele dieser Wesen lebten mit den Menschen zusammen und arbeiteten mit ihnen. Sie halfen ihnen bei der Saat und lehrten sie, nach den Mond- und Sonnenzyklen zu pflanzen. Doch irgendwann hörten die Menschen nicht mehr auf ihren Rat. Als die Natur gezähmt wurde, zogen sich die Feen, die sie schützten, zurück.
Die Menschen bauten Grenzen und Gebäude, was für die Feen Probleme mit sich brachte, da sie Wesen sind, für die Zeit keine Grenze hat - ebenso wenig wie die Natur. Als die Wälder von den Menschen in Besitz genommen und gesäubert wurden, begann der Rückzug der Feen. Mit dem Aufkommen des Christentums gingen der Glaube und die Anerkennung dieser anderen Lebensformen schließlich beinahe vollständig unter.
Die Menschen kappten die Bande, die sie mit der Welt der Feen verband. Früher hielt man die Verbindung zu den Kräften der Natur durch Opfer, Gesang, Lob und Gebet lebendig.
Heute ist das nicht mehr so. Obwohl das Dankgebet vor dem Essen ein Relikt dieser alten Rituale ist, reicht dies allein nicht aus. Wenn wir die Verbindung zur Natur verlieren, sterben die Dinge, und dasselbe gilt für die feinstofflichen Ebenen. Viele

der Geschichten über bösartige und grausame Streiche dieser Wesen (also, wenn die Milch sauer wird und ähnliches) spiegeln die Antwort auf den Mißbrauch und die Vernachlässigung wider, die die Menschen diesem Reich und seinen Bewohnern entgegenbringen.

Viele Türen haben sich geschlossen. Einige Wesen im Feenreich haben sich vollständig zurückgezogen. Sie verschwanden mit den Wäldern. Andere haben sich dem Leben der Menschen angepaßt. Und wieder andere finden sich überall dort, wo die Natur noch lebendig und aktiv ist.

Und noch andere sind tief unter die Erde gegangen. Aber immer noch gibt es Hausgeister und Wichtel, und oft genug finden sich im Keller oder auf dem Dachboden dunkle Elfen. Jeder Baum und jede Blume hat ihren Geist, und jeder Wald seine "Waldfrau". Gelegentlich sieht man Trolle in Gräben, an Gittern oder unten an Brücken herunterhängen. Wo die Natur am freiesten und wildesten ist, sind Feen und Elfen nicht weit.

Heute ist das Feenreich nicht mehr so leicht zugänglich. Das Land der Schatten liegt zwar irgendwo auf dem Land verborgen, ist aber nie klar zu sehen. Jede Öffnung im Wasser oder auf dem Land kann ein Zeichen für eine Grenze zum Zauberreich sein - sei es ein Strudel, ein See, eine Höhle oder ein Brunnen; es kann eine Biegung der Straße oder die Kreuzung zweier Wege sein. Auch wenn die Eingänge unbestimmt und schwer faßbar sind, sie lassen sich aufspüren.

Kinder, Poeten, Sensitive und Heiler finden sie oft, ohne daß es ihnen bewußt wird. Menschen mit dem Zweiten Gesicht, Menschen, im Frieden mit sich und im Einklang mit der Natur, haben Zugang zu diesen Bereichen und den wunderschönen Wesen, die dort leben.

Dieses Buch wird Ihnen helfen, diese Türen zu finden, und Ihnen Hilfsmittel zur Verfügung stellen, sich den Freuden des Feenreichs zu öffnen.

DAS FEENREICH ERLEBEN

Obwohl viele Wesen aus diesem Reich den Kontakt mit Menschen ausweichen, hat jeder mit ein wenig Geduld und Hartnäckigkeit die Fähigkeit, ihnen zu begegnen. Die Bewohner dieser Reiche sind neugierig auf Menschen und die Lebendigkeit, die diese zum Ausdruck bringen, und sie sind uns näher, als Sie sich vielleicht vorstellen können.

Wie wir in späteren Kapiteln sehen werden, haben die Mitglieder des "Kleinen Volks" viele Fähigkeiten. Auch wenn wir sie anfangs mit dem physischen Auge nicht wahrnehmen können, sind die Orte, an denen man sie finden kann, durchaus physisch und sichtbar. Je mehr Zeit Sie an derartigen Orten verbringen, desto größer ist die Wahrscheinlichkeit, daß Ihnen ein Kontakt gelingt.

Zuerst werden Sie die Anwesenheit von Feen und Elfen durch die fünf Sinne erleben - dies kann ein Duft sein oder ein Funkeln im Augenwinkel. Vielleicht tränen auch Ihre Augen ein wenig. Oder Sie hören ein leises Klingeln. Je mehr Sie auf diese Wahrnehmungen achten, wie leicht oder imaginär sie auch sein mögen, desto stärker werden Sie sich ihrer Gegenwart bewußt werden. (Und, Vorsicht! - Denken Sie nicht, alles, was *Einbildung* ist, sei *nicht real.* Diese beiden Begriffe sind nicht austauschbar).

Die meisten Techniken, geistige Kontakte jeglicher Art herzustellen, sind einfach und stützen sich auf wirkungsvolle

Meditationsmethoden. Wenn wir uns einer Vision öffnen wollen, müssen wir lernen, in diesem meditativen Stadium die Stellung der Augen zu verändern. Dies geschieht oft automatisch, wenn wir uns in einem veränderten Bewußtseinszustand befinden. Visualisierung, Konzentration und kreative Vorstellung führen zu höheren Formen der Inspiration und einer vollbewußten Wahrnehmung des Feenreiches.

Von den drei genannten Eigenschaften ist die kreative Vorstellungskraft die wichtigste. Wer sie richtig entwickelt, wird den Zugang zum spirituellen Hintergrund des physischen Lebens finden. Wir lernen, die spirituellen Essenzen und Energien zu sehen, die die physische Welt ständig umgehen und mit ihr in Wechselwirkung stehen. Um damit arbeiten zu können, muß die Energie, die vom übersinnlichen auf den sinnlichen Bereich des physischen Lebens übertragen wird, die Form von Bildern annehmen. Dies gilt auch für die Arbeit mit dem Feenreich. Die Wesen dieses Reiches werden oft in dem Gewand erscheinen, das wir in unserer Vorstellungskraft gesehen und erwartet haben.

Was wir als Imagination ansehen, ist in einem Bereich jenseits der normalen Welt der fünf Sinne Realität, wenn auch in anderer Form. Mit der kreativen Vorstellungskraft schaffen wir eine neue Bewußtheit und eine neue Verbindung in Form und Farbe zu jener Welt. Meditation hilft uns, die Fähigkeit des Geistes anzuregen, Bilder zu schaffen und wahrzunehmen.

Dies führt zur Aktivierung der rechten Hirnhälfte. Durch die rechte Seite des Gehirns nehmen wir Dinge wahr, die Phantasie sein mögen - nur sichtbar für das geistige Auge - oder erinnern uns an Dinge, die real sein können. Wir sehen, wie die Dinge im Raum existieren, und wie sich einzelne Teile zu einem Ganzen zusammenfügen. Wir sehen, was verborgen sein mag, wir verstehen Metaphern, wir träumen und erleben

Erkenntnissprünge. Das Intuitive, das Subjektive, das Miteinanderverbundensein, das Ganzheitliche, das Zeitlose - sie alle sind Vorgänge der rechten Hirnseite. Die durch diese Hirnhälfte geschaffenen Bilder reflektieren die Informationen und Daten, die wir durch die Sinne erfaßt haben - Vergangenheit, Gegenwart und Zukunft. Die rechte Hirnhälfte ist eine direktere Verbindung zu den tieferen Schichten des Unterbewußtseins, in denen alte Erinnerungen und feinstoffliche Wahrnehmungen gespeichert sind.

Aber woher wissen wir, ob das, was wir erleben, nur eine Reflexion unserer kreativen Vorstellungskraft ist oder ein tatsächlicher Kontakt mit dem Feenreich?

Zu Beginn verwenden wir die meditativen Übungen und beobachten uns dabei, indem wir uns ausmalen, wie wir es tatsächlich erleben würden. Was wir uns vorstellen, ist sehr wahrscheinlich eine Reflexion dessen, was wir unbewußt beobachtet und erlebt haben, da das Unterbewußtsein alle Formen von Energie aufnimmt, die uns begegnen, ob wir uns dessen bewußt sind oder nicht. Durch die Meditation schicken wir unserem Unterbewußtsein eine Botschaft mit der Bitte, uns ein Feedback auf das, was es erlebt, zu geben. Dann wandelt das Unterbewußtsein diese Erlebnisse in Bilder um, die uns in der Meditation als Szene erscheinen.

Durch die Vorstellungskraft öffnen wir Türen, mit der Inspiration erforschen wir, was sich dahinter verbirgt. Wenn wir dem Erlebten gegenüber offen bleiben, werden wir allmählich bewußte Kontakte haben. Wir nehmen die Feen direkt wahr und nicht mehr nur Bilder von ihnen. Dann werden sie greifbar.

Die Erlebnisse jedes einzelnen werden unterschiedlich sein. Der eine hat vielleicht mehr Erfolg mit den Blumenfeen, der andere mit den Elementargeistern. Ich kann die Geister in Bäumen und Sträuchern problemlos sehen, muß mich aber sehr viel mehr darauf konzentrieren, die Wesen des Blumenreiches wahrzunehmen. Jeder Mensch hat eine andere Energie, und jeder muß seinen Weg finden, auf dem er am leichtesten Zugang findet. Der größte Teil dieses Buches besteht aus Übungen und Techniken, die Ihnen bei Ihrer Suche nach dem Feenreich helfen werden.

Übung 1

Mit dieser Übung werden Sie lernen, Ihre Gedanken auf die Möglichkeit einzustimmen, tatsächlich Feen zu begegnen. Wenn Sie auf irgendeine der nachfolgenden Fragen mit "ja" antworten können, haben Sie wahrscheinlich bereits Kontakt mit dem Feenreich gehabt, ohne sich dessen bewußt zu sein.

- Haben Sie schon einmal aus dem Augenwinkel einen Licht blitz oder eine plötzlich schnelle Bewegung gesehen, die Sie sich nicht erklären konnten?
- Haben Sie um Ihre Pflanzen oder Blumen im Garten ein flimmerndes Licht gesehen?
- Haben Sie, wenn Sie draußen in der Natur waren, das Gefühl gehabt, die Wälder hätten Augen und würden Sie beobachten?
- Hat Sie, während Sie die Straße entlanggingen, der Duft eines Baumes oder einer Blüte getroffen? (Das ist oft ein Signal, daß Sie begrüßt werden. Manche Menschen erleben dies, während Begleitpersonen es nicht bemerken).
- Haben Sie sich im Keller, auf dem Dachboden oder in dunklen Bereichen Ihres Hauses ungemütlich gefühlt? (Dunkle Elfen lassen sich oft an solchen Orten nieder).
- Mußte, als Sie ein Kind waren (vielleicht sogar als Erwach-

sener), der Kleiderschrank geschlossen werden, bevor Sie einzuschlafen konnten? Haben Sie gesehen, gedacht oder geglaubt, etwas oder jemand sei in Ihrem Schrank? (Dunkle Elfen hausen auch oft in den Ecken eines Schrankes).

- Haben Sie ein Kind oder kennen Sie ein Kind, das von einem "eingebildeten" Spielkameraden spricht? (Sehr oft ist das keine Einbildung, sondern ein Wesen aus dem Feenreich).
- Haben Sie gesehen, daß Kinder mit sich selbst sprechen - vor allem, wenn sie draußen spielen?
- Ist Ihnen aufgefallen, daß Ihre Pflanzen besser wachsen, wenn Sie mit ihnen sprechen?
- Sind Sie auf offenem Feld gegangen und haben sich Spinngewebe aus dem Gesicht wischen müssen? (Spinnen weben ihre Netze nicht in Gesichtshöhe auf offenem Feld. Sie brauchen etwas, an das sie sie hängen können. Wenn Sie dies erlebt haben, war es die Berührung einer Feld-Fee).
- Haben Sie Musik oder Gesang gehört, deren Ursprung nicht zu identifizieren war?
- Träumen Sie oft, daß Sie sich draußen aufhalten - in Wäldern, auf Feldern, an Flüssen etc.? (Das kann ein Signal dafür sein, daß Feen Sie rufen, oder es sind Erinnerungen an Zeiten, in denen Sie mit Feen zu tun hatten).
- Haben Sie beim Spaziergang in der Natur eine alte Frau getroffen, die verschwunden war, als Sie sich nach ihr umdrehten?
- Haben Sie in der freien Natur gesessen und gesungen oder leise gesummt und beobachtet, wie die Tiere näherkamen? (Feen und Elfen nehmen oft die Gestalt von Tieren an und werden durch Geschichten und Musik angezogen, vor allem, wenn es einfache Lieder sind, die aus dem Herzen kommen).
- Ist Ihnen aufgefallen, daß in Ihrem Haus auf unerklärliche Weise Dinge auftauchen, verschwinden oder plötzlich an anderer Stelle stehen oder liegen?

- Sind Sie beim Camping oder bei einem längeren Aufenthalt im Freien schon einmal übermäßig schläfrig geworden? Die Energien der Naturgeister können zu veränderten Bewußtseinszuständen führen, und wenn Sie auf einen Feenhügel oder in seiner Nähe schlafen, werden Sie ungewöhnlich müde. Ich nenne dies "Rip Van Winkle Syndrom" *.
- Haben Sie von seltsamen Tieren oder Drachen geträumt?
- Spüren Sie Wetteränderungen, bevor es tatsächlich Anzeichen dafür gibt?
- Sind Ihre bevorzugten Tageszeiten die Morgen- und Abenddämmerung? Ihre Jahreszeiten Herbst oder Frühling?

Übung 2

Wenn Sie sich auf Feen und Elfen einstimmen möchten, ist es sinnvoll, noch einmal einige der alten Märchen zu lesen. Viele Menschen heutzutage lieben Feenmärchen, Mythen, Volksmärchen und Fantasy. Hier mag es eine Verbindung geben, vielleicht versuchen die Feen und Elfen Kontakt aufzunehmen. Die meisten Menschen hatten als Kind ein Lieblingsmärchen. Suchen Sie diese Geschichte. Wenn möglich, kaufen Sie ein Exemplar des Buches in der Kinderabteilung einer Buchhandlung. Wenn Sie sich nicht mehr an den Titel erinnern, suchen Sie in einer Bibliothek danach.
Lesen Sie diese Geschichte noch einmal, als wäre sie eine Aufforderung, ins Feenreich einzutreten. Sehen Sie sich als die Hauptperson - oder als die Figur, von der Sie sich am stärksten

* Nach der Erzählung von Washington Irving, in der ein Mann in den Bergen in eine "seltsame Gesellschaft" gerät und schließlich einschläft. Als er wieder aufwacht, sind zwanzig Jahre vergangen...

angezogen fühlen. Es wäre nicht Ihr Lieblingsmärchen gewesen, wenn es nicht eine sehr starke Resonanz in Ihnen hervorgerufen hätte. Dadurch werden Sie verstehen, wie Sie die Wesen jenes Reiches am besten wahrnehmen, wie Sie mit ihnen arbeiten und sich auf sie einstellen können.
Wie schon gesagt, enthalten viele Feenmärchen Wahrheiten, die tiefer sind als die Oberfläche vermuten läßt. Sie zeigen Muster auf, denen wir in unserem Leben wahrscheinlich begegnen, und enthüllen Bereiche, in denen wir mit den Wesen dieses wundersamen Reiches am besten arbeiten.

Kapitel 2

DIE GRUNDLAGEN DES FEENREICHS

Bevor sich feste Grenzen in der Welt bildeten, herrschten die Feen frei und ohne Schranken. Auch wenn es einst regelmäßig Kontakte zu den Menschen gab, barg das Land der Feen immer etwas Geheimnisvolles. Es besaß einen anderen Rhythmus und andere Regeln. Es war veränderlich, was in den Herzen der Menschen, die Ordnung liebten, oft Furcht weckte.

Als die Menschen begannen, die physische Welt in Ordnung zu bringen und Schranken zu bauen, verschoben sich die Grenzen zum Feenreich. Die Feen und Elfen zogen aus den großen Wäldern fort in die Nähe der Höfe der Menschen. Einige nutzten den Schleier der Unsichtbarkeit. In Griechenland gibt es Geschichten von Dryaden, deren Körper mit Bäumen verschmolzen. Sie sind auch heute noch in den Blättern und Rinden zu sehen, aber wenn der Baum stirbt, stirbt auch die Nymphe.

Die Menschen haben versucht, die zahlreichen Arten der Naturwesen zu klassifizieren. Jedes Land hatte seine eigenen Namen für sie. In Skandinavien waren sie das *ellefolk*, in Britannien und Irland die *faeries*, in Schottland die *selkies*, in Rußland die *leshiye*, Waldfeen, die für ihren Übermut und ihre Neugier bekannt waren. Aus Griechenland kommen viele Erzählungen von Wassernymphen und Sirenen. Es gab unzählige Gruppen und Untergruppen, aber überall in der Alten Welt war der Glaube stark, vor allem bei den Kelten, Druiden und Skandinaviern.

Diese Klassifizierung und Namensgebung war für die Menschen auch ein Mittel, Macht zu gewinnen. Es half, Grenzen aufzubauen und Kontrolle über jene Wesen zu erlangen, die immer unbestimmbar und undefinierbar gewesen waren.

In der Vergangenheit hatte man Feen und Elfen gewöhnlich in eine von zwei Kategorien gepackt: Jene, die der unberührten Wildnis angehörten, die Wilden, (die "Bauern" unter den Feen) und die berittenen Feen (die "Aristokraten"). Diese Einteilung ist ursprünglich eine britisch/irische, läßt sich aber auf die meisten Feen- und Elfenkönigreiche anwenden. Andere Länder hatten eine andere Klassifizierung. In Skandinavien gab es zwei Gruppen: Die dunklen Elfen und die hellen.
Die wilden Elfen und Feen sind oft Einzelgänger. Begegnungen mit Menschen sind selten, und das gilt um so mehr, da es immer weniger unberührtes Land gibt. Heute dienen die Wilden oft als Hüter jener Landstriche, die von der menschlichen Zivilisation noch relativ wenig berührt sind. Sie haben die Fähigkeit, ihre Form zu verändern und erscheinen oft als Tiere. Meistens jedoch machen sie sich bemerkbar, indem sie Gras oder hohe Unkrautpflanzen herunterdrücken, oder durch ein Flüstern von Blättern, ohne daß ein Luftzug wahrzunehmen ist.
Die berühmten *Tuatha De Danaan*, das Volk der keltischen Göttin Danu, gehören zu den Feen, die in Scharen auftreten und einst als Abkömmlinge der Götter angesehen wurden. Sie besaßen große magische Kräfte und waren in allen Lebensbereichen geschickt.
Diese Feen hatten große Macht, vor allem in der Verwendung von Zauber. Das ist die Fähigkeit der Elfen: die Menschen das sehen zu machen, was sie sie sehen lassen wollen, oder eben nichts sehen zu machen, wenn die Feen unsichtbar bleiben wollten.
Es gibt viele Geschichten von Menschen, die gekidnappt und in UFOs und Raumschiffe gebracht wurden, wo sie seltsame Erlebnisse hatten. Kehren sie zurück, benehmen sie sich wie jene Menschen, die angeblich im Feenreich waren, und werden entsprechend behandelt. Da für die öffentliche Meinung heut-

zutage die Begriffe *Fee* und *Phantasie* ein- und dasselbe sind, verwendet diese Feenart ihren Zauber, um UFO-Begegnungen zu schaffen. Letztendlich wird in unserer modernen Welt des High Tech und des rationellen Denkens diese Illusion eher akzeptiert. Sie ist wahrscheinlicher, als ins Feenland entführt zu werden.

Die irischen Feen galten als die hübschesten, und es gibt viele Geschichten über sie (und andere aus ihrem Reich), die mit Menschen eine Ehe eingingen. In früheren Zeiten war der Strom der Liebe zwischen Menschen und Feen tief und stark und hatte oft einen großen Preis, manchmal sogar den Tod, brachte aber andererseits eine unglaubliche Freude, die den Tod jahrhundertelang überdauern konnte.

Die Abkömmlinge dieser und anderer Gruppen sind auch heute noch um uns herum, auch wenn die greifbaren Kontakte selten geworden sind.

Ganz nach Lust und Laune ziehen die Feen den Schleier des Unsichtbaren zurück. Aber immer noch gibt es Wege, sie zu erkennen und sich ihrer Gegenwart zu öffnen - Bescheidenheit, Sanftheit und Arglosigkeit sind die Eigenschaften, die dabei helfen. Wenn Sie offen bleiben, werden Sie sich wundern, wie oft Sie Naturgeister sehen.

Obwohl man in der Vergangenheit aufwendig versucht hat, diese Wesen zu klassifizieren, teilen wir sie heute viel einfacher ein. Manche nennen sie einfach nur Devas. Das ist ein Wort aus dem Sanskrit, es bedeutet "scheinen" und bezieht sich meistens auf jene, die mit und durch die Kräfte der Natur arbeiten. Noch öfter werden die Wesen aus den Feenreichen der Hierarchie der Engel zugeordnet. Dies schließt Erzengel, Engel, Devas, die Vielfalt der Feen, Elfen und Zwerge und selbst die Elementarwesen am unteren Ende der Hierarchie ein. Heute nennt man sie oft einfach "Naturgeister".

Im weiteren Verlauf dieses Buches werden wir den allgemeinen Begriff der "Naturgeister" mit den Begriffen "Feen" und "Elfen" gleichwertig verwenden. Technisch gesehen sind sie *nicht* dasselbe. Es gibt Variationen, Ähnlichkeiten und Unterschiede, aber diese sind so zahlreich, daß man leicht durcheinander kommen kann. Diese wechselseitige Verwendung der Begriffe erleichtert das Verständnis und verhindert, daß wir uns in Terminologien verstricken.

Beinahe alle Naturgeister fühlen sich stark zu den Menschen hingezogen, selbst wenn sie direkten Kontakt meiden. Manche benötigen sogar die Hilfe des Menschen, um leben und sich entwickeln zu können. Sie haben so viel Wirkung auf uns wie wir auf sie, auch wenn wir dies kaum wahrnehmen. Unglücklicherweise fühlen sie sich, wenn auch vom Menschen stark angezogen, noch mehr durch das menschliche Verhalten abgestoßen. Das hat dazu geführt, daß sie sich immer mehr zurückziehen und nur widerstrebend Kontakt aufnehmen.

Nicht alle Naturgeister haben jedoch diese Möglichkeit, denn einige von ihnen arbeiten für den Fortbestand der Erde und ihre Lebensbedingungen, bis ein höherer Entwicklungsgrad erreicht ist. Aufgrund ihres Entwicklungsstandes und ihrer Aufgabe im Leben sind sie gezwungen, die Folgen des Mißbrauchs der Umwelt zu erleiden. Das bedeutet, daß ein verunreinigtes Gewässer Einfluß auf diese Wesen hat, sie vergiftet und sie sogar verunstalten kann. Sie sind an das Karma und die Wirkungen der Umweltverschmutzung gekettet.

Schon aus diesem Grund, auch wenn es dazu größerer Anstrengungen bedarf, ist es wichtig, mehr Verständnis zu entwickeln und Kontakt und Beziehung zu ihnen aufzunehmen.

ANZEICHEN FÜR ANNÄHERUNGSVERSUCHE UND DIE GEGENWART VON FEEN
(Siehe auch Übung 1 in Kapitel 1)

- Ein plötzliches unerklärliches Zittern oder Rascheln der Blätter.
- Ein Wirbelwind oder eine Staubwolke.
- Grashalme beugen sich ohne wahrnehmbare Ursache.
- Plötzliche, unerklärliche Kälteschauer und Gänsehaut, wenn man allein in der Natur ist.
- Das Gefühl, ein Insekt würde durch das Haar krabbeln.
- Ein Kräuseln des Wassers, wenn nicht durch einen Fisch, eine Brise oder etwas anderes erklärbar.
- Extreme Albernheit und zeitweilig unkontrollierbares Gelächter.
- Ein unerklärlicher Zeitverlust.

DIE BESTEN ZEITEN FÜR FEENKONTAKTE
(alle "Zwischenzeiten")

- Morgendämmerung
- Abenddämmerung
- Mittag
- Mitternacht
- Tag- und Nachtgleiche und Sonnenwenden - vor allem im Herbst und Frühling

Diese "Zwischenzeiten" sind jene, die nicht bestimmbar oder definierbar sind - also die Zeiten dazwischen. Die Morgendämmerung ist weder Tag noch Nacht, und ebenso die Abenddämmerung. Mittag ist weder Morgen noch Nachmittag, und Mitternacht ist weder der alte Tag noch der neue.

Im Winter hält die Natur ihren Winterschlaf. Im Sommer hingegen entfaltet sie all ihre Pracht, und die Naturwesen sind sehr emsig. Im Herbst und Frühling ist die Natur weder untätig noch voll aktiv. Und so sind die Naturgeister weniger beschäftigt und für Kontakte offener. Mit etwas Übung können Sie, während Sie in der Morgen- oder Abenddämmerung spazierengehen, lernen, Elfen und Feen an den Waldrändern wahrzunehmen oder zu erspüren.

DIE BESTEN PLÄTZE FÜR BEGEGNUNGEN MIT FEEN (alle "Zwischenplätze")

- Verzweigungen von Flüssen.
- Straßenkreuzungen.
- Strände und Meeresufer.
- Ufer von Binnenseen.
- Zäune und Hecken.
- Inseln.
- Schwellen.
- Straßenbiegungen.
- Treppenschachte, Treppenabsätze und Korridore.
- Jede Öffnung zu Wasser oder zu Lande.
- Waldschneisen.
- Priele.

Jeder Ort in der Natur, der weder das eine noch das andere ist, gehört zum Reich der Feen. So ist ein Flußufer weder Fluß noch Land. Es ist ein Land des Schattens. Eine Insel oder Halbinsel ist weder Teil der Landmasse noch Teil des Meeres; sie ist ein Land des Schattens.
Eines meiner stärksten Erlebnisse eines "Zwischenplatzes" und einer "Zwischenzeit" hatte ich während einer Kanufahrt

im *Algonquin Provincial Park* im nördlichen Ontario, Kanada. Zum Camping hatten wir eine kleine Insel ausgewählt, einsam und ruhig. Ein erhöhter Bereich schien sich besonders für den Aufbau des Zeltes zu eignen. Nachdem das Zelt stand, beschloß ich hineinzuklettern und ein Nickerchen zu machen.
In den nächsten Tagen schlief ich vierzehn bis sechzehn Stunden täglich. Ich stand auf, aß, setzte mich ein wenig ans Wasser und kehrte wieder ins Zelt zurück, um zu schlafen. Der Schlaf war tief, voll farbiger Szenen, ich sah lebhafte Bilder großer unterirdischer Gemeinschaften vergangener Zeiten. Tiere kamen und sprachen mit mir.
In der zweiten Nacht wurde ich aus diesen Träumen durch quälendes Geschrei von Meeresvögeln und das Heulen von Wölfen geweckt (obwohl man mir gesagt hatte, in dieser Zeit des Jahres wären Wölfe kaum anzutreffen). All dies beglückte mich mit einigen der wundervollsten Träume und Schlaferlebnisse, die ich je hatte. Aber immer noch verstand ich nicht, *warum* ich so viel schlief.
Erst als ich den Ort verließ und zurückschaute, erkannte ich den Grund für das, was geschehen war. Zusätzlich zu dem veränderten Zustand, den Naturgeister herbeiführen (vor allem in einer unberührten Gegend wie der, in der ich mich aufgehalten hatte), war die Insel selbst (wie alle Inseln) ein natürlicher "Zwischenplatz", und die erhöhte Stelle, an der ich mein Zelt aufgebaut hatte, war ein Feenhügel. Ich hatte wahrlich das "Rip Van Winkle-Syndrom" erlebt. Auf der Kanufahrt zurück traf ich wild lebende Tiere (Raben, Stachelschweine, Flußottern, Biber u. a.), was mir bestätigte, daß ich eine *sehr* dynamische Begegnung mit dem Reich der Feen und Naturgeister gehabt hatte.

DIE AUFENTHALTSORTE DER NATURGEISTER

Es heißt, daß Feen und Elfen nicht mit gewöhnlichen Augen wahrgenommen werden können. Dennoch werden ihre Aufenthaltsorte in den meisten Kulturen einheitlich beschrieben. Sie leben überall und nirgendwo. Immer sind sie in Wäldern und auf Feldern zu finden, und die traditionelle Auffassung, daß sie in hohlen Eichenbäumen leben, ist mehr Tatsache als Fiktion. Jede Öffnung im Wasser oder an Land mag ein Zeichen für eine Schwelle zum Feenreich sein: Strudel, Seen, Höhlen, Brunnen, Priele etc.

Schnittpunkte jeglicher Art sind Stellen, an denen sich die beiden Welten treffen. Sie sind Kennzeichen für Bereiche, wo der Schleier dünner wird. Das ist der Grund, warum Morgen- und Abenddämmerung so kraftvolle und magische Zeiten sind. Es sind die Schnittpunkte von Tag und Nacht. Viel Aberglaube rankt sich um Geschichten, in denen man zu diesen Zeiten Kreuzungen meiden soll.

Naturgeister können sich in Höhlen, an Flüssen, unter Wasser, an Seen, zwischen Büschen und in Bäumen aufhalten, finden sich unter menschlichen Behausungen und sogar in ihnen. Immer jedoch sind sie dort, wo sich die Natur manifestiert. Feenhügel sind erhöhte Bereiche, die auf ihre Aufenthaltsorte unter der Erde hinweisen. Feenringe sind Stellen im Gras, die durch einen Kreis markiert sind.

Die Pfade und Aufenthaltsorte der Naturgeister werden wieder erkennbarer, wenn Sie Ihr eigenes Wissen und Ihre eigenen Wahrnehmungen erweitern. Sie werden auch herausfinden, daß manche Naturgeister für Sie leichter wahrnehmbar sind als andere. Manche Menschen finden überall dort, wo Wasser ist, besser Zugang zu ihnen, ich hingegen habe keine Probleme, sie in Bäumen und Büschen aufzuspüren.

Weil sie im allgemeinen den Menschen mißtrauen, sind sie nur zögernd bereit, sich zu zeigen. Verbringen Sie daher soviel Zeit wie möglich in der Natur. Wenn Sie beginnen, diese Wesen zu sehen, ist es oft nur ein Schimmer oder ein Blick aus dem Augenwinkel. Vielleicht sehen Sie in Büschen oder Blumen Gesichter, und Sie denken: 'Ach, alles nur Einbildung'.
Selbst wenn Sie Elfen oder Feen nicht sehen, werden Sie durch Ihren Aufenthalt in der Natur ihre Gegenwart auf andere Weise leichter wahrnehmen lernen. Vielleicht steigt Ihnen der Duft einer Blume oder eines Baumes in die Nase. Nehmen Sie ihn dankbar an, es ist ein Gruß aus dem Feenreich.
Oft spüren Menschen, die auf dem freien Feld spazierengehen, Spinnweben im Gesicht. Auf dem freien Feld kann sich jedoch in der Höhe des Gesichts kein Spinnennetz bilden. Es kann der Gruß einer Feld- oder Blumenfee sein. In der Gegenwart von Blumen, seien es wildblühende oder solche im Garten, sind Feen immer sehr aktiv. Sie sind *Tinkerbell-Wesen** und werden besonders von Kindern angezogen, die draußen spielen.
Mehr als sich die meisten vorstellen können, sind auch Fels- und Steingeister gang und gäbe. Die zunehmende Beliebtheit von Kristallen hat seit einiger Zeit den Kontakt zwischen Menschen und dieser Gruppe Naturwesen neu belebt. In jedem Kristall und in jedem Stein ist eine Deva oder ein Naturgeist versteckt, der mit ihm arbeitet. In größeren Steinformationen sind die Geister älter und stärker. Sie besitzen viele Schlüssel zu Prophetie, Magie und dem Wissen über geheime Schätze.
Obwohl sich Naturgeister meistens in der Natur aufhalten, ist es nicht ungewöhnlich, auch in menschlichen Behausungen Elfen und Feen zu finden - meistens bevorzugen sie Häuser mit Kindern, in denen es lebhaft zugeht. Viele der "eingebildeten" Freunde kleiner Kinder sind Feen und Elfen.

---

* Winzige Elfen, meistens weiblich, (siehe *Peter Pan* von James M. Barrie).

Die Wesen, die solch ein Heim als Aufenthaltsort wählen, sorgen für einen reibungslosen Ablauf im Leben dieses Hauses und beschützen es. Sie können aber auch bösartig sein - indem sie Gegenstände verstecken, verschwinden und an anderen Orten wieder auftauchen lassen. Nach der Überlieferung soll man diese Wesen nie ausdrücklich bezahlen - vor allem nicht mit Kleidung -, oder sie werden für immer verschwinden. Das kommt in dem alten irischen Feenmärchen *Der Schuhmacher* zum Ausdruck.

Gelegentlich suchen sich Angehörige der *dunklen Elfen* einen Aufenthaltsort in den Häusern der Menschen. Sie ziehen dunkle Ecken, Dachböden, Keller und Schränke vor und tauchen normalerweise nur nachts auf. Sie sind weder gefährlich noch bösartig, obwohl viele Menschen durch ihre dunklen Züge und starke Energie abgeschreckt werden. Sie können handwerkliches Geschick aktivieren, und wer viel nachts arbeitet, wird sich so manches Mal über die Art der inspirativen Hilfe wundern, die er erhält.

Ihre Energie ist stark, und daher ist ihre Gegenwart fühlbar, wobei die meisten Menschen diese eher spüren als klar erkennen. Während meiner Kindheit wusch meine Mutter die Wäsche im Keller, und es war interessant zu sehen, wie meine Brüder und ich uns verhielten, wenn wir die Wäsche aus dem Keller holen mußten.

Das Licht wurde angemacht, aber es war nie hell genug. Wir gingen zwar ruhig die Treppe hinunter und begannen, die Kleidung einzusammeln, aber die Unsicherheit war deutlich spürbar. Unsere Augen suchten die Schatten und Ecken ab. Plötzlich ein kühler Luftzug - und hui, schon rasten wir die Treppe hinauf (möglichst auf Zehenspitzen, um unsere Angst zu verbergen). Dann blieben wir an der Tür stehen, um wieder ruhig zu werden und taten so, als ob alles in Ordnung wäre.

Viele Menschen kennen derartige Erlebnisse im Keller, in Schränken, auf dem Dachboden oder sonstwo. Denken Sie nur daran, wieviele Kinder erst einschlafen können, wenn die Schranktür geschlossen ist und sie unter das Bett geguckt haben. Kinder sind so viel wahrnehmungsfähiger, aber wir Erwachsene haben nichts anderes zu tun als es zu ignorieren oder es als Phantasie abzutun. Dunkle Elfen sind einsam und suchen daher die Nähe von Kindern und Häusern mit Kindern.
Diese Art Gefühle werden nicht nur durch abergläubische Ängste ausgelöst, sie sind oft auch ein Hinweis auf die Gegenwart einer dunklen Elfe. Ihre Energie beeinflußt unsere Sinne, sie kann Frösteln und Schauder und ein Gefühl von Unsicherheit verursachen oder das Gefühl, nicht allein zu sein.
Die Naturgeister sprechen oft mit uns, ohne daß wir es realisieren. Sind Sie jemals draußen spazieren gewesen und haben, während Sie an einer Fichte vorübergingen, einen Luftzug gespürt? Haben an einem windstillen Tag die Blätter eines Baumes, als Sie unter ihm hergingen, geraschelt?
Kräuselte sich das Wasser in einem Teich oder einer kleinen Bucht, als Sie dort ruhig saßen? Kam ein Vogel angeflogen und sang nur für Sie?
Sehr oft sind es Naturgeister, die sich Ihnen zuwenden und zu Ihnen sprechen, und wenn Sie sie erkennen und ihnen für diese Grüße danken (das kann mental geschehen), wird es nicht bei diesem einen Mal bleiben.
Die Naturgeister finden sich in allen Elementen der Natur: Erde, Wasser, Luft und Feuer. Ihre Gegenwart und ihre Berührung ist sanft und zart. Wenn Sie sich auf die Suche nach den Feenreichen begeben möchten, öffnen Sie sich den Elementen der Natur, die Ihnen am nächsten sind. Schauen Sie umher, denn selbst wenn Sie sich ihrer nicht bewußt sind, ist die Wahrscheinlichkeit ihrer Gegenwart groß.

Nachstehend eine Reihe von Empfehlungen, die Ihnen helfen, sich den Naturgeistern zu öffnen und sie auffordern, in Ihr Leben zu kommen:

- Verbringen Sie viel Zeit in der Natur.
- Meditieren Sie unter Bäumen, in der Nähe von Seen etc.
- Stellen Sie Pflanzen und Blumen ins Haus oder in die Wohnung.
- Machen Sie sich den Mißbrauch der Natur bewußt, unternehmen Sie etwas dagegen und achten Sie die Natur.
- Gehen Sie regelmäßig einer schöpferischen Tätigkeit nach. Sie müssen kein Experte darin werden, aber die Freude kreativer Tätigkeit jeglicher Art wird die Wesen aus dem Feenreich anziehen.
- Lassen Sie in einer Ecke Ihres Hofes oder Gartens die Pflanzen wild wachsen, so daß die Feen darin spielen können.
- Seien Sie im Umgang mit anderen großzügig. (Naturgeister testen Sie oft, wie wir in Kapitel 11 noch sehen werden).
- Halten Sie Ihr *Inneres* Kind lebendig.
- Stellen Sie einen versteinerten Seeigel auf Ihren Kaminsims. Man nannte sie einst Feenlaibe, weil sie von den Feen gemacht worden waren. Wer sie besaß, dem fehlte es nie an Nahrung, und der bekam immer Hilfe aus dem Feenreich.
- Singen Sie. Naturgeister sammeln sich dort, wo Gesang und Musik ist.

DAS VERHALTEN DER FEEN UND IHRE KRÄFTE

Feen sind nicht böse, wie manch einer glauben möchte, sie können jedoch sehr boshaft sein. Außerdem sind ihre Energien sehr anregend, wobei es ihnen gelingt, veränderte Bewußtseinszustände herbeizuführen.

Oft hat man die Kobolde unter den Feen verdächtigt, Reisende verschwinden zu lassen. Ihre Energie ist so stark, daß sie die Sinne verwirren können und einen Reisenden dazu bringen, eine vertraute Wegmarkierung zu übersehen. Diese intensive Energie, vor allem, wenn sie sich in ihrer natürlichen Umgebung aufhalten, schafft einen veränderten Bewußtheitszustand, so daß der Reisende nicht mehr auf seine Umgebung achtet. Manchmal werden Reisende aus schierer Boshaftigkeit auf den falschen Weg gebracht. Wer seinen Mantel von innen nach außen dreht, soll diesem benebelnden Einfluß der Kobolde entgegenwirken können. Diese Handlung zwingt den menschlichen Geist tatsächlich, sich wieder zu konzentrieren und aufzupassen.
Die Wesen des Feenreichs reagieren auf das Leben mit Gefühlen und haben sich eine größere natürliche Kontrolle vieler universeller Energien angeeignet. Weil sie nicht durch eine physische Form behindert werden, sind sie in der Lage, viele dieser Kräfte zu demonstrieren. Natürlich haben die verschiedenen Arten von Naturgeistern unterschiedliche Kräfte, die in der Fähigkeit variieren, Menschen und menschliche Bedingungen zu beeinflussen. Den meisten Feen und Elfen mangelt es an wirklichen Angriffsmitteln, aber sie verfügen über Fähigkeiten, sich zu schützen. Dazu gehören:

- Zauber.
  Die Menschen sehen, was die Feen sie sehen lassen wollen. Wenn die Feen unsichtbar sein wollen, sieht der Mensch nichts.
- Levitation.
- Unsichtbarkeit.
  Alle Feen, Elfen und Naturgeister haben die Fähigkeit, sich nach Wunsch in einer physischen Form zu zeigen. Dabei nehmen sie oft die Form an, die der Mensch von ihnen erwartet.

- Form-Veränderung.
  Viele Feen und Elfen können sich in verschiedenen Formen zeigen - in menschlicher Gestalt, aber auch in der eines Tieres; sie können sich in eine Blume oder sogar in einen Edelstein verwandeln. Auch hier nehmen sie oft die Form an, die der Mensch von ihnen erwartet.
- Die Fähigkeit, Glück oder Unglück zu bringen.
- Großes handwerkliches Geschick.
- Große musische Fähigkeiten.
- Kontrolle über das Wetter.
- Sie hüten die Geheimnisse der großen Heilkunst und andere Schätze.
- Die Fähigkeit, Schlaf oder andere veränderte Bewußtseinszustände herbeizuführen.

Trotz der Bösartigkeit, die man ihnen oft nachsagt, haben die Wesen aus dem Feenreich ein Gefühl für ethische Grundsätze. Sie verspüren freundliche Impulse und sind jenen wohlgesonnen, die ihnen angemessen Respekt zollen. Untereinander verhalten sie sich loyal. Sie legen selten Eide ab, da sie nichts so sehr verachten wie eine Lüge. Sie mögen keine Schwätzer und solche, die Geheimnisse verraten. Und sie lehnen jeden ab, der die Natur in irgendeiner Art mißachtet - ob absichtlich oder nicht.
Menschliche Eigenschaften wie Ehrgeiz, Schlamperei, Untreue und Unbeständigkeit lehnen sie ebenfalls ab, und angeblich sollen sich von Häusern fernhalten, die unordentlich und verwahrlost sind. Sie sind bekannt für ihre liebevolle Art und ihre Fähigkeit, diese im Menschen zu wecken.
Einige Tabus gibt es jedoch, und wer mit Wesen aus dem Naturreich arbeiten möchte, sollte darauf achten, diese Tabus nicht zu brechen. Über eine Fee oder das Geschenk einer Fee

schlecht zu sprechen, wird sie dazu bringen, sich zurückzuziehen, und wer die Fee oder ihre Gabe zurückweist, wird sie von sich wegtreiben, was zu einer Pechsträhne führen kann. Die Gegenwart einer Fee oder die Realität eines Feengeschenks ohne Erlaubnis, wenn es ein Geheimnis bleiben soll, zu enthüllen, wird als Verstoß gegen die Ethik angesehen.
Aber wie erkennen wir ein Feengeschenk, wenn uns eines zuteil wird? Feen und Elfen zeigen sich Menschen, vor allem ihren Lieblingen gegenüber, oft sehr freundlich. Sie vergelten den liebevollen Umgang mit der Natur mit einer Reihe glücklicher Ereignisse. Der Mensch trifft vielleicht auf eine unerwartete Quelle des Wohlstands. Vielleicht ereignet sich bei einer spiritistischen Sitzung ein Apport (die Gabe eines Geistes) mit Hilfe von Elementarwesen, die bei der Materialisation helfen. Dazu mögen besondere Steine, Muscheln, Blumen etc. gehören. Diese Gaben haben für den Menschen oft eine besondere Bedeutung.
Vielleicht gehen Sie draußen spazieren, und plötzlich kitzelt ein lieblicher Duft Ihre Nase. Es kann der Gruß einer Blumenfee sein. Oder Sie finden auf dem Weg eine Feder - vielleicht die Gabe einer Sylphe, die Ihnen helfen will, mit ihresgleichen enger in Verbindung zu kommen. Vielleicht übergibt Ihnen ein Fremder spontan einen Kristall oder einen Stein mit den Worten: "Ich hatte gerade das Gefühl, ich sollte Ihnen dies geben. Ich weiß nicht warum. Er gehört Ihnen." Sehr oft hat der Geist des Steines die Botschaft geschickt, diesen an Sie weiterzugeben. Es kann das wunderbare Geschenk des Zwergenkönigreiches sein. Oder jemand umarmt Sie oder macht Ihnen ein Kompliment - als eine Botschaft aus dem Reich der Undinen.
Die Naturgeister lehren uns, die Dinge des Lebens nicht als selbstverständlich zu betrachten, sondern sie zu schätzen und uns an allem zu erfreuen. Dafür sollten wir danken - egal,

woher und von welcher Fee sie stammen. Indem wir Geschenke ehren, zeigen wir den Feen und Elfen, daß wir für das Geschenk ihrer Gegenwart offen sind.
Wenn wir um Feenkreise und Hügel herumgehen, statt über sie hinwegzutrampeln und sie zu zerstören, zollen wir ihnen Achtung. Wenn wir an unseren Hut tippen oder einen Windsturm begrüßen, erkennen wir die Sylphen an. Indem wir Bäume nicht fällen oder Büsche nicht ohne Erlaubnis oder Rücksprache mit den Wesen, die dort leben, herausreißen, ehren wir sie. Je mehr wir uns um all diese Gebiete bemühen, desto stärker ist die Botschaft, die wir in jenes Reich senden. All dies wird als Einladung, als Kontaktbereitschaft verstanden, und mit etwas Beständigkeit werden sie uns ihre Gegenwart wissen lassen. Das ist ein guter Beginn für Ihre Freundschaft mit den Wesen dieses Reiches.

DIE HÄUFIGSTEN FRAGEN ZU FEEN UND ELFEN

Wie sehen Feen aus ?

Feen und Elfen haben unterschiedliche Formen. Ihre Größe variiert von den winzigen Blumenfeen zu den großen Wald- und Bergdevas. Sie können größer sein als die Devas der Mammutbäume und kleiner als ein Glühwürmchen. Ihre Formen sind fließend und lassen sich oft nicht festlegen. Sie können schön oder grotesk sein. Viele ändern willentlich ihre Form. Sehr oft treten sie in menschlicher Gestalt auf, oder nehmen die Erscheinungsform an, die wir normalerweise mit Elfen und Feen in Verbindung bringen.
Die Umgebung, in der sie leben, bestimmt oft genug ihre Farben und Formen, wie es Nixen und Wassergeister mit ihren fischähnlichen Schwänzen demonstrieren. Zwerge, die unter

der Erde leben, sind meistens klein und dunkler in der Farbe. Baumgeister nehmen die Größe und Form der einzelnen Bäume an.

Haben Feen und Elfen Familien?

Nicht in der Form, wie wir sie kennen. Ihre Art des Zusammenlebens ist mehr die einer Gemeinschaft oder eines Stammes, der ihre "Familie" bildet. Natürlich gibt es viele Geschichten von Feenkindern und Eltern, aber ich glaube, dies ist mehr eine Erfindung des Menschen mit dem Versuch, die Art, wie sie leben, zu definieren. Sie haben ein starkes Zugehörigkeitsgefühl allen ihres Reiches gegenüber, ob aus ihrer Umgebung oder nicht, anders als Menschen, die sich im allgemeinen nur durch die Bande des Blutes verbunden fühlen.

Wie intelligent sind Feen und Elfen?

Das ist von Gruppe zu Gruppe und von Wesen zu Wesen verschieden. So wie jeder Mensch sein eigenes Intelligenzniveau hat, ist dies auch bei den Feen der Fall. Viele werden in Heilkünsten ausgebildet, vor allem in der Naturheilkunde. Viele sind sehr geschickt, haben Kenntnisse von Metallbearbeitung und sind großartige Kunsthandwerker. Andere, wie die Elementarwesen, entwickeln ihre Intelligenz. Sie haben einfache, sich wiederholende und dennoch wichtige Aufgaben, etwa das Wachstum eines Grashalms oder des menschlichen Körpers zu unterstützen. Mit der Zeit machen auch sie eine Entwicklung durch und öffnen sich einer höheren Intelligenz.
Viele Wesen aus dem Feenreich sind für ihr großes Wissen, ihre geistigen Fähigkeiten und ihre Weisheit bekannt. Das bekannteste Beispiel ist der Kobold - nie ist es jemandem

gelungen, ihn von seinem versteckten Topf aus Gold oder Wundertaler wegzujagen, denn er ist sehr alt und hat alle Tricks und Täuschungen erlebt, die Menschen einsetzen können. Im letzten Augenblick findet er immer eine Möglichkeit, der Aufmerksamkeit seiner Jäger zu entgehen.
Ein anderes Beispiel ist das Moosvolk, das oft an Baumwurzeln oder -stämmen lebt. Diese Wesen halten die alten Lebensweisen starr aufrecht. Von alters her beharren sie auf gewissen Regeln, ohne je daran zu denken, ihr geheimes Wissen mit anderen zu teilen, vor allem das Geheimnis, wo die blaue Blume "ache-no-more" (ein Mittel bei der Kindsgeburt) zu finden ist. Sie verfügen auch über Kenntnisse, schlimmste Krankheiten zu heilen, und können Blätter in Gold verwandeln.

Gibt es Feen und Elfen nur in Europa, oder leben sie auch in anderen Ländern?

Feen und Elfen gibt es in jedem Land der Welt. Obwohl wir glauben, daß sie in Europa und anderen Bereichen der Alten Welt vorherrschen, findet man sie überall in der Natur. Sie nehmen die Eigenarten der Umgebung und des Landes an, in dem sie leben.
Sogar nach Amerika soll zusammen mit den Menschen eine Reihe von Naturwesen eingewandert sein. Die Feen und Elfen hatten in der Alten Welt viel von ihrem freien Land verloren, und in Amerika gab es genug Wildnis. Der Feenglaube wanderte mit den Menschen ein. Das hat sich in hohem Maße auf die Erscheinungsweise dieser Wesen ausgewirkt.
Jedes Land hat seine eigenen Mythen und Legenden über Feen. Manchmal sind es Abwandlungen europäischer Märchen, manchmal beschränken sie sich einzig und allein auf eine bestimmte Kultur.

Was ist der Unterschied zwischen Feen und Geisthelfern?

Wahrscheinlich ist der größte Unterschied der, daß Feen, Elfen und andere Wesen aus jenem Reich enger mit der Erde und all ihren Ausdrucksmöglichkeiten des Lebens arbeiten. Es ist durchaus möglich, ein Feenwesen als Führer oder geistigen Begleiter zu haben, aber die meisten unserer Führer sind geistige Wesen, die bereits in menschlicher Gestalt gelebt haben.
Naturgeister finden sich vorwiegend in zwei Bereichen unseres Lebens: Feen und Elfen helfen, uns wieder mit der Erde zu verbinden und unsere innige Beziehung mit ihr und allem Leben auf ihr zu erkennen. Sie helfen aber auch, mehr Freude und schöpferischen Ausdruck in unser Leben zu bringen.
Geistführer mögen dies auch tun, aber ihr Wissen auf diesem Gebiet ist begrenzt. Außerdem wird, während sie mit uns arbeiten, in ihrem Erscheinen eine größere Beständigkeit herrschen. Jene aus dem Feenreich ändern sich mit uns, während wir wachsen und erwachen.

Können uns Wesen aus dem Feenreich verletzen?

Sie können uns nicht direkt verletzen. Wie bereits gesagt, haben sie keine handfesten Mittel zum Angriff, wohl aber ihre Kunst der List. Manchmal sind sie bösartig. Feenstreiche variieren an Intensität. Sie sollen Milch, die direkt von der Kuh kam, sauer gemacht haben, die Ernte beeinflussen und Unglück bringen, wenn man sie beleidigte. Es ist wichtig, in dieser Hinsicht nicht abergläubisch zu werden.
Feen sind auch bekannt für ihre Diebstähle und können der Grund sein, warum Dinge im Haus verschwinden. Sie sind auch gut darin, Gegenstände und Schnickschnack in Schränken umzustellen.

Den Puritanern war der Umgang mit Feen und Elfen immer suspekt, weil diese Wesen für sie Teufelswerk waren. Für sie wäre der größte Schaden wahrscheinlich die hochgezogene Augenbraue anderer Menschen, als Reaktion auf Ihre Äußerung, Sie würden an Feen und Elfen glauben und persönliche Erfahrungen mit ihnen haben.
Eigentlich ist es leicht, mit den Wesen aus diesem Bereich umzugehen. Wenn Sie ihnen oder einem Aspekt ihres Lebens (also der Natur) nicht die entsprechende Achtung zollen, besteht die Gefahr, daß Sie sich unbeliebt machen, aber wenn Sie Heim und Leben der Feen ehren und respektieren, werden Sie ihre Gunst gewinnen. Nehmen Sie also Ihren gesunden Menschenverstand zuhilfe, und Ihr Leben wird reicher!

Können Menschen und Feen heiraten?

Dazu gibt es viele kontroverse Meinungen. Einst, als die Welt der Menschen mit der des Feenreiches enger verbunden war, können solche Ehen gut möglich gewesen sein. Es gibt viele Märchen, in denen Menschen und Feen heiraten - einige enden glücklich, einige tragisch, und da es eine große Anzahl Geschichten unterschiedlicher Quelle zum selben Thema gibt, bedarf es einer genaueren Untersuchung.
Normalerweise gab es in den Ehen zwischen Menschen und Feen klar umrissene Richtlinien, die eingehalten werden mußten, wenn die Verbindung glücklich werden sollte. Diese waren für Männer, die Feenfrauen heirateten, deutlicher definiert:
Als erstes durfte der Ehemann seine Frau nicht nach ihrem Leben vor der Zeit mit ihm befragen; er durfte sie nie schlagen, und er durfte sie zu gewissen Zeiten nicht anschauen.
Es mag in der Tat eine Zeit gegeben haben, in der Menschen

und Wesen aus dem Feenreich eine Verbindung eingehen konnten, aber diese Zeit ist lange vorbei. Heute können wir allerdings noch sehr enge Beziehungen aufbauen. Es gibt die Möglichkeit der Astralprojektion oder der außerkörperlichen Erfahrung, um die Intimität dieser Verbindungen zu erleben, auf die in vielen Erzählungen hingewiesen wird.
Ich habe eine Reihe von Menschen erlebt, die im Laufe der Jahre zugegeben haben, sie konnten in Beziehungen deshalb nie zufrieden sein oder solche gar nicht erst eingehen, weil sie sich in einem vergangenen Leben in ein Feenwesen verliebt hätten und kein Mensch diesem je gleichgekommen sei. Aber: Vorsicht bei derartigen Behauptungen! Sie sind oft nichts anderes als eine Ausrede, um sich der Verantwortung einer irdischen Partnerschaft zu entziehen.

Gibt es Menschen mit Feenblut?

Die Antwort ergibt sich aus dem vorherigen Abschnitt. Manche Menschen möchten glauben, daß sie noch die Blutsbande eines Lebens in sich tragen, in dem sie einer Verbindung zwischen einer Fee und einem Menschen entsprangen. In den meisten Fällen haben wir es hier mit einer Selbsttäuschung zu tun, vor allem bei Menschen, die an die Reinkarnation glauben. Vielleicht gab es in einem früheren Leben eine Fee und einen menschlichen Elternteil, aber das ist lange vorbei und gehört der Vergangenheit an.
Viele sehen in ihrer Zuneigung zum Feenreich die Folge solch einer früheren Beziehung. Die Erklärung jedoch ist viel einfacher. Wie wir im nächsten Kapitel sehen werden, hat jeder Mensch Elementarwesen, die mit den unterschiedlichen Aspekten seiner physischen und feinstofflichen Energie arbei-

ten. Das gibt uns eine natürliche Verbindung zu jenem ätherischeren Bereich. Die meisten Menschen ziehen es vor, diese zu ignorieren, und es ist in Ordnung, wenn es für den einzelnen funktioniert. Andere haben diese Verbindung erkannt, jedoch fälschlicherweise angenommen, es handele sich dabei um eine tatsächliche erbliche Abstammung.
Wer meint, von Feenkönigen und Feenwesen abzustammen, versucht oft, sich die Illusion der Einzigartigkeit in einem Leben zu geben, das er als sehr gewöhnlich empfindet. Das schmälert nicht die Bedeutung der Erlebnisse, die der einzelne mit Feen und Elfen gehabt hat, aber bei derartigen Behauptungen ist Vorsicht geboten.

Was bringt uns der Umgang mit Feen und Elfen?

Als erstes und vor allem hilft er uns dabei, unsere Achtung für das Leben in all seinen Erscheinungsformen und Dimensionen zu vergrößern. Dadurch nimmt unsere Lebensfreude zu. Außerdem können diese Wesen dabei helfen, unsere Kreativität zu wecken - selbst wenn wir glauben, wir hätten keine.
Die Hilfe dieser Wesen kann sehr unterschiedlich sein. Einige verfügen über die Kunst des Heilens und besitzen den Schlüssel für die natürliche Heilung von Krankheiten. Andere können uns helfen, in unserem Leben größere Fertigkeiten zu entwickeln, und wieder andere sind eine wunderbare Hilfe, wenn wir mit Tieren sprechen wollen.
Die Fertigkeit der Feen zu weben und zu spinnen ist phantastisch. Oft sind diese Erzählungen Allegorien, durch die wir lernen, gewisse Aspekte in unserem Leben zum Ausdruck zu bringen und unseren Alltag schöpferischer zu gestalten. Das Beispiel der Feen, mit großer Freude zu leben und zu arbeiten - einschließlich der weltlichsten Aufgaben -, zeigt uns, wie wir

unsere Lebensfreude und unser Gefühl persönlicher Erfüllung zurückgewinnen können.

Was zieht Feen und Elfen am meisten an?

Lachen ist immer eine eindeutige Einladung. Wo Geschichten erzählt werden, sind Feen und Elfen nicht weit. Ernste Musik und einfache Lieder - und Kinder: Feen werden sich überall dort einfinden, wo Kinder spielen, oder, wo sich die Natur frei entwickeln darf - selbst wenn es nur eine kleine Ecke auf Ihrem Hinterhof ist. Wo immer es Feste, Freude und Farbe gibt, wird man diese Wesen finden.

Kapitel 3

DAS REICH DER ELEMENTARWESEN

Die Kräfte der Natur werden oft in vier Aspekte ihres Ausdruck eingeteilt - Erde, Wasser, Luft und Feuer. Die Wesen, die auf der ursprünglichsten Ebene mit diesen Ausdrucksweisen der Kraft in der Natur umgehen, nennt man "Elementarwesen". Die, die mit der Kraft der Erde in der Welt der Natur arbeiten, heißen Gnome; jene, die sich die Kraft des Wassers zunutze machen, sind Undinen; die Wesen, die sich des Elements Luft bedienen, nennt man Sylphen und schließlich heißen die Geister, die das Feuer symbolisieren, Salamander.
Oft kommt es bei den Unterschieden zwischen Elementarwesen und anderen Naturgeistern - die gewöhnlich Elfen und Feen genannt werden - zu Verwirrung. Die meisten Menschen werfen sie in einen Topf, entweder als Naturgeister oder Elementarwesen, aber es gibt einen Unterschied. Sie gehören alle derselben Hierarchie an (den Engeln), haben aber unterschiedliche Aufgaben.
Die Wesen aus dem Feen- und Elfenbereich stehen mehr für die Persönlichkeit, während die Elementarwesen allgemeinere Eigenschaften haben. Ein Beispiel: Vielleicht gibt es in einer Familie eine besondere Eigenschaft oder einen Zug, der sich bei allen Mitgliedern findet - etwa die Neigung zur Glatze, schlanker Körperwuchs, eine scharfgeschnittene Nase, blondes Haar etc. Dennoch stellt jedes Mitglied dieser Familie eine einzigartige Persönlichkeit dar, trotz der gemeinsamen Eigenschaften.
Elementarwesen sind die Bausteine der Natur. Sie sind reiner Energie, reinem Bewußtsein sehr nahe, haben sich jedoch nicht weit genug entwickelt, um eine eigene Persönlichkeit

anzunehmen. Wenn wir mit ihnen in Kontakt sind, wecken sie in uns starke, klar umrissene Antworten. Diese werden charakterisiert und etikettiert mit der Bezeichnung eines Elements - Erde, Wasser, Luft und Feuer.

Jede Art Elementarwesen reflektiert ein grundlegendes Energiemuster des Feenreiches, wie es sich in der Natur aufbaut und manifestiert. Diese Muster werden miteinander verwoben, um alles auf Erden zu schaffen und zu erhalten. Alle vier Elemente existieren in jedem Aspekt der Natur und in jedem Menschen. Fehlt eins in unserem Leben, können wir nicht existieren.

Dabei handelt es sich nicht um bloße Etiketten, Symbole oder sogar Begriffe, sondern um tatsächliche, lebendige Kräfte in jedem von uns und in der Natur. Sie bilden alles, was mit den fünf Sinnen wahrgenommen werden kann. In der Mythologie brachte man Gottheiten mit bestimmten elementaren Kräften in Verbindung, zum Beispiel gab es Feuergötter- und göttinnen, und so war es mit allen Elementen. (Wir werden uns in den folgenden Kapiteln näher damit beschäftigen).

Die einzelnen Feen und Elfen haben auch eine Affinität zu einem oder mehreren dieser Elemente, und oft finden sie sich in der Nähe der Orte, an denen diese Kraft zum Ausdruck kommt, also: Wassergeister und -feen in der Nähe von Wasser, Waldelfen in der Nähe von Wäldern usw. Das heißt, die Energien jenes Elements werden leichter genutzt und zum Ausdruck gebracht, durch jene Wesen, die mit ihm in Verbindung stehen.

Wir müssen lernen, mit dieser Ebene der Engelshierarchie zu arbeiten, so, wie wir lernen müssen, mit jenen Wesen zu arbeiten, die wir Feen und Elfen nennen. In vieler Hinsicht sind die Elementarwesen für unser Leben wichtiger als die anderen Naturgeister. Wir alle kennen den Ausspruch: “Nicht in seinem

Element sein". Fehlt uns ein Element, sind wir im Ungleichgewicht.
Die Elementarwesen laden uns mit Energie auf. Sie liefern den Brennstoff, den wir brauchen, um uns lebendig zu fühlen. Sie arbeiten mit allen Aspekten unseres Seins - physisch, emotional, mental und spirituell. In der Tat besitzt jeder von uns ein Elementarwesen, das die Aufgabe hat, mit uns auf jeder dieser Ebenen zu arbeiten.
Indem diese Elementarwesen in unserer Nähe sind, haben sie größere Möglichkeiten, eine Persönlichkeit zu entwickeln und innerhalb ihrer Hierarchie emporzusteigen. Mit ihnen zu arbeiten, ist eine dynamische Möglichkeit, sich auf alle Energien der Natur und ihre Wirkung auf uns einzulassen. Es erleichtert die Kontrolle über unser eigenes Energiesystem auf allen Ebenen (physisch und allgemein).

In dem folgenden Diagramm sehen Sie, welche Naturgeister und Elementarwesen wir, je nach den Bedingungen des Wetters und der Zeit, leichter erreichen können. In einer Zeit, in der viel Dampf (Feuchtigkeit) herrscht (Frühling, feiner Nebel, dichter Nebel etc.) ist es leichter, sich auf die Erd- und Wassergeister und -elementarwesen einzustimmen. (Diese stehen jeweils neben den entsprechenden Bedingungen). Wir können diese Umstände nutzen, um uns und gleichzeitig unsere persönlichen Elementarwesen neu aufzuladen.
Wie Feen und Elfen sind auch Elementarwesen vierdimensional. Es gibt nichts, das ihre Bewegungen behindern kann. So bewegen sie sich durch Materie genauso leicht wie durch Luft. Um sich weiterentwickeln zu können, brauchen Sie jedoch den Kontakt mit Menschen.

ÄUSSERE BEDINGUNGEN FÜR DEN KONTAKT MIT NATURGEISTERN

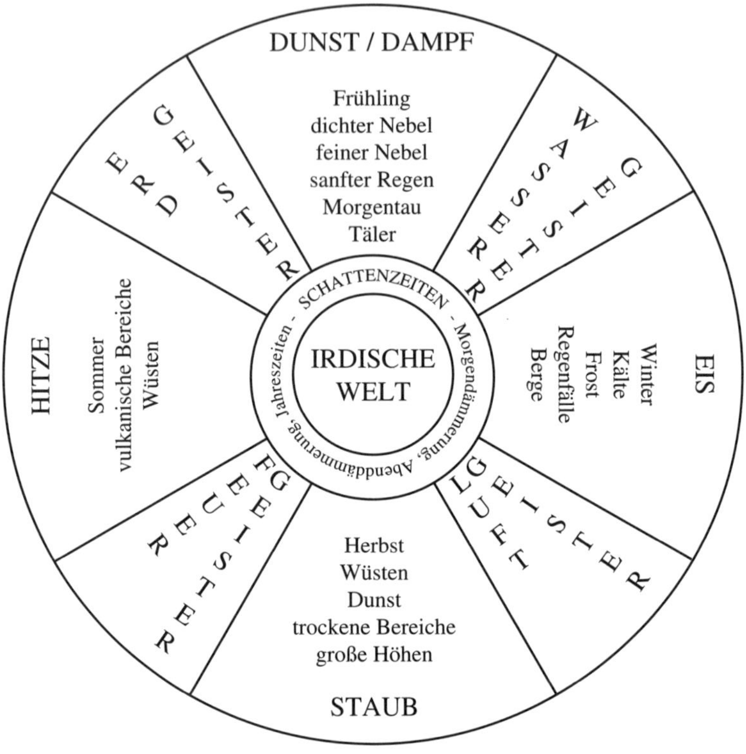

Ihre Aktivitäten werden von einem höherentwickelten Wesen jenes Elements bewacht, das man traditionell den König nennt. Die Erzengel überwachen die Handlungen der Könige, und die Könige die Aktivitäten einer Gruppe von Elementarwesen und Naturgeistern. Das Evolutions-System ist streng hierarchisch aufgebaut.

Element	Elementarwesen	König	Engel
Erde	Gnome	Ghob	Uriel
Wasser	Undinen	Niksa	Gabriel
Luft	Sylphen	Paralda	Raphael
Feuer	Salamander	Djinn	Michael

GNOME (WESEN DES ELEMENTS ERDE)

Dies ist ein Gattungsname, der nicht mit dem Begriff verwechselt werden sollte, der sich normalerweise in Geschichten über Gnome findet, zumindest nicht auf der Elementarebene des Feenkönigreichs. Gnome variieren in Form und Gestalt, sind aber auf jeden Fall "erdig". Sie können nicht fliegen und brennen im Feuer. Und altern ähnlich wie Menschen.

In diese allgemeine Kategorie fallen verschiedene Arten von Wesen, wobei jede ihren eigenen Bewußtseinsstand hat. Diese Wesen arbeiten mit der physischen Struktur der Erde und halten sie aufrecht. Sie bringen Farbe in die Welt und unser Leben und helfen uns, uns auf die Erdenergien einzustellen und verstehen zu lernen, wie wir diese verborgenen Kräfte nutzen können.

Gnome helfen, Pflanzen, Blumen und Bäume entstehen zu lassen. Es ist ihre Aufgabe, ihnen Farbe zu verleihen, Mineralien und Kristalle zu schaffen und die Erde zu erhalten, damit wir einen Ort haben, wo wir wachsen und uns entwickeln können. Sie sind Wesen mit großem handwerklichen Geschick.

Die Gnome hüten die Schätze der Erde, und wenn man sich auf sie eingestimmt hat, helfen sie den Menschen, in der Erde Schätze oder zumindest Teile davon zu finden. Das kann vom verborgenen Schatz oder der Energie eines Kristalls bis zu Gold gehen.

Sie arbeiten mit den Menschen hauptsächlich durch die Natur. Sie geben jedem Stein eine eigene Individualität - seine ihm eigene Energie. Dies tun sie mit jedem Aspekt der Natur. Und so hat uns jeder Baum, jeder Felsen und jede Blume etwas zu sagen.
Gnome sind auch dazu da, den physischen Körper des Menschen zu erhalten - Aufbau, Anpassung von Mineralien etc. Ohne sie könnten wir in der physischen Welt nicht existieren. Normalerweise hat jeweils ein Wesen des Elements Erde die Aufgabe, uns in diesem Leben zu helfen, unser physisches Vehikel am Laufen zu halten. Diese innige Verbindung ermöglicht es ihnen gleichzeitig, sich selbst weiterzuentwickeln und beseelt zu werden. Dabei werden sie durch das, was wir tun, beeinflußt. Wenn wir unseren Körper mißbrauchen, mißbrauchen wir auch das Elementarwesen, das uns zugeteilt worden ist.
Durch dieses Wesen werden wir uns unserer physischen Sinne bewußt und lernen, uns auf sie zu verlassen. Es hilft uns mit Hartnäckigkeit und Ausdauer dabei, auf uns aufzupassen und schenkt uns die Gabe der Vorsicht.
Wenn unsere Verbindung zu unserem persönlichen Gnom und anderen Elementarwesen der Erde zu schwach ist, beginnen wir "abzuheben" und die Bedürfnisse des Überlebens zu ignorieren. Wir fühlen uns vielleicht fehl am Platze und verlieren uns in eine Welt der Phantasie, ohne zu schauen, bevor wir springen. Das alles ist ein Hinweis darauf, daß eine Begegnung mit unserem persönlichen Gnom angesagt ist.
Eine zu enge Verbindung mit den Wesen des Elements Erde und anderen Erdgeistern führt zu einer verengten Sichtweise, zu "Scheuklappen". Wir sind zu praktisch, zynisch und skeptisch. Diese Energien können uns übervorsichtig machen und verstellen den Blick für Neues. Wir werden vielleicht mißtrauisch, und unsere schöpferische Phantasie wird einschränkt.

Indem wir uns auf unseren persönlichen Gnom und seine Energien direkter einstimmen, können wir Entschlossenheit und Aufgeschlossenheit entwickeln. Wir werden offen für die Einflüsse dieser Wesen, die uns dabei helfen können, spontaner, hilfsbereiter und bescheidener zu werden. Die Gnome lassen sich durch liebevolle Großzügigkeit leicht kontrollieren und führen.

UNDINEN (WESEN DES ELEMENTS WASSER)

Dies ist die Bezeichnung für jene Wesen, die mit der Kraft und dem Element Wasser zu tun haben. Sie sind überall dort zu finden, wo es eine natürliche Wasserquelle gibt. Jedes Wasser auf diesem Planeten - Regen, Fluß, Meer etc. - birgt die Aktivität einer Undine. Wie die Gnome sind auch sie sterblich, aber sie sind ausdauernder und zäher.

Wasser ist der Quell des Lebens schlechthin, und diese Wesen sind notwendig, damit wir diesen Quell in unserem Inneren finden und die Gaben der Sympathie, des Heilens und der Reinigung entwickeln können.

In vielen Märchen spielen die Wassergeister, einschließlich der Nixen, eine Rolle. Sie gehören einem höher entwickelten Bereich des Feenreichs an, der durch das Element Wasser und in diesem arbeitet. Die Undinen selbst sind jedoch im allgemeinen ursprünglicher und nicht so weit entwickelt. Sie erscheinen oft in weiblicher Gestalt, obwohl es bei den weiterentwickelten Wassergeistern männliche und weibliche Formen gibt (also Wassermänner und Nixen = Meerjungfrauen).

Die Undinen kümmern sich um den Astralkörper des Menschen und lehren ihn, seine Gefühle zu erkennen und zu entwickeln. Zu ihnen gehört die Energie der Schöpfung, der Geburt, der Intuition und der kreativen Imagination. Sie helfen, Lebenserfahrungen zu verarbeiten und sich diesen anzu-

passen, so daß wir sie voll und ganz nutzen können, aber auch, die höchste Ekstase der schöpferischen Akte des Lebens zu sehen und zu fühlen, seien es Sexualität, Kunst oder die Fähigkeit, auch Pflichten mit Leidenschaft zu erledigen.
Undinen machen sich gerne in unseren Träumen bemerkbar. Träume von Wasser und Sinnlichkeit sind oft eine Spiegelung der Aktivität einer Undine und ihrer Bemühungen, größere Kreativität in unser Leben zu bringen. Mit ihnen zu arbeiten kann uns helfen, die Traumaktivität zu steuern und den Astralkörper für bewußte außerkörperliche Erfahrungen zu stärken.
Jeder von uns hat für sein Leben auch eine Undine zugeordnet bekommen. Wenn wir lernen, uns mehr auf sie einzustimmen, öffnen wir uns all jenen anderen Naturwesen, die mit dem Element Wasser verbunden sind. Unser persönlicher Wasserelementargeist hilft uns dann, die richtige Funktion unserer Körperflüssigkeiten zu steuern - Blut, Lymphe etc. Blutkrankheiten vergiften unsere Undine und binden sie an das Karma und die Auswirkungen jener Krankheit, wie unangenehm sie auch immer sein mögen. Der Mißbrauch unseres Körpers schadet auch ihnen, denn einmal einem Menschen zugeteilt, bleibt ihnen nur auszuharren - weil sie für ihr eigenes Wachstum von uns abhängig sind und sich gemeinsam mit uns weiterentwickeln.
Eine zu schwache Verbindung mit unserer persönlichen Undine oder anderen Elementen des Wasserreiches kann zu psychischen, emotionalen und sogar physischen Problemen führen. Wir haben vielleicht Schwierigkeiten, Mitleid zu empfinden. Wir trauen unserer Intuition nicht, und wir können fanatische Angst vor Schmerz entwickeln. Es muß nicht unbedingt mangelnde Sensitivität sein, aber vielleicht wirken wir auf andere kalt. Ein Mangel an Sympathie, Mitgefühl und Liebe zum Leben mag ein Symptom dafür sein, daß wir uns mit unserer

persönlichen Undine oder jenen Wassergeistern in Einklang bringen müssen, die Einfluß auf unsere Gefühle haben. Ein fehlender Kontakt zu den Elementarwesen des Wassers auf einem regelmäßig ausgeglichenen Niveau kann Vergiftungen des Körpers verschlimmern, da das Wasser nicht fließen und somit den Körper nicht reinigen kann.
Andererseits können wir uns durch eine zu enge Verbindung mit den Wesen des Elements Wasser und Naturgeistern mit Emotionen und widersprüchlichen Gefühlen vollsaugen. Wasseransammlung im Körper ist oft ein physisches Signal dafür. Die Folge können eine übersteigerte Phantasie und extreme Verhaltensweisen sein. Vielleicht werden Sie zwanghaft jähzornig, oder von Über-Sinnlichkeit, überschäumender Angst und Heimlichtuerei gepackt. Oder Sie verbringen all Ihre Zeit damit, sich nach etwas zu sehnen, ohne zu wissen, was es ist, und mit Ihren Emotionen zu kämpfen, anstatt zu handeln. Die Folge wird eine übersteigerte Verletzbarkeit sein.
Durch unsere persönliche Undine können wir mit unseren Gefühlen und tieferen Emotionen in Berührung kommen. Sie kann uns helfen, uns der Einheit der Schöpfung gewahr zu werden, sie stimuliert unsere kreativen Fähigkeiten und öffnet uns für den emotionalen Speicher, in dem wir heilendes Mitleid und Intuition finden können. Wegen ihrer fließenden Natur läßt sich die Undine am besten durch Festigkeit kontrollieren.

SYLPHEN (WESEN DES ELEMENTS LUFT)

Die Sylphen entsprechen wahrscheinlich am ehesten unserer Vorstellung von Feen und Engeln, mehr als die anderen Elementarwesen. Oft arbeiten sie Seite an Seite mit den Engeln. Sie sind Teil der schöpferischen Kraft der Luft, und ihre Arbeit zeigt sich in der kleinsten Brise wie im mächtigsten Tornado. Luft ist die Quelle aller Lebensenergie. Auf der ganzen Welt gibt es viele Namen für sie - *prana, chi, ki* etc. Sie ist lebensnotwendig. Wir können lange Zeit ohne Nahrung und ohne Wasser auskommen, aber nicht sehr lange ohne Luft. Sie ist für unsere Existenz lebensnotwendig.

Nicht alle Sylphen sind darauf beschränkt, in der Luft zu arbeiten und zu leben; viele von ihnen haben eine sehr hohe Intelligenz. Sie arbeiten für die Erzeugung der Luft und der Atmosphäre und die richtigen Ströme auf der ganzen Erde. Wenn Sie tief einatmen und eine süße Frische in der Luft bemerken, dann nehmen Sie ihre Existenz wahr.

Einige dieser Luftwesen haben in Bezug auf die menschliche Aktivität besondere Aufgaben übernommen. Andere sind vielleicht damit beschäftigt, Kummer und Leid zu lindern, und wieder andere wecken Inspiration und Kreativität. Eine ihrer besonderen Aufgaben ist es, Kinder zu begleiten, die soeben gestorben sind. Sie können auch vorübergehend als Schutzengel dienen, bis wir uns weiter öffnen und den Geist anziehen, der unser Schutzengel sein wird.

Auch eine Sylphe wird jedem Menschen für das ganze Leben zugeteilt. Sie hilft ihm, seinen Mentalkörper und seine geistige Entwicklung aufrechtzuerhalten. Es sind also unsere Gedanken - ob gut oder schlecht -, durch die sie am meisten beeinflußt werden. Durch unsere Sylphe erlangen wir neues Wissen und Inspiration. Sie reinigt und erhöht unsere Gedanken und unsere Intelligenz und trägt dazu bei, Intuition und Ratio gleichermaßen zu nutzen.

Auf der physischen Ebene hilft uns unsere persönliche Sylphe, aus der Luft, die wir atmen, Sauerstoff zu assimilieren und alle Funktionen der Luft in und um uns herum aufrechtzuerhalten. Wenn wir sie verschmutzter Luft, Rauch etc. aussetzen, beeinflußt dies ihre Erscheinung und ihre Wirksamkeit in unserem Leben.

Sylphen zeigen sich oft in menschenähnlicher Form, sind aber asexuell. Tatsächlich erwecken sie diese Eigenschaft oft auch in anderen. Nach meiner Erfahrung glauben viele Menschen, die von starker Sylphenaktivität umgeben sind, Sexualität stünde auf der Liste der Prioritäten nicht sehr weit oben, und sie verstehen oft nicht, daß dies bei anderen anders sein kann. Da dies auch ein Hinweis auf eine fehlende Verbindung zum fühlenden Aspekt (dem Wasserelementarwesen) sein kann, müssen wir mit Vermutungen vorsichtig sein. Die Sylphen lenken oft unterschiedliche Ausdrucksarten der schöpferischen, sexuellen Kraft in andere Lebensbahnen, zum Beispiel in die Arbeit. Man sollte jedoch darauf achten, daß dies nicht zu extrem wird, denn wir alle brauchen ein Gleichgewicht der Elemente.

Eine zu starke Verbindung mit den Luftgeistern oder -elementarwesen kann zu einem überaktiven Geist führen, der gesteuert und in die richtige Bahn gelenkt werden muß. Es kann sonst zu Stümpertum führen, sich aber auch in einer Lähmung des Willens zeigen (Menschen, die zu viel analysieren). Oder das Nervensystem wird hochaktiv, so daß der Mensch dauernd etwas ändern muß. Diese Eigenschaft kann auch in Exzentrizität oder Fanatismus gipfeln, was mit einem Mangel an Emotion und Sensitivität einhergeht. Auch ein Rückzug von den physischen, irdischen Aktivitäten des Lebens kann ein Symptom sein.

Eine fehlende Verbindung zu den Wesen des Luftelements, einschließlich unserer persönlichen Sylphe, kann sich in unausgeglichenen Wahrnehmungen und einem Mangel an gesundem Menschenverstand äußern. Sie sind vielleicht ständig mit Aktionen und Gefühlen beschäftigt und doch nicht in der Lage, über Ihr Leben nachzudenken. Vielleicht sind sie unfähig, Perspektiven zu entwickeln, haben ein schwaches Nervenkostüm,

oder es mangelt Ihnen an Neugier oder Phantasie.
Die Sylphen bringen Inspiration in unseren Alltag und wirken sehr stark auf unsere mentalen Fähigkeiten. Wer zu seiner persönlichen Sylphe einen guten Kontakt hat, wird es leichter haben, neues Wissen aufzunehmen. Unsere Sylphe kann mit uns arbeiten, um unsere Weisheit zu vergrößern. Sylphen eignen sich hervorragend für den Schutz von Haus und Eigentum. Ihre Energie ist so stark, daß sie potentielle Eindringlinge verwirren und ängstigen, was sie davon abbringt, in Ihre Umgebung einzudringen.
Unsere persönliche Sylphe wird durch Beständigkeit beeinflußt. Wir sollten also Verpflichtungen mit Entschlossenheit angehen und mit Beharrlichkeit ausführen.

SALAMANDER (WESEN DES ELEMENTS FEUER)
Salamander sind überall. Kein Feuer wird ohne sie angezündet, keine Hitze kommt ohne sie aus. Sie sind unter der Erde und im Körper und Geist aktiv und zuständig für Blitze, Hitze, Explosionen und Vulkane.
Bitte verwechseln Sie Salamander nicht mit den echsenähnlichen Amphibien. Wenn sie sich als Ausdruck der Natur durch das Feuer zeigen, machen diese Elementarwesen in den tanzenden Flammen oft schlangenähnliche Bewegungen, als wenn sie sich im Feuer aalen würden. Das läßt an die schlangenartig gleitenden Bewegungen des Schwanzes verschiedener Echsen denken, was aber die einzige Verbindung mit diesen Tieren ist.
Salamander erwecken im Menschen starke emotionale Ströme. Sie stimulieren auch das Feuer spirituellen Idealismus' und spiritueller Wahrnehmung. Ihre Energie hilft, Altes niederzureißen und Neues zu schaffen, so, wie Feuer in seinem Ausdruck gleichzeitig zerstörerisch und schöpferisch ist.

Die Wesen des Elements Feuer arbeiten mit den Menschen und der Welt durch Hitze, Feuer und Flamme - sei es die Flamme einer Kerze, die Flammen des Äthers oder das Licht der Sonne. Sie können äußerst wirkungsvoll beim Heilen sein, indem sie helfen, den Körper zu entgiften, vor allem in kritischen Situationen. Sie müssen dann sehr sorgfältig mit dieser Kraft umgehen, da ihre Energien dynamisch und schwierig zu steuern sind. Salamander sind immer dann anwesend, wenn es ums Heilen geht.
Sie helfen auch, unseren spirituellen Körper gesund zu erhalten, indem sie in ihm strahlende Energie wecken, die dann auf den physischen Körper übertragen wird. Sie wecken aber auch hohe Spiritualität, Glaube, Enthusiasmus und spirituelle Einsicht in Außersinnliches. Und sie färben unsere Wahrnehmungen.
Auch ein Salamander ist uns für dieses Leben zugeteilt. Er hilft unserem physischen Körper, gut zu arbeiten, unterstützt den Kreislauf und die richtige Körpertemperatur und regelt den Stoffwechsel des Körpers. Ein langsamer Stoffwechsel ist oft ein Hinweis auf schwerfällige, ein hoher Stoffwechsel auf starke Salamander-Aktivität im Körper.
Eine gute Verbindung und Beziehung zu Ihrem persönlichen Salamander wird Ihre Lebenskraft und Loyalität stärken und Ihnen helfen, selbstbestimmter und anspruchsvoller zu werden, und Ihre Spiritualität wecken. Ein neues Gefühl des Stolzes und ein Gespür für das Schauspiel des Lebens werden entstehen. Lebenspläne werden stark bleiben.
Eine zu schwache Verbindung mit Ihrem persönlichen Wesen des Elements Feuer oder den anderen Feuergeistern mag sich in einem Mangel an Energie zeigen - einer Mißachtung des Lebens, fehlendem Glauben und wachsendem Pessimismus.
Eine zu starke Verbindung zu diesem Elementarwesen oder anderen aus dem Feuerreich wird zu fehlender Selbstkontrolle

und Sensitivität und einem wachsenden Gefühl von Ruhelosigkeit und Überaktivität führen, wodurch sich das Selbst sogar verbrennen kann. Fehlende Geduld kann ein Hinweis auf einen zu starken Einfluß aus diesem Bereich sein.
Von allen Elementarwesen sind die Salamander am schwierigsten zu verstehen und zu behandeln. Die Eigenschaft, mit der sie sich am ehesten gewinnen lassen, ist Gelassenheit. Mit ruhiger, gelassener Zufriedenheit werden wir unsere inneren Feuer am ehesten unter Kontrolle bekommen. Das bedeutet: Das Leben so akzeptieren, wie es ist, im Hier und Jetzt.
Obwohl sie vorwiegend Vertreter der Natur sind, haben Salamander eine große Vorliebe für Musik und werden durch sie angezogen, vor allem während des schöpferischen Vorgangs des Komponierens. Ihre Energien sind sehr lebendig, und es braucht ungeheure Fähigkeiten, sie in Bahnen zu lenken und zu leiten, um höchste schöpferische Ergebnisse zu erzielen. Jeder Komponist oder Poet oder jeder, der mit der schöpferischen Kraft des Wortes arbeitet, kann nichts Besseres tun als sich auf die Wesen des Elements Feuer einzustimmen.
Unser persönlicher Salamander wird uns helfen, die Mysterien des Feuers zu verstehen und höhere spirituelle Visionen und Ziele zu wecken. Er stimuliert und stärkt die ganze Aura, so daß es leichter ist, sich auf die spirituellen Kräfte einzustimmen und sie in allen Aspekten des Lebens zu erkennen.

EINSTIMMEN AUF DIE ELEMENTARWESEN

Wahrscheinlich haben wir zu manchen Elementarwesen und Naturgeistern eine engere Verbindung als zu anderen, das heißt, wir können uns leichter auf ihre Energie einstellen, und deshalb ist es wichtig, diese zu verstehen. Es gibt zwei einfache Wege, das Element zu bestimmen, mit dem Sie am besten harmonieren: Ihr *astrologisches Zeichen* und Ihr *Name.*
Jedes astrologische Zeichen ist mit einem der vier Hauptele-

mente verbunden: Erde, Wasser, Luft oder Feuer. Ihr Geburtszeichen reflektiert jene Energien, die Sie in diesem Leben entfalten und entwickeln möchten. Das Element dieses Zeichens ist ein Hinweis auf eine bestimmte Gruppe von Wesen aus dem Elementarreich. (Siehe die nachfolgende Tabelle). Wenn Sie lernen, sich diesen Wesen zu öffnen, werden sie Ihnen im Alltag helfen. Das bedeutet jedoch nicht, daß Sie sich nicht auch auf andere Elementargeister einstimmen und mit diesen arbeiten können; es bedeutet nur, daß es mit diesen wahrscheinlich am leichtesten funktioniert.

Die wichtigste Beziehung sollte die mit dem Element sein, das Ihrem Sonnenzeichen zugeordnet ist. Wenn Sie sich näher damit beschäftigen möchten und Zugang zu Ihrem Horoskop haben, schauen Sie sich außerdem das Element des Zeichens an, in dem Ihr Mond bei der Geburt stand, und das Element Ihres Aszendenten-Zeichens. Manchmal sind sie unterschiedlich, manchmal kommen Elemente doppelt vor. Wenn das so ist, heißt das nur, daß Sie noch stärker mit dem betreffenden Element arbeiten und jene Wesen verstehen müssen, die mit diesem Element verbunden sind.

Vielleicht möchten Sie auch die Stellung der Hauptplaneten und die Zeichen, in denen sie erscheinen, untersuchen. Stehen viele Planeten in Luft-Zeichen? Oder Wasser-Zeichen? Oder Erd-Zeichen? Oder Feuer-Zeichen? Das kann ein Hinweis darauf sein, daß es besonders wichtig ist, mit den entsprechenden Elementarwesen zu arbeiten. Beim Umgang und Einsatz der Energien der Elementarwesen, die in ihren Leben wirksam sind, spielt das Gleichgewicht der Elemente eine äußerst wichtige Rolle.

Element	Vokal	Tierkreiszeichen	Elementarwesen
Feuer	I	Widder Löwe Schütze	Salamander
Erde	U	Stier Jungfrau Steinbock	Gnome
Luft	E	Zwilling Waage Wassermann	Sylphen
Wasser	O	Krebs Skorpion Fisch	Undinen
Äther	A	Äther ist die Substanz, aus der alle Elemente entstanden sind. Sie bestimmt und durchdringt die ganze Schöpfung, alle Zeichen und alle Elementarwesen.	

Eine zweite Möglichkeit, um festzustellen, zu welchen Elementarwesen Sie die natürlichste Resonanz haben, ist Ihr Vorname, der, wie das Horoskop, ein Ausdruck für Energie ist und das Spiel gewisser Kräfte in Ihrem Leben wiedergibt. Die Vokale in Ihrem Namen sind der Schlüssel zur Bestimmung des Elementarwesens, mit dem Sie am besten harmonieren.
Der Hauptvokal in Ihrem Vornamen gibt an, auf welche Gruppe von Elementarwesen Sie sich am leichtesten einstellen kön-

nen. Der Hauptvokal ist derjenige, der in Ihrem Namen betont wird. Andere Vokale in Ihrem Namen deuten auf andere Gruppen von Elementarwesen hin, die Hilfestellung leisten, um die Einstimmung zu erleichtern.

Vokal	**Element**	**Elementarwesen**
A	Äther	alle vier Gruppen der Elementargeister
I	Feuer	Salamander
E	Luft	Sylphen
O	Wasser	Undinen
U	Erde	Gnome
Y	Feuer/Wasser	Salamander und Undinen

Wenn das astrologische Element und das Element des Namens dasselbe sind, kann dies ein Hinweis darauf sein, daß Sie Ihre Arbeit mit jener Gruppe von Wesen und ihren Energien verdoppeln sollten. Sind sie gegensätzlich, hebt sich dies nicht notwendigerweise auf, da alle Elemente und alle Elementarwesen in Harmonie miteinander arbeiten. Vielmehr ist es Ihre Aufgabe zu lernen, sich harmonisch auf diese einzustellen. Nehmen Sie die nachfolgende Tabelle, um herauszufinden, wie die Energien der einzelnen Elementarwesen miteinander harmonieren.

Die Hauptelemente Ihres Sonnenzeichens und Ihres Namens liefern den Treibstoff, den Sie zum Leben brauchen. Die anderen Elemente sind allerdings auch wichtig, da wir nicht ohne die vier Elemente existieren können. Fehlt eines der vier Elemente - selbst mit der Kombination des Horoskops und der Namenanalyse - dann ist besondere Anstrengung vonnöten, um diese Energien zu entwickeln und sich auf sie einzustellen.

Kombinierte Elemente	Einflüsse
Feuer mit Feuer	Übersteigerte Impulse und Leidenschaft; liefert viel Energie für Lebensziele.
Luft mit Luft	Erzeugt übermäßige mentale Prozesse; schafft einen Strudel aus Ideen und Ausdrucksfähigkeit.
Wasser mit Wasser	Gibt zusätzliche Tiefe und Sensitivität; möglicherweise ist eine Ausrichtung auf die Realität notwendig.
Erde mit Erde	Führt zu Trägheit, Materialismus, Stabilität; weckt verborgene Talente.
Feuer mit Erde	Inspiriert Beweglichkeit und die Fähigkeit, Grenzen zu erkennen; kann Ausdrucksfähigkeit bewirken oder Leidenschaften wecken.
Feuer mit Luft	Stärkt und weckt Ideale; stimuliert Inspiration und Kreativität.
Feuer mit Wasser	Lehrt alchemistische und lebensverändernde Prozesse; weckt neue Ideen und fruchtbringende Vorstellungen.
Erde mit Luft	Zeigt, wie unbeständige Lebensbedingungen stabilisiert werden können; revitalisiert.
Erde mit Wasser	Zeigt die Notwendigkeit von Wachstum; stabilisiert Ruhelosigkeit; weckt Mitgefühl.
Luft mit Wasser	Erneuert und erfrischt; erweitert Sympathien und mildert Übersensitivität.

Das Ätherelement betont und intensiviert die Beziehung und Aktivität jeder Elementarkraft, mit der es verbunden ist - zum Guten oder Schlechten.

Wenn Sie zum Beispiel kein Wasser in Ihrem Namen oder Ihrem Horoskop haben, sollten Sie in die Natur gehen und viel Zeit am Wasser verbringen und sich bewußt auf dieses Element einstellen, um größeres Gleichgewicht in Ihr Leben zu bringen.
Die Hauptelemente müssen regelmäßig neu aufgeladen werden. Wenn wir uns wirkungsvoller auf jene Wesen einstimmen wollen, die durch Sie arbeiten, müssen wir uns auf das Element einlassen und auf Aktivitäten, die jenen Elementen zugeordnet sind.

ERD-MENSCHEN

Die Menschen, in deren Leben das Element Erde überwiegt, sind aufgefordert, sich den stimulierenden Energien zu stellen. Den materiellen Verpflichtungen nachzukommen, kann die Verbindung zu den grundelementaren Erdkräften ihres persönlichen Gnoms ausdünnen und brechen. Dies führt zu Ungleichgewicht. Es ist daher für diese Menschen wichtig, regelmäßig ihre Verbindung zu der Gnomenergie aufzuladen und zu stärken, indem sie barfuß in Schlamm und auf Gras gehen. Es ist auch sehr hilfreich, viel freie Zeit in der Nähe von Pflanzen und Bäumen zu verbringen.

WASSER-MENSCHEN

Die Menschen, in deren Leben das Element Wasser überwiegt, brauchen emotionales Engagement, oft in sehr intensiver Form. Wenn sie keine Gelegenheit haben, den vollen Umfang der Gefühle regelmäßig auszuleben, wird das Band, das sie mit der elementaren Kraft ihrer persönlichen Undine verbindet, schwach werden, was zu Gesundheitsproblemen auf diversen

Ebenen führen wird. Diese Menschen brauchen die Gegenwart von Wasser und die Möglichkeit, in dieses einzutauchen, um ihre persönliche Undine aufzuladen und ihre Hauptverbindung zu ihr stark zu halten. Wasser ist eine ausgleichende Kraft.

LUFT-MENSCHEN

Menschen, bei denen das Element Luft vorherrscht, brauchen mentale Stimulation und soziales Engagement, also Kanäle, die einen freien Ausdruck von Ideen bieten und geistige Freiheit, damit ihre Verbindung mit der Elementarkraft ihrer persönlichen Sylphe stark bleibt. Geschieht dies nicht, wird ihre Sylphenverbindung schwach und es kommt zu einem Ungleichgewicht.

Um ihre Hauptelementarkraft neu aufzuladen und ihre Verbindung mit ihrer persönlichen Sylphe zu stärken, benötigen diese Menschen saubere, dünne, elektrisch geladene Luft, und dies regelmäßig. In die Berge zu gehen, weg vom Wasser, dorthin, wo die Luft trocken und frisch ist, ist für sie besonders wichtig.

FEUER-MENSCHEN

Menschen mit dem Element Feuer brauchen jede Menge Sonne und starke Aktivität, um ihre Verbindungen zu der Hauptkraft ihres persönlichen Salamanders neu aufzuladen und zu stärken. Arbeit, die physische Anstrengung und Aktivität mit sich bringt, ist für diese Menschen gut. Sie müssen viel im Freien sein, vor allem im Sommer, so daß sie ihre Feuerenergie speichern und durch den Winter tragen können, wenn die Sonnenenergie nicht so stark oder kaum zugänglich ist. Für ihre Gesundheit und für ihre Fähigkeit, sich mit ihrem persönlichen Salamander und jedem anderen Wesen des Feuerelements zu verbinden, ist es wichtig, überall dort zu sein, wo die Sonnenenergie stark ist.

Wenn Sie erst einmal herausgefunden haben, mit welchem Reich der Elementarwesen Sie am besten harmonieren, dann läßt sich die Tür leicht öffnen.

Übung

Überprüfe alles, was du bisher in diesem Buch zu deinem Elementarwesen einschließlich des Königs und des dazugehörigen Erzengels gelesen hast. Wir werden ihre Namen verwenden, um dir dabei zu helfen, dich deinem persönlichen Elementarwesen zu öffnen.

Suche dir einen Ort in der Natur, der dein Element widerspiegelt. Schaue in dem vorherigen Abschnitt nach, welches Element das beste für dich ist. Wenn es die Erde ist, finde einen abgeschiedenen Platz mit Felsen, wo du dich hinsetzen kannst (barfuß, falls möglich), die Füße im Schlamm oder im Gras. Ist es Wasser, setze dich an einen Fluß oder an einen Teich. Ist es Luft, gehe in die Berge oder suche dir einen Tag aus, an dem es windig ist. Und wenn es Feuer ist, setze dich, wo immer möglich, in die Sonne.

Stelle sicher, daß du an deinem Platz nicht gestört wirst. Schließe die Augen und nimm einige langsame, tiefe Atemzüge. Entspanne dich. Beginne oben am Kopf und visualisiere warme, wohltuende Energie, die sich von dort in jeden Teil deines Körpers ergießt. Nimm dir Zeit.
Je entspannter du wirst, desto leichter wird es für dich sein, dich auf die Elementarwesen einzustellen.

Jetzt intoniere dreimal leise den Namen des Erzengels für dein Element, Silbe für Silbe:

Feuer - Michael = "Mi - Cha - El"
Luft - Raphael = "Ra - Fa - El"
Wasser - Gabriel = "Ga - Bri - El"
Erde - Uriel = "U - Ri - El"

Halte an und intoniere dreimal leise den Namen des Königs des betreffenden Elements. Gib jeder Silbe die gleiche Betonung. Mache dir bewußt:
Diesen Namen zu nennen bedeutet, die Türklingel zum Reich dieses Wesens zu betätigen.

Feuer - Djinn = "Dschinn"
Luft - Paralda = "Pa - Ral - Da"
Wasser - Niksa = "Nik - Sa"
Erde - Ghob = "Goob" (langes O)

Jetzt singe deinen Namen dreimal leise oder laut. Anschließend intoniere den Hauptvokal, den Vokal, der mit dem Element in Verbindung steht. Während du einatmest, laß ihn leise klingen. Während du ausatmest, laß ihn laut erschallen. Tue dies langsam und bewußt. Es funktioniert wie ein Rufsignal für dein eigenes, persönliches Elementarwesen.

Jetzt bleibe ganz ruhig sitzen und stell alle deine Sinne auf Empfang. Versuche die Energien um dich herum zu spüren. Fühlst du an irgendeinem Bereich deines Körpers etwas? Ein Kribbeln? Einen Druck? Ein Kitzeln? Ein Kneifen? Hörst du etwas? Jetzt öffnest du langsam die Augen und nimmst das Bild vor dir auf. Schaue einfach geradeaus, wie in Gedanken

verloren. Versuche nicht, irgendetwas zu registrieren. Bemerkst du irgendein Aufblitzen? Ein Licht aus dem Augenwinkel oder auf dem Boden zu deinen Füßen? Beobachte nur, was geschieht. Analysieren kannst du später. Erlaube dir, davon durchdrungen zu sein, wie du die Energien dieses Elementarwesens am besten konstruktiv während des Tages und des ganzen Lebens einsetzen kannst.
Diese Übung läßt die Elementarwesen wissen, daß du bereit bist, dich ihnen zu öffnen. Es ist eine Einladung, die ihnen sagt, daß du mit ihnen bewußt arbeiten möchtest. Regelmäßig mit den anderen Übungen in diesem Buch praktiziert, wird diese Meditation dir wundervolle Begegnungen bringen.

Kapitel 4

DIE NATURGEISTER DER ERDE

Die Naturgeister der Erde schließen noch andere Wesen ein als nur die Elementarwesen. Zu ihnen gehören Baum- und Waldelfen, Blumen- und Feldfeen, Zwerge, die in Felsen und Höhlen und in Hügeln wohnen, und all jene Wesen im Feenreich, die in der Nähe des Elements Erde leben. Außerdem gehören die Kobolde aus Irland, die *leprechauns, brownies* aus Britannien, der deutsche Kobold und die *nissen* aus Skandinavien dazu. Die meisten definieren sich durch ihre Tätigkeiten mit der Erde.

Von allen Erdgeister haben wahrscheinlich die Zwerge die Märchen am stärksten inspiriert. Sie gehören einer alten Rasse an und scheinen oft so alt zu sein wie die Felsen, die sie bewohnen. Die urzeitlichen Zwerge waren die Schmiede der Götter, wie die isländische Saga *Edda* erzählt. Obwohl oft bescheiden und zurückhaltend, werden sie wegen ihrer meisterlichen Tugend gerühmt.

In vielen Geschichten spielen die widersprüchlichen Eigenschaften dieser Zwerge eine Rolle. Sie können stark und gefühlvoll sein - beides zur gleichen Zeit - oder Hunger leiden, kalt und müde sein, und dennoch große Macht besitzen. Trotz dieser Widersprüche gibt es bestimmte Eigenschaften, die ihnen allen einheitlich zugeschrieben werden.

- Sie sind kleinwüchsig.
- Sie haben eine starke Verbindung zur Erde.
- Sie leben abgeschieden.
- Es gibt keine Frauen unter ihnen. (Das ist der Grund, warum sie oft Nachkommen aus Metall und Stein heraushauen und

sich in sterbliche Frauen verlieben).
- Sie haben ein tiefgehendes Verständnis für die Urkräfte der Erde.
- Sie sind meisterliche Handwerker.
- Sie sind Meister im Singen.
- Sie sammeln große Schätze.
- Sie bedenken oft die Sterblichen mit Hilfe und Geschenken, die meistens mit magischen Eigenschaften versehen sind.
- Sie sind die Meister der irdischen Elemente.

Zwerge lieben es, die Gebräuche und das Aussehen ihrer Umgebung anzunehmen. Sie sind die Meister aller Elemente, und die niedrigsten Geschöpfe auf der Erde sind Teil der Zwergenmagie. Vom Färben einer einfachen Blume bis zum Bau großer Höhlen sind die Zwerge für große Bereiche der Natur verantwortlich.
Einst war die Verbindung zwischen Zwergen und Menschen sehr eng. Die Regeln dieser Verbindung waren einfach und immer klar: Güte und Freundlichkeit weckten Güte und Freundlichkeit; Grausamkeit führte zu Grausamkeit. Als die Menschen "zivilisierter" und "christlicher" wurden, begannen sie, die Zwerge zu foppen, was den Kontakt zwischen Menschen und Zwergen allmählich zerstörte.
Einst ein einheitliches Volk, begannen sie sich zu spalten und voneinander zu lösen. Als der Spott durch die Menschen zunahm, zogen sich einige der Zwerge für immer in die Erde zurück und mieden jeglichen Kontakt zu den Menschen. Viele behielten ihre stammesmäßige Einheit und frühere Majestät bei, die auch heute noch stark ist. Andere blieben in der Nähe der Menschen und den Sterblichen treu. Wieder andere begannen, ihre Dienste zu verkaufen und sich untereinander zu bekämpfen.

Dies führte dazu, daß man sie in “helle Elfen”, “dunkle Elfen” und sogar “schwarze Elfen” einstufte. Die dunklen Elfen sind jene Zwerge, die sich tief in die Erde zurückgezogen haben. Ihre Haut reflektiert die Farben der Erde. Im allgemeinen halten sie sich von menschlichen Kontakten fern, nehmen jedoch gelegentlich in den Häusern der Menschen Wohnung. Ihre Energie ist stark, und viele Menschen spüren zeitweilig im Haus die Gegenwart eines Zwerges oder Erdgeistes.
Ich habe Ihnen bereits erzählt, wie meine Geschwister und ich uns verhielten, wenn wir die Wäsche aus dem Keller holen mußten. Die Treppe zum Keller hatte offene Stufen. Hinter ihnen befand sich eine kleine Nische, in die man hineinkriechen konnte. Gelegentlich hockte ich dort unten und spähte durch die offenen Stufen. Wenn wir in den Keller gingen, pflegten meine Brüder und ich vom Treppenabsatz auf den Kellerboden zu springen; dabei kamen wir an diesen offenen Stufen vorbei; wenn wir wieder hinaufgingen, versuchten wir, drei Stufen auf einmal zu nehmen, weil wir uns dort nicht länger als unbedingt nötig aufhalten wollten.
Im Gegensatz zu heute wußte ich damals nicht, daß uns nichts geschehen wäre. Die dunklen Elfen zeigen sich den Menschen gegenüber zwar nur selten von ihrer guten Seite - hauptsächlich, weil sie von den Menschen schlecht behandelt wurden - aber sie schaden ihnen auch nicht. Da ihre Energie stark und leicht spürbar ist, kann sie sehr beunruhigend sein, aber auch dazu beitragen, Inspiration und Kreativität zu wecken. Obwohl wir mehrmals umgezogen sind, taucht dieselbe dunkle Elfe aus meiner Kindheit immer noch gelegentlich auf. Sie verbringt jetzt längere Zeit im Dachgeschoß, gleich neben dem Zimmer, in dem ich immer schreibe. Auch heute noch sind die Zwerge meisterliche Handwerker, und viele von ihnen haben sich ihre früheren Fertigkeiten und ihre Majestät bewahrt. Sie haben

sogar die Fähigkeit, das Wetter zu kontrollieren.

Die schwarzen Elfen und Zwerge sind die größte Gruppe. Ob dies so ist, weil sie tatsächlich am zahlreichsten sind oder nur, weil sie öfter gesehen werden, weiß ich nicht. Sie haben die traditionelle Form und das Äußere, wie es in vielen Büchern über Gnome zu sehen ist. Sie fühlen sich mit ihrer Umgebung eng verbunden und entfernen sich daher nicht weit von ihrem Baum, Gras, Felsen oder Hügel, wo sie zu Hause sind. Und so unterschiedlich ihre Aufgaben sind, so unterschiedlich sind sie auch in Größe und Erscheinungsbild.

Die "hellen" Elfen und Zwerge gehören nicht zu der traditionellen Gruppe von Naturgeistern, sondern, soweit mir bekannt ist, zu einer etwas anderen Kategorie, mit denen wir uns in Kapitel 11 beschäftigen werden, wenn wir über Schutzgeister und Paten sprechen.

Außer den Zwergen gibt es noch viele andere Arten von Feen und Elfen, die mit der Erde und ihren verschiedenen Elementen arbeiten. Die meisten von ihnen helfen beim Wachsen. Sie verstecken sich immer noch vor den Menschen und nehmen dazu oft die Form von Schmetterlingen und Vögeln an. Da sie in Hügeln hausen, sollte man in hügeligen Gegenden daher stets darauf achten, diese Hügel nicht zu zerstören, da die Erdgeister, die dort leben, die Fruchtbarkeit des umliegenden Landes überwachen und steuern. Das Leben in den Erdhügeln ähnelt dem eines traditionellen Dorflebens. Wenn Sie lernen, sich auf diese Wesen einzustimmen, werden sie Ihnen bei der Saat und beim Wachstum Ihrer Pflanzen helfen.

Einige Menschen setzen das Volk der Erdhügel mit den Trollen gleich. Ein Troll ist nichts anderes als ein übergeordneter Begriff für die skandinavischen Elfen und sollte nicht mit jenen häßlichen Wesen verwechselt werden, die unter Brücken hängen oder solchen, die in dem norwegischen Märchen *The*

Three Billy Goats Gruff (Die drei mürrischen Ziegenböcke) beschrieben werden. Sie sind oft groß und dünn, werden sehr alt und sind sehr geschickt. Sie ziehen Wohnungen unter der Erde vor, und ein wahrer Troll ist ein Meisterschmied und ein geschickter Mechaniker.

Die Trolle, die sich zurückgezogen haben, als sich die Menschen immer weiter ausbreiteten, haben ihre alten Künste nicht verlernt. Einige, verärgert über das, was sie durch die Menschen erleiden mußten, wurden zu Eigenbrödlern, andere halten sich immer noch in der Nähe der Menschen auf, um ihnen Angst zu machen und sie zu ärgern, indem sie zum Beispiel Probleme mit Autos und Haushaltsgeräten verursachen. Sie hängen oft an Metallgittern und der Unterseite von Autobahnbrücken. Haustiere haben ein gutes Gespür für ihre Gegenwart und vermeiden es, über Kanalgitter und ähnliches zu gehen, wenn ein Troll in der Nähe ist.

Manchmal fällt die Fruchtbarkeit des Landes unter die Herrschaft von Feldfeen und Elfen, die seine Hüter sind. Sie ärgern sich, daß die Menschen sie nicht vorher fragen, wenn in ihrer Umgebung Veränderungen vorgenommen werden sollen, und können ihnen recht harte Lektionen erteilen.

Das Haus, in dem ich jetzt lebe, war, bevor der jetzige Besitzer es erwarb, mehr als ein Jahr vernachlässigt worden. Bäume, Büsche und Gras im Hinterhof waren eine Wildnis. Ohne darüber nachzudenken, ging ich hinaus und begann, alles zu schneiden oder herauszureißen. Die Sträucher ließen sich nur sehr schwer schneiden und hätten eigentlich überhaupt nicht gestutzt werden sollen, aber ich achtete nicht auf die Signale. Seitdem ist es ein ständiger Kampf, in dieser Ecke etwas zum Wachsen zu bringen.

Später entdeckte ich den Grund. Ich hatte das Heim vieler Naturgeister beschnitten und sie ohne ihre Erlaubnis verjagt.

Ich mußte lernen, wie schwierig es ist und wieviel Energie es die Naturgeister kostet, etwas wachsen zu lassen. Sie sind zurückgekehrt und machen sich jetzt sogar bemerkbar, aber es hat acht Jahre gedauert. Bevor ich heute etwas schneide oder stutze, bitte ich sie um Erlaubnis und warne sie.

Ein Teil des Erdgeisterbereiches sind die Blumenfeen. Sie hausen immer dort, wo es Blumen gibt, wilde oder Gartenblumen. Es sind die Tinkerbell-Wesen, winzige Feen aus *Peter Pan*, die immer von Kindern angezogen werden, vor allem, wenn sie draußen spielen. (In Kapitel 8 gehe ich näher darauf ein).

Es gibt auch Fels- und Steingeister, und davon mehr, als Sie sich vorstellen können. Jeder Stein, jeder Kristall hat seine eigene Fee oder Elfe. Die meisten Felsgeister haben etwas Altes an sich und in den großen Felsformationen hausen große Steindevas und Engel. Sie besitzen die Schlüssel zu Prophetie und Magie.

Bäume haben nicht nur ihre eigenen, individuellen Geister, sondern dienen auch als Heim für ganze Gemeinschaften von Feen, Elfen und Zwergen. Unterschiedliche Elfen und Feen verbinden sich mit unterschiedlichen Bäumen. Sie werden oft direkt im Baum geboren und nehmen die Energien und die Eigenschaften dieses besonderen Baumes an. Baumgeister, die im allgemeinen zu Menschen sehr liebevoll sind, werden in Kapitel 9 eingehend zusammen mit den anderen Gemeinschaften von Feen und Elfen untersucht, die in Bäumen leben und mit diesen arbeiten.

Diese Wesen und Geister der Erde, wie auch immer sie sich manifestieren, sind für die Entwicklung der Menschheit äußerst wichtig. Sie sind Hüter der Erde und bewahren alles, was auf ihr lebt, damit wir einen Ort zum Wachsen und Entwickeln haben, und sie helfen uns bei der Einweihung in das Element Erde.

Alles auf der Erde besitzt Form, Gestalt, Gewicht und eine materielle Substanz. Die Einweihung durch das Element Erde lehrt uns, wie wir uns von den Beschränkungen der Materie befreien können. Das bedeutet, alles zu lernen, damit wir unseren physischen und feinstofflicheren Energiekörper (sichtbare wie unsichtbare Materie) steuern können.
Es gibt so vieles, was uns die Feen und Elfen des Erdelements lehren können: Daß Materie nicht tot ist; wie wir unser Leben in die Hand nehmen; wie wir Dinge richtig und in Harmonie wachsen lassen können; die weiblichen Aspekte, und wie wir mit der Erde durch die Dinge, die auf ihr und in ihr wachsen, verbunden sind - so, wie ein Kind, das im Mutterleib wächst, mit seiner Mutter durch die Nabelschnur verbunden ist. Die Feen und Elfen des Erdelements können uns lehren, Menschen wichtiger zu nehmen als Dinge.
Die Naturgeister der Erde lehren uns praktische Anwendung und Vorsicht; sie lehren auch, unseren Ehrgeiz richtig zum Ausdruck zu bringen, und wie er, in der richtigen Form, im Universum zur dynamischen Kraft werden kann. Es gibt viele Gründe für eine enge Verbindung mit den Feen und Elfen des Elements Erde:

- Wir entwickeln größere Umsicht.
- Wir entwickeln den Willen zum Erfolg und verschiedene Möglichkeiten, dieses Ziel zu erreichen.
- Wir öffnen uns dem Erfolg.
- Wir lernen, Habgier und Manipulation auszubalancieren.
- Wir überwinden die rauhen und unangenehmen Widrigkeiten des Lebens.
- Wir bekommen Hilfe bei der Zeitplanung, indem wir lernen, uns wieder auf den Rhythmus der Natur einzustellen, wodurch alles leichter vonstatten geht.

- Wir finden die verborgenen Schätze der Erde.
- Wir finden die Freude an der Erfahrung weltlicher Aktivitäten wieder.
- Wir nehmen teil am Wissen der Naturgeister, die Reichtümer der Erde zu nutzen, um Krankheiten zu heilen und Wohlstand zu erreichen.
- Wir gewinnen neue Achtung für den Ausdruck des Lebens schlechthin.
- Wir lernen, die Kräfte der Erde zu beherrschen und sinnvoll zu nutzen.
- Wir erfahren, wie die Kräfte im menschlichen Körper anzuzapfen und einzusetzen sind.
- Wir erhalten die Schlüssel zur Magie.
- Wir stimulieren unsere künstlerischen Energien und Kunstfertigkeiten.
- Wir lernen, den Einfluß der Zeit zu überwinden.

Übung 1
Verstehen des Erdelements durch Mythen

Viele der alten Mythen, Sagen und Märchen enthalten den Schlüssel zum Verständnis der Mysterien des Universums und der Rollen, die dabei jene Mitglieder des Feenreichs spielen, die diese Mysterien hüten. Oft wurden die alten Mysterien in Märchen verkleidet, um denen, die bereit waren, sie zu erforschen, die Gelegenheit zur Entdeckung zu geben. Bilder und Charaktere, wenn auch im allgemeinen als erfunden behandelt, hatten einen Bezug zur Realität.
Manche mythische Gestalten können dabei helfen, das Feenreich zu verstehen, vor allem, wenn es um die verschiedenen Elemente geht. Bei ihren Abenteuern trafen mythische Helden oft auf Wesen und Geschöpfe, die diesem magischen Bereich

zuzuordnen sind. So hatten die Sirenen in der Odysseus-Sage dieselben verzaubernden Kräfte wie Wasser- und Waldnymphen in den traditionellen Feenmärchen.
Viele Götter und Göttinnen der Erde haben Eigenschaften und Verhaltensweisen an den Tag gelegt, die denen der Mitglieder des Feenreichs ähneln. Wir wollen uns diese einmal anschauen, um die Kräfte zu verstehen, denen wir uns durch die Berührung mit diesem Bereich öffnen. Solche Geschichten zu lesen ist eine Möglichkeit, die Wahrnehmungsfähigkeit zu erhöhen und sich offener für die feinstofflicheren Bereiche zu machen. Einige der bekanntesten Götter und Göttinnen in Verbindung mit dem Erdelement sind die folgenden:

. *Pluto/Hades* (griechisch-römisch) - Gott der Unterwelt
. *Pan* (griechisch) - Gott der Natur
. *Die Grazien* (griechisch) - die drei Schwester-Göttinnen, die für Anmut und Schönheit stehen
. *Musen* (griechisch) - neun Töchter der Mnemosyne und des Zeus, von denen jede für eine andere Kunst oder Wissenschaft steht
. *Nu Kua* (chinesisch) - Schöpfergöttin
. *Demeter/Ceres* (griechisch-römisch) - Göttin des Wachstums und der Fruchtbarkeit
. *Dionysos/Bacchus* (griechisch-römisch) - Gott des Weins
. *Ceridwen* (keltisch) - Göttin des Zaubers
. *Geb* (ägyptisch) - Gott der Erde
. *Gaea* (griechisch) - Göttin der Erde
. *Rheia* (griechisch) - Göttermutter und eine der zwölf Titanen
. *Mawu* (afrikanisch) - Schöpfergöttin
. *Changing Woman* (apachi) - Göttin der Erde

Übung 2

Einstimmung auf die Erdgeister durch Feenmärchen

Es gibt zahlreiche Volks- und Feenmärchen, die großartige Einsicht in die Eigenschaften und Persönlichkeiten vieler Arten von Naturgeistern, Feen und Elfen vermitteln, die mit dem Element Erde zu tun haben. Durch diese Geschichten können wir lernen, uns diesen Wesen zu nähern und mit ihnen zu arbeiten.

Indem wir die Geschichten, Lieder und Gedichte über diese Geister lesen, lassen wir sie wissen, daß wir an einer Begegnung mit ihnen interessiert sind. Es öffnet die Türen, und sie können leichter eintreten.

Eine der dynamischsten Möglichkeiten, sich den Erdgeistern zu öffnen, ist, die Märchen als eine Form der Meditation zu verwenden. Das mag Ihnen wie wirklichkeitsfremdes Tagträumen vorkommen, aber wenn Sie es richtig machen, entsteht dadurch eine Energie, die Ihnen die Türen zu diesem Bereich öffnet. Die Erzählungen dienen nur als Mittel, eine Beziehung zu den Feen, Elfen und Wesen des Erdreichs zu entwickeln. Wir bauen Brücken zwischen der äußeren Welt der Menschen und der inneren Welt der Feen. Die folgenden Volks- und Feenmärchen lassen sich sehr wirkungsvoll in der Meditation einsetzen, um mit den Elfen, Feen und Naturgeistern des Element Erde Kontakt aufzunehmen.

. *Der Sturz der Erdgiganten* (mexikanisch)
. *Persephone und Demeter* (griechisch)
. *Die Trennung von Himmel und Erde* (maori)
. *Ali Baba und die vierzig Räuber* (arabisch)
. *Die drei Sprachen* (deutsch)
. *Schlangenmagie* (ostafrikanisch/suaheli)
. *Der Mann, der die Sprache der Tiere lernte* (ghanaisch)

. *Rumpelstilzchen* (deutsch)
. *Iubdan, König der Lepra und Leprechaun* (irisch)
. *Schneeweißchen und Rosenrot* (deutsch)
. *Das Märchen von Tontlawald* (schwedisch)
. *Die Kette der Brisings* (skandinavisch)
. *Rip van Winkle* (Romangestalt von Washington Irving) (amerikanisch)
. *Loki, die dunklen Elfen und die Schätze der Götter* (skandinavisch)
. *Thomas der Reimer und die Feenkönigin* (britisch)
. *Rübezahl* (deutsch)
. *Orpheus und Eurydike* (griechisch)
. *Die Erzählung von Tam Lin* (britisch)
. *Die Heinzelmännchen* (deutsch)
. *Ein Sommernachtstraum* (britisch)

Es ist ganz einfach, diese oder andere Märchen einzusetzen, um sich dem Feenreich zu öffnen.

Diese Übung ist am wirkungsvollsten, wenn du sie im Freien machst und dabei von Erscheinungsformen der Erde umgeben bist (Felsen, Bäume, Gras etc.). Wie bereits im vorigen Kapitel gesagt, macht ein Ort, wo du deine Füße in den Schlamm stecken oder die Erde mit deinen Händen oder Füßen fühlen kannst, diese Übung noch wirkungsvoller.

Nimm dir genügend Zeit und lies die Geschichte noch einmal, um dich wieder mit ihr vertraut zu machen.

Dann schließe die Augen und entspanne dich. Fühle dich mit der Erde verbunden. Lege die Hände auf den Boden und spüre die Erde. Achte auf die Beschaffenheit, die Tiefe, die Stärke.

Stell dir vor, daß du ein langsames, tiefes Pulsieren spürst, das aus dem Herzen der Erde emporsteigt. Während du dies tust, weißt du, daß du geerdet und geschützt bist.

Stell dir mit geschlossenen Augen im Geiste vor, daß du in einem Kreis alter Eichenbäume stehst. Ihre schweren Äste und der Stamm lassen dich klein erscheinen. Ihre Rinde ist zerfurcht und knorrig wie die Haut einer alten, riesigen Wesenheit. Die oberen Teile der Wurzeln sind zu sehen, aber du weißt, sie erstrecken sich bis in das Herz der Erde.
Während du unter dem Baum stehst, schaust du hinauf und die Bäume scheinen im Himmel kein Ende zu nehmen. Du bist erstaunt, daß Bäume so riesig sein können. Es ist, als ob sie eine Mauer bilden würden gegen alles in der Welt draußen. Dieser innere Kreis ist ein Ort der Abgeschiedenheit. Während du zu den riesigen Bäumen hinaufschaust, bist du von Staunen erfüllt. Wenn Bäume wirklich Gnome und Elfen beherbergen, dann diese.
Während du dich langsam umdrehst und die Bäume ansiehst, bemerkst du, wie sich auf dem Boden ein weicher Nebel bildet. Du schaust weiter und lächelst dabei. Es ist, als ob der Nebel, während er entsteht, dich geradezu kitzelt. Bald kannst du das Gras nicht mehr sehen, und auch nicht mehr den unteren Teil jener mächtigen Eichen. Einige Augenblicke später schließt sich der Nebel um dich. Du bist überrascht. Er scheint einen süßen Duft zu verbreiten und hinterläßt auf den Lippen den Geschmack von Honig.
Ganz still stehst du dort und beobachtest, wie der Nebel um dich herumwirbelt. Dann beginnt er allmählich, sich zu senken. Er wird schwächer und teilt sich, und du siehst, daß sich die Szene geändert hat. Du bist nicht mehr in jener Schlucht inmitten des Kreises aus Eichen.

In diesem Moment siehst du dich als die Hauptgestalt des Feenmärchens, das du gewählt hast. Sieh, wie du auf die Bühne trittst und alle Aktivitäten aus der Geschichte übernimmst. Stell dir vor, wie du mit den Menschen, den Feen und Elfen und anderen Wesen, die darin eine Rolle spielen, im Wechselspiel agierst.

Du bist in das Märchen hineingegangen. Dabei brauchst du dich nicht genau an den Ablauf der Geschichte zu halten. Laß deiner Phantasie freien Lauf. Ändere die Geschichte, wenn du es für richtig hältst. Setze deine schöpferische Vorstellungskraft ein. Es gibt kein "richtig" oder "falsch". Wenn du den Gang der Geschichte nicht ändern möchtest, brauchst du es nicht zu tun. Es ist nur wichtig, daß du dich in diesem Bild wohlfühlst.

Am Ende der Geschichte stell dir vor, wie der Nebel wieder aufsteigt und dich erneut einschließt. Während er sich teilt, siehst du dich wieder in der Schlucht inmitten des Baumkreises.
Mach dir bewußt, daß dies ein Land des Schattens ist - ein Ort, an dem sich die Welt der Menschen und das Reich der Feen treffen. Wisse, daß du solch eine Begegnung jederzeit wiederholen kannst, wenn auch nur in der Meditation; das wird die Brücke zwischen dir und dem Feenreich festigen.

Nimm einen tiefen Atemzug und laß das Bild vor deinem inneren Auge verblassen. Die Bäume verschwinden, und du fühlst, wie du an jenem Ort in der Natur sitzt, an dem du mit deiner Meditation begonnen hast. Die Augen immer noch geschlossen, spürst du die Erde wieder mit den Händen. Kannst du sie jetzt pulsieren fühlen? Spürst du etwas anderes als zuvor? Nimmst du Düfte wahr, die vorher nicht da waren?

Jetzt öffne langsam die Augen und schau dich vorsichtig um. Bewegen sich dort Schatten? Glühende Punkte über oder auf dem Boden? Wenn sich in der Nähe Büsche oder Bäume befinden, erkennst du in ihnen Gesichter?
Hab keine Angst, daß du dir etwas einbilden könntest. Denke daran, "Einbildung" bedeutet nicht Unwirklichkeit. Wir könnten uns nicht etwas einbilden, wenn es dafür nicht auf irgendeiner Realitätsebene eine Grundlage gäbe.
Danke dem Element der Erde und jenen Wesen, die mit ihr arbeiten, daß du teilhaben durftest. Denke daran - Höflichkeit gilt für alle Bereiche!

Übung 3
Begegnung mit dem König der Gnome

Die Übung ist am wirkungsvollsten, wenn du sie draußen machst und dabei von Erscheinungsformen der Erde umgeben bist (Felsen, Bäumen, Gras etc.). Wie bereits gesagt, macht ein Ort, an dem du deine Füße in den Schlamm stecken oder die Erde mit deinen Händen oder Füßen fühlen kannst, diese Übung noch wirkungsvoller.

Schließe die Augen und nimm einige tiefe Atemzüge. Du möchtest vielleicht die Erde in deiner Nähe spüren und riechen; das wird dir helfen, sich mit ihr tiefer einzulassen.
Entspanne dich, indem du oben am Kopf beginnst und warme, sanfte Energie in jeden Teil deines Körpers bis hinunter zu den Füßen lenkst. Laß dir Zeit dabei. Je entspannter du bist, desto größer ist die Wirkung der Meditation.

Jetzt lege die Hände auf die Erde. Halte die Augen dabei weiterhin geschlossen. Nimm wahr, wie sie sich anfühlt - ihre Tem-

peratur, ihre Beschaffenheit, ihre Festigkeit. Stelle dir vor, du könntest spüren, wie ein langsames, tiefes Pulsieren aus dem Herzen der Erde aufsteigt. Fühle dich fest mit der Erde und jenem inneren Pulsschlag verbunden.

Atme tief ein und aus, entspanne dich und laß die folgenden Bilder sich vor deinem inneren Auge entfalten:
Du siehst dich in der Mitte eines Kreises alter Eichen stehen. Ihre schweren Äste und der Stamm lassen dich winzig klein erscheinen. Ihre Rinde ist knorrig und zerfurcht wie die Haut einer alten, riesigen Wesenheit. Die oberen Teile der Wurzeln sind zu sehen, aber du weißt, sie erstrecken sich weit bis in das Herz der Erde.

Während du dort stehst, schaust du hinauf, und sie scheinen sich unendlich in den Himmel zu strecken. Es ist, als ob dieser innere Kreis ein Ort der Trennung wäre. Während deine Augen die riesigen Bäume hinaufwandern, bist du erfüllt von Erstaunen. Wenn Bäume wirklich Gnome und Elfen beherbergen können, dann diese.
Die Bäume sind so groß, daß nur diffuses Licht in die Mitte des Kreises gelangt. Du weißt nicht, ob es Tag oder Nacht ist. Beides ist möglich. In diesem Tal scheint die "Zwischenzeit" ständig zu herrschen - weder Morgen- noch Abenddämmerung, und immer gleichbleibend.
Jetzt bemerkst du einen sanften Nebel, der sich vom Boden erhebt. Es ist beinahe so, als würde er dich kitzeln, und bald sind das Gras und deine Füße darin verloren. Langsam drehst du dich im Kreis herum und beobachtest den wabernden Nebel, während er die Bäume einhüllt. Nachdem du dich einmal um deine eigene Achse gedreht hast, erkennst du, wie sich allmählich im Nebel ein Gesicht und in einem der Bäume eine Gestalt bildet.

Du ahnst, das ist Ghob, der König des Erdelements. Du flüsterst seinen Namen, und der Nebel antwortet, indem sich die Schwaden hin- und herbewegen, wie im Tanz. Die Gestalt im Baum wird immer klarer.
Zum zweiten Mal sprichst du seinen Namen - dieses Mal ein wenig lauter und mit größerem Vertrauen. Der Nebel wirbelt um den unteren Teil des Baumes, und du siehst, wie sich die Gestalt zu bewegen beginnt.
Ein drittes Mal sagst du den Namen. Dieses Mal schickst du ihn laut und klar in den Nebel hinaus, und während du dies tust, teilt sich der Nebel und Ghob tritt aus dem Baum heraus.
Er ist beinahe so groß wie ein Mensch und gekleidet wie die traditionellen Gnome im Volksmärchen. Er trägt die Farben der Erde, grün und braun, und auf dem Kopf eine Kappe. Haare und Bart sind lang und seine Züge dunkel und zerfurcht, sein Gesicht faltig und starr; seine Augen sehen dich durchdringend an. Er ist nicht sicher, ob es richtig war, auf deinen Ruf einzugehen.
Er bemerkt deine Unsicherheit und seine Augen beginnen zu zwinkern, was seinen starren Blick besänftigt, aber nur für einen Augenblick. Dann kehrt seine ernste Mine zurück. Er macht dir ein Zeichen, dich zu setzen, und nimmt dir gegenüber Platz. Er streckt die Hand aus, und sie geht in die Erde, als wäre diese Wasser. Als er die Hand zurückzieht, hält er in ihr eine Handvoll Erde.
"Jedes Sandkorn und jede Erdkrume ist eine von Millionen von Zellen, die deinen Körper ausmachen. Alle Mineralien der Erde sind auch Teil deines Körpers. So bist du mit Mutter Erde verbunden, und sie mit dir. Alles, was ihr geschieht, geschieht auch dir."
Er schließt die Hände um die Erde, und als er sie wieder öffnet, hat sie sich in einen wunderschönen Diamanten verwandelt.

Er schimmert und glänzt und nimmt deine Augen gefangen. Ghob hält ihn vor dir hoch, und während du darauf starrst, tauchen Bilder auf und verschwinden wieder - eine sich bewegende Collage des Mißbrauchs, den die Menschen mit der Erde getrieben haben.

Du siehst nacktes, geplündertes Land, das als Folge des Raubbaus und der Habgier der Erosion schutzlos ausgesetzt ist. Du siehst Ackerland, dessen Boden durch Chemikalien und Überdüngung seiner Mineralien beraubt ist. Du siehst seltene, kostbare Pflanzen und Tiere, die ausgerottet wurden, weil sich kaum jemand Gedanken über die langfristigen Auswirkungen dieses Gifts auf Mensch und Natur gemacht hat. Und dann siehst du künstlich angereicherte Nahrungsmittel, weil die natürlichen Mineralien rar geworden sind. Du siehst, wie der größere Teil der Erdbevölkerung an Mangelerscheinungen leidet und hungert. Du siehst Bilder von Menschen, die sterben müssen, weil die Pflanzen, die sie hätten heilen können, ausgerottet wurden. Und während du dir diese Bilder anschaust, beginnt dein Körper zu schmerzen.

Dann hält Ghob die Hand über den Diamanten. Als er sie wieder öffnet, enthält sie nur noch losen Sand und Erde.

Erneut schließt er die Faust. Als er sie jetzt wieder öffnet, liegt auf der Handfläche ein wundervoller Smaragd - prächtig, warm und glänzend. Er beginnt, in deine Richtung zu strahlen, und vor deinem geistigen Auge siehst du neue Bilder.

Du siehst die Lebewesen einer jeden Blume und einer jeden Pflanze. Du siehst Menschen, die mit diesen Wesen arbeiten und mit ihnen leben. Du siehst Blumenfeen und Baumelfen. Du siehst Wassergeister und Walddevas. Du siehst Menschen, die das Leben in all seinen Formen achten. Und du siehst, wie jenes mißbrauchte Land wieder geheilt wird. Reiches, fruchtbares Land siehst du und Menschen, die mit diesem Land in

Harmonie leben. Und du spürst, daß die Schmerzen von eben verschwunden sind.

"Du bist mit der Erde verbunden, wie alles auf der Erde mit dir verbunden ist. Was dem einen geschieht, geschieht auch den anderen, weil wir alle Teil des großen Ganzen sind. Was einem Aspekt geschieht, geschieht allen anderen ebenfalls. Und dies macht sich als Streß und Spannung bemerkbar, die oft ignoriert werden, aber dennoch real vorhanden sind. Wenn ein Mensch lernt, wieder mit der Welt der Natur voll Freude zusammenzuarbeiten, wird das auch das Ganze beeinflussen.

Wenn du dich den Wesen meines Königreichs öffnest, machst du den Weg frei und ermöglichst es anderen, es dir gleich zu tun. Wenn du eine Beziehung zu all jenen entwickelst, die du Elfen und Feen nennst, werden andere die Wirkung spüren. Zuerst nur ganz schwach oder gar nicht, so wie die persönlichen Auswirkungen des Raubbaus an der Erde auch oft ignoriert werden. Aber du brauchst sie nicht zu überzeugen, denn wenn du dich diesem Reich auf der Ebene des Unbewußten öffnest, wird es den Wesen in deiner Umgebung nicht verborgen bleiben."

Ghob steht auf und deutet dir an, dasselbe zu tun. Er schließt die Faust um den Smaragd; mit der anderen Hand nimmt er die deinige und hält sie mit der Handfläche nach oben. Dann öffnet er seine Faust und läßt in deine Hand eine vollendet geformte Kristallkugel fallen. Du schaust sie an: Sie trägt die Zeichnung des Planeten Erde.

"Das ist ein Zeichen meines Versprechens, mit dir zu arbeiten und dir zu helfen, dich der Erde und all ihren Mysterien zu öffnen. Aber spiele nicht damit, denn sie trägt große Verantwortung. Wenn du sie annimmst, versprichst du, deinen Teil dazu beizutragen. Wenn du dazu noch nicht bereit oder nicht sicher bist, laß sie einfach auf dem Boden zu deinen Füßen liegen,

wenn du gehst. Dort wird sie bleiben, bis du bereit bist."
Ghob tritt in den Baum zurück, aus dem er aufgetaucht war. Der Nebel beginnt zu steigen. Er wirbelt sanft und sacht. Ghob nickt, und einen kurzen Augenblick lang siehst du ein freundliches Lächeln auf seinen Zügen. Dann ist er nur noch eine Form im Baum und schließlich verschwindet auch diese, bis du wieder im Kreis der Eichen stehst, den Planeten aus Kristall in der Hand.
Du denkst an die Verantwortung und alles, was du tun kannst - und dann triffst du deine Entscheidung. Während du dies tust, beginnt die Schlucht innerhalb dieses alten Kreises aus Eichen zu schwinden, und du findest dich dort wieder, wo du deine Meditation begonnen hast.

Auszug aus meinem Tagebuch
Hinter meinem Haus gibt es einen Bereich, in dem Bäume und Unkraut wild wuchern, und der für mein Heim und seine Harmonie sehr wichtig geworden ist, da er die Aussicht von einem Apartmentblock auf meinen Hinterhof versperrt. Als ich nach meiner morgendlichen Meditation mit diesem Kapitel begann, hörte ich das Geräusch riesiger Maschinen.
Ein Blick aus dem Hinterfenster erklärte den Lärm: Ein Schaufelbagger begann, die Erde aufzureißen und alles, was in dem Bereich, der mich von dem Apartmentblock trennte, gewachsen war, zu zerstören. Mit jeder Baggerschaufel voll Erde hörte ich leise ängstliche Schreie, die von den Wesen kamen, die in und unter den Bäumen lebten.
Als ich hinausging, um mir die Sache anzusehen, erklärte man mir, die Stadt habe den Besitzern aufgetragen, alles herauszureißen. Die Besitzer, wenn auch nette Menschen, gingen damit sehr nachlässig um. Für sie war es nichts anderes als Unkraut, das man herausreißen mußte, um neue Büsche pflanzen zu können. Ich ging in mein Haus zurück und setzte mich zu einer Meditation für jene Erdwesen hin, die dort lebten. Ich lud sie ein, in meinen Hof zu kommen.
Ich kehrte aus der Meditation mit dem eigenartigen Gefühl zurück, daß sich in den nächsten Tagen einiges Ungewöhnliches ereignen würde. Während ich weiter an diesem Kapitel arbeitete, beobachtete ich, was geschah. Die Besitzer der Apartments bekamen nämlich mehr und mehr Probleme, die-

sen Bereich zu säubern. Der Schaufelbagger gab seinen Geist auf, sie mußten mit den Händen graben, und in den nächsten Tagen gab es kaum Unterbrechungen. Das Wetter wurde heiß und schwül, und die Luft war von Staub erfüllt.

Für mich war das alles recht interessant, aber ich schenkte dem Ganzen nicht mehr Bedeutung als notwendig.

Als ich jedoch mit der Arbeit am nächsten Kapitel begann, gab es eine Reihe von Überraschungen...

Kapitel 5

WASSERGEISTER, NIXEN UND NYMPHEN

Wasser ist das schöpferische Element des Lebens schlechthin. Viele Märchen und Mythen ranken sich darum, wie sich alles Leben aus den spirituellen Wassern entwickelt hat. Lange ist es Symbol für Schoß und Schöpfung gewesen. In der Kosmologie der Babylonier entstanden die Götter, deren Urmutter Tiamat war, aus den Lebenswassern. Im skandinavischen Volksglauben hatten die Seegöttin Ran und ihr männlicher Gegenpart Aegir neun riesige Töchter - die Meereswogen.

Wasser ist gleichermaßen schöpferisch wie zerstörend, eine Quelle des Lebens wie des Todes. Vom Fruchtwasser des vorgeburtlichen Lebens bis zum Nahrungsmittel versorgt es uns das ganze Leben hindurch und ist für unsere Existenz unentbehrlich. Es ist das Hauptelement im menschlichen Körper und läuft in Form von Blut durch unsere Venen.

In manchen Kulturen wird der Tod als das Überschreiten eines Flusses beschrieben. In der griechischen Mythologie kann die Unterwelt nur durch das Überqueren des Flusses Styx erreicht werden. Viele Mythen tragen dem destruktiven Aspekt des Wassers Rechnung, der durch Stürme und Fluten symbolisch zum Ausdruck kommt.

Wasser reinigt und hat einen Rhythmus, ist Bewegung. Es steht für Zeit und Veränderung. Ein Gewässer zu überqueren, wurde oft als Bewußtseinsveränderung oder sogar als Einweihung angesehen.

Solch eine Einweihung mit Wasser ist die Taufe. Eine echte rituelle Taufe im Wasser ist die Weihungszeremonie, die wir heute verwenden, jedoch nicht. Sie war einst ein Akt, der in einem peinlich genauen Ritual vorbereitet werden mußte, so daß beim Taufakt selbst das feinstoffliche Netz um den physischen Körper gelockert und die wahre spirituelle Sichtweise geöffnet wurde. Diese Zeremonie besaß eine schöpferische Kraft, die einen Menschen praktisch zum zweiten Mal geboren werden ließ. Jetzt konnte man die Welt in ihrem wahren Licht sehen. Die spirituellen Kräfte, die durch alles und in allem auf der physischen Ebene agieren, werden auf diese Weise ebenso klar sichtbar wie jene des physischen Bereichs.

Alle Wasser des Lebens bargen ein Geheimnis. Die großen Ozeane und Meere waren älter, als irgend jemand ahnte. Sie veränderten sich ständig und waren dennoch immer dieselben. Die Kulturen kamen und gingen, die Meere blieben. Aus den Ozeanen und den großen Meeren erhalten wir lebensbewahrende Nahrung, und dennoch haben viele Menschen ihr Leben in den Tiefen der Meere verloren. Wasser war immer ein faszinierendes Medium, ein ständiges Kommen und Gehen ohne Anfang und Ende.

In früheren Zeiten kannte die Magie des Wassers keine Grenzen. Es konnte den Menschen von dem entfernen, was ihn zum Menschen machte, oder Weisheit und spirituelle Einsicht schenken, konnte Krankheiten heilen und sogar die Jugend zurückgeben. In der keltischen Tradition gab es den Brunnen des Lebens, der Tote lebendig machte. Und in der Artus-Sage übergab die *Dame vom See* Artus das Schwert Excalibur.

Wasser hat ein eigenes Leben, eine Welt voller phantastischer Geschöpfe und Wesen, die sich nicht nur auf die Undinen beschränkt. Dazu gehören auch Nixen, Nymphen und Wassergeister. Meerjungfrauen und Wassermänner geben sich gelegentlich als solche zu erkennen. Wasserfeen und jene Wesen, die man oft für Seegötter und -göttinnen hielt, sind mehr Fakt als Fiktion. Die nordamerikanischen Indianer glauben, daß das Wasser von Seen, Flüssen und Ozeanen von

einem geheimnisvollen Volk bevölkert wird, den "Wasserindianern".
Wo immer es eine natürliche Wasserquelle gibt, finden sich auch Wassergeister. Winzige Wasserfeen schweben im Sprühnebel eines Wasserfalls. Wassergeister reiten auf den Kämmen der Wogen in den Ozeanen oder auf den Rücken von Meerestieren. Man sieht sie auf der Wasserfläche in Buchten und an Stränden tanzen, und manchmal wirbelt eine Meerjungfrau über die Wasserfläche des Ozeans.
Die Wasserfeen von Bächen und Seen sind nicht so zahlreich wie die Feen der großen Ozeane und Flüsse, aber sie sind immer wieder zu finden. In Deutschland nennt man die Geister von Seen und Bächen Nixen, und es gibt zahlreiche Geschichten, in denen Menschen diesen Wassergeistern begegnen. Süßwasserteiche bieten sich als eine wunderbare Quelle an, eine Wasserfee zu entdecken.

Seit jeher hat man den Wassergeistern und -feen bestimmte Eigenschaften zugeschrieben:

- Schönheit ist ihr Hauptmerkmal.

Diese Schönheit zeigt sich oft in weiblichen Formen. Das bedeutet nicht, daß es keine männlichen Wassergeister gibt, wie der Name Wassermann schon sagt. Wasser jedoch ist so universell und archetypisch weiblich, daß das Medium in seiner weiblichen Form am leichtesten zum Ausdruck gelangt.

- Sie teilen sich uns durch unsere Gefühle mit.

- Sie sind sanft und lieb.

Es gibt viele Geschichten von wunderschönen Wassernymphen und Meerjungfrauen, die Männer verführen und in Tod und Verderben treiben (etwa die Sirenen des alten Griechenland mit ihren die Seeleute betörenden Gesängen oder die Loreley). Obwohl die meisten dieser Erzählungen dem Bereich des Aberglaubens angehören, sind sie oft auch Symbol der Veränderung, die im Geist und im Bewußtsein eines Menschen vonstatten geht, der das wundersame Reich der Wassergeister betritt. Nach solch einer Begegnung ist der Mensch nicht mehr derselbe, und manch einer glaubte, er habe seine Seele verloren oder sei gar tot - vielleicht, weil er zum ersten Mal im Leben einen Blick auf seine Seele erhascht hatte. Es gibt viele psychologische und spirituelle Interpretationen für diese Assoziationen zu Untergang und Tod.

- Veränderlichkeit.

Sie können in höchst verführerischer, verlockender und reizvoller Gestalt erscheinen und die Form von Meerestieren annehmen (Seehunde, Delphine, Schildkröten etc.).
Viele Küstentiere sind Teil der Wasser-Magie und dienen als Brücke zu den Menschen (Schildkröten, Echsen, Frösche etc.).

- Sie lieben die Menschen, auch wenn sie zögern, sich ihnen zu zeigen.

- Sie hegen eine besondere Sympathie für Blumen und Pflanzen. Eine ideale Möglichkeit, sie einzuladen, ist, Blumenblüten auf die Oberfläche eines Teiches, Baches oder eines anderen Gewässers zu streuen. Wenn Sie einen Süßwasserteich in der Nähe haben, gehen Sie dort morgens oder abends in der Dämmerung hin, wenn es windstill ist, verteilen Sie Blütenblätter ein bis zwei Meter vom Ufer entfernt auf dem See und warten Sie ab, was geschieht. Nach wenigen Minuten wird sich das Wasser allmählich um die Blüten herum kräuseln; die

Wassergeister beginnen, sich zu sammeln.
Blumen an den Rand eines Baches oder eines Teiches zu legen, kann eine Wassernymphe oder sogar den Hüter des Gewässers anziehen und ihn dazu bringen, sich zu zeigen.

- Sie gehören zu ihrer Wasserquelle und sind im allgemeinen auch nur in der Nähe dieses Bereichs zu finden. Sie haben eine gewisse Freiheit und können ihre Domäne unterschiedlich lange verlassen, fühlen sich aber fest an ihr gewohntes Gewässer gebunden.

- Sie hegen eine große Vorliebe für Musik und können oft wunderschön singen.

- Sie verschenken magische Gaben und Schätze, dazu gehören auch Gesundheit und Schutz, und sie sind Meister im Zaubern.

- Sie wecken Liebe, Inspiritation, schöpferische Vorstellungskraft, Intuition und die Gabe des Hellsehens.

Es gibt allerdings Unterschiede zwischen den Elementarwesen des Wassers und anderen Wasserfeen- und -geistern, nämlich in der Entwicklungsstufe. Dabei dürfen wir nicht vergessen: Alles Wasser ist *eins* - ob im Topf, im Fluß, im See oder im Meer. So sind alle Wassergeister miteinander verbunden.
Die Wassergeister verfügen über einen Überfluß an Energie. Im allgemeinen ist es heilende Energie, die sie an uns abgeben und somit unsere Energiereserven auffüllen. Deshalb ist ein Aufenthalt am Meer so gesund.
Wann immer ich am Meer bin, stehe ich früh auf und gehe am Strand spazieren, meditiere, spreche und spiele mit den Wassergeistern, die auf den Wellen des frühen Morgens reiten.

Einmal, es ist schon einige Jahre her, war ich sehr ausgelassen bei diesem morgendlichen Spaziergang am Meer, und als die Wellen herannahten, tanzte ich ihnen aus dem Weg. Das war meine Art, mit den Wassergeistern Fangen zu spielen. Wenn mich die Wellen nicht erwischten, lachte ich und rief laut: "Nyah, nyah, nyah!"

Als ich am dritten Tag nach Hause zurückkehrte, entdeckte ich, daß mein Halsband fehlte, ein Medaillon, das ich seit meiner Kindheit besaß. Ich wußte genau, wo ich es, bevor ich an den Strand gegangen war, hingelegt hatte, da es für mich immer eine besondere Bedeutung gehabt und ich gut darauf aufgepaßt hatte. Ich stellte das ganze Haus auf den Kopf - vergebens. Also ging ich an den Strand zurück in der Annahme, ich hätte es vielleicht getragen, ohne mir dessen bewußt zu sein. Ich ging noch einmal den Strand ab - wieder vergebens. Ich fand es nicht und mußte unverrichteter Dinge nach Hause zurückkehren.

Etwa sechs Monate später zog ich zu Hause eine Hose an, die ich etwa ein Jahr nicht getragen hatte. Als ich die Hände in die Taschen steckte, um sie glatt zu streichen, entdeckte ich mein Halsband mit dem Medaillon. Plötzlich hörte ich ein Lachen und einen "nyah, nyah, nyah!"-Chor. Ich drehte mich um - nichts. Nun war mir klar, daß die Wassergeister sich nicht nur auf ihr wässriges Element beschränken. Sie besaßen mehr Freiheit, als ich gewußt hatte, und noch viel mehr Power. Das war *ihre* Art, mit mir Versteck zu spielen.

Naturgeister aus Süßwasserbereichen sind im allgemeinen feiner an Gestalt und Aussehen, aber wir müssen mit Vermutungen in dieser Richtung vorsichtig sein. So sind die Seejungfrauen die Herrscherinnen der Meere. Sie schützen die Seetiere und können den Menschen bestimmte Gaben verleihen - vor allem großes medizinisches Wissen. Sie können für kurze Zeit

die Gestalt eines Menschen annehmen. Sie sind von ausgesuchter Schönheit.
Heutzutage halten viele die Geschichten der Seeleute, die davon berichten, Seejungfrauen gesehen zu haben, für Seemannsgarn und sagen, es seien nur Seekühe gewesen. Da ich mit Seekühen getaucht bin, weiß ich, daß dies nicht stimmen kann. Wie lange auch immer ein Mensch an der See gewesen sein mag, es gibt keine Möglichkeit, eine Seekuh mit einer schönen Seejungfrau zu verwechseln; vielleicht aber hat die Seejungfrau, nachdem sie erspäht wurde, die Form einer Seekuh oder eines anderen Meerestieres angenommen.

Es gibt auch Wassermänner; normalerweise sind sie sehr alt. Diese männlichen Gegenparts zu den Seejungfrauen kommen sehr oft an die Oberfläche, nehmen aber selten Kontakt mit den Menschen auf. Nach der Überlieferung haben sie die Kontrolle über das Wetter am Meer.
Die *selkies* der Shetland Inseln und Islands waren Wassergeister, die die Form grauer Seehunde angenommen hatten. Nachts kamen sie an den Strand, legten ihr Seehundfell ab und tanzten im Mondlicht in der Gestalt von Männern und Frauen. Die weiblichen *selkies* waren wunderschön und sehr begehrenswert, die männlichen sehr erotisch. Ein *selkie*-Mädchen, das ein Kind wollte, vergoß sieben Tränen ins Wasser, um einen *selkie*-Liebhaber aus der Tiefe anzulocken. Nach der Paarung kehrte sie in die Tiefe des Meeres zurück.
Sehr oft nehmen die Flußnixen, Süßwassergeister und Nymphen das Verhalten an, das das Wasser widerspiegelt, in dem sie leben. Einige Wassergeister und Nixen gelten als hinterhältig. Die schottischen Nixen nahmen oft die Gestalt eines Fohlens an und ließen die Menschen auf ihrem Rücken reiten. Dann schwammen sie zu einer tiefen Stelle und ließen den Rei-

ter ertrinken. Die meisten Wassergeister jedoch passen ihr Verhalten und ihre Lebensweise den Menschen an, denen sie begegnen. Wenn man sie mit Höflichkeit und Ehrlichkeit behandelt, geben sie diese zurück.
Wassernixen und -geister sind in Größe und Gestalt unterschiedlich. Sie können so winzig wie ein Wassertropfen sein oder sich der Größe der gesamten Wasserquelle anpassen. Meistens sind sie jung und schön, bleiben jedoch nicht allzu lange in derselben Form. Die Süßwassernymphen, die in Deutschland Nixen heißen, konnten auch eine schöne, menschliche Gestalt annehmen oder waren, ähnlich wie die Meerjungfrauen, halb Mensch, halb Fisch. Auch wenn sie in Menschengestalt erscheinen, durch ein tropfnaßes Kleidungsstück sind sie zu identifizieren.
Auch Teiche und Brunnen beherbergen Geister, die oftmals menschliche Gestalt annehmen, schön, verlockend und verführerisch sind, und deren Berührung große Freude, aber auch Kummer bringen soll. Dieser Kummer entsteht aus der Sehnsucht, die zurückbleibt, wenn sie gehen.
Es gibt immer ein Wesen, das der Wasserquelle als Hüter dient. Manchmal ist es jedoch eine ganze Gruppe, und so ist es nicht ungewöhnlich, Wassergeister, Nixen und Nymphen in Scharen vorzufinden. Denken Sie daran - alles Wasser ist miteinander verbunden, und das bedeutet Einssein. Die Wesen aus diesem Reich sind selten Einzelgänger, und wenn sie sich bei Ihnen wohlfühlen, treten sie im allgemeinen nicht alleine auf.
Wasser ist seit jeher der beliebteste Weg für die Reise ins Feenreich gewesen. Wasser verbindet uns mit der astralen Dimension, in der diese Wesen aktiver agieren, obwohl sie sich durchaus von jenem Reich auf die physische Ebene und wieder zurück begeben können. Das Grenzland für die verschiedenen

Wasserquellen ist dort, wo Begegnungen mit den Wesen dieses Reichs am ehesten stattfinden.
Die Grenzen des Gebiets werden als unsicher angesehen. Die Stellen, wo Land und Wasser zusammenkommen, sind Schnittstellen zwischen den Welten, Schwellen, über die jene aus dem Wasserreich in die physische Welt kommen können. Inseln, Strände, Seeufer, Flußufer und Brunnenränder sind magische Orte. Hier trifft die Welt der Sterblichen sich mit der des Feenreichs. Einst galt es als verwegen, an Bächen und Flußufern zu schlafen oder zu rasten, da die Gefahr bestand, dem Zauber einer Wassernymphe, die das Gewässer bewohnte oder hütete, zu erliegen.
Natürliche Teiche, Brunnen und Tümpel sind ebenfalls offene Türen ins Feenreich und daher sehr magisch. Im sumerischen Gilgamesh-Epos wird ein verzauberter Teich beschrieben, der auf dem Meeresgrund liegt - Wasser in Wasser. In diesem Teich wächst eine Blume, die das menschliche Leben schützen soll.
Wassertümpel nach einem Regen können vorübergehende Zugänge in das Feenreich sein. Es gibt viele magische Verwendungen dafür. Sie können als Fenster dienen, die es Ihnen ermöglichen, einen Blick in das Zauberreich der Feen zu erhaschen.
In meiner Kindheit brachte unser Hof einen Baumstumpf zutage, der ab zwei Meter Höhe hohl war. Nach einem heftigen Regen sammelte sich dort Wasser, das wie ein magischer Spiegel funktionierte und schöne Gesichter und Szenen aus dem Feenreich reflektierte. Mein Großvater machte mich darauf aufmerksam und sagte, ich solle hineinschauen, aber er sagte nie, warum. Er lächelte nur und verschwand.
Regenwasser in einer dunklen Schüssel oder einem Topf oder sogar in einer Pfütze gesammelt, erfüllt denselben Zweck. Wenn Sie eine Schüssel draußen in den Regen stellen oder ein

kleines Loch für den Regen im Hof graben, gilt dies als Einladung für jene Wesen. Ein kleines Loch in der Nähe, aber nicht direkt unter einem Baum zu graben, ist eine sehr wirkungsvolle Möglichkeit, ein Fenster oder einen Zugang zum Feenreich zu schaffen. Wenn es sich mit Regenwasser füllt, haben Sie eine Schnittstelle zwischen zwei Welten.
Durch das Fenster hindurchzuschauen, ist einfach:

Suchen Sie sich einen Platz in der Nähe, wo Sie ungestört sind und hineingucken können.
Schließen Sie die Augen, entspannen Sie sich und meditieren Sie etwa drei bis fünf Minuten, um sich in Gleichklang mit der Natur zu bringen.
Streichen Sie dreimal mit der flachen linken Hand über den wässrigen Zugang. Das verleiht dem Wasser Sensitivität und dient als Geste der Einladung.
Seien Sie geduldig und konzentriert, während Sie in das Wasser schauen. Starren Sie nicht intensiv, sondern sanft und halb konzentriert, so ähnlich wie beim Tagträumen.
Zuerst werden die Phänomene variieren. Vielleicht sehen Sie nur einen Nebel, wie vorbeiziehende Wolken. Das ist positiv; es bedeutet, die Tür ist offen. Schließlich werden Farben, Bilder, Gesichter und ganze Szenen auftauchen. Jedesmal, wenn Sie diesen Regenteich oder diese Regenschüssel verwenden, werden die Visionen aus dem Feenreich stärker werden. Jene Wesen werden den Teich als Zugang ansehen, der speziell für sie geschaffen wurde.
Priele sind besonders magische Punkte, da ihr Wasser von der See getrennt ist. Sie bilden einen Zugang, durch den die Wassergeister in die Welt der Sterblichen hineinkommen und sie wieder verlassen können. Hier können auch Sterbliche von der physischen Welt in das Wasserreich der Feen gehen. Priele dienen als

Fenster, durch das wir in dieses Reich hineinschauen können. Küstentiere teilen oft die Magie und den Schutz der Wassergeister. Manchmal sind sie Zeichen dafür, daß jene in der Nähe sind. Diese Küstenbewohner können Schildkröten, Eidechsen, Frösche, Seehunde, Ottern, Kraniche, Möwen etc. sein, und manchmal verwenden die Wassernymphen die Form solch eines Tieres, um die Menschen näher kennenzulernen oder ihnen Botschaften zu schicken.

In Japan gibt es die Geschichte - *Der Kranich und die Schildkröte* - eines Mannes namens Urashima. Dieser trifft auf eine Gruppe von Jungen, die eine große Seeschildkröte quälen, der es nicht gelungen war, mit der Flut ins Wasser zurückzukehren. Er jagt die Jungen weg und hilft der Schildkröte zurück ins Wasser. Aber anstatt wegzuschwimmen, bleibt die Schildkröte, hebt den Kopf und dankt Urashima für seine Hilfe.

Als Dank bringt die Kröte Urashima auf ihrem Rücken zum Heim des Herrschers der Meere. Urashima verliebt sich in die Tochter des Seekönigs. Aber bald bekommt er Sehnsucht nach zu Hause und seiner Familie, und als er darum bittet, heimkehren zu dürfen, schenkt ihm der Seekönig eine Kiste Juwelen. Die Tochter des Seekönigs verspricht ihm, ihn an Land zu beschützen, solange er die Kiste behält und nicht öffnet. Dann trägt die Seeschildkröte ihn zurück ans Ufer.

Bei seiner Rückkehr entdeckt er, daß seit seinem Weggehen viele Jahrhunderte vergangen sind, und fühlt sich in der Welt der Menschen einsam. Er weint, schaut die mit Juwelen geschmückte Kiste an und beschließt, sie zu öffnen, da es keinen Grund mehr gibt, es nicht zu tun. Als er sie öffnet, steigen Nebel auf und enthüllen eine Feder. Der Nebel schließt ihn ein, und die Feder bleibt an ihm hängen. Einen Moment später steht dort, wo Urashima gestanden hat, ein wunderschöner weißer Kranich - der Vogel des ewigen Lebens.

Alles, was mit Wasser verbunden ist, bedeutet Fließen, Emotionen und die weiblichen Aspekte des Lebens. Die Wassergeister helfen uns, damit wir uns für die Einweihung durch das Wasser bereit machen können. Mit anderen Worten: Wir lernen, unsere emotionalen Kräfte sinnvoller einzusetzen und Intuition und schöpferische Vorstellungskraft zu entwickeln. Dadurch öffnen wir uns den Kräften des Heilens und der Entfaltung unserer psychischen Kräfte. Alle Wassergeister können uns etwas über unsere Gefühle lehren, und wenn wir lernen, uns mit ihnen zu verbinden, kann uns dies zu großem Vorteil gereichen.

- Wir entwickeln unsere Sensitivität.
- Wir lernen zu geben.
- Wir werden erfinderischer.
- Wir lernen zu heilen.
- Wir lernen, unsere Angst der Begrenztheit zu überwinden.
- Wir entwickeln Flexibilität.
- Wir aktivieren unsere romantische Ader.
- Sie wecken Mitleid und Sensitivität.
- Sie stimulieren künstlerische Inspiration.
- Sie helfen uns, mit übersteigerten Emotionen fertigzuwerden.
- Durch sie wächst unsere Sinnlichkeit.
- Sie wecken unsere kreative Vorstellungskraft.

Übung 1
Das Wasserelement durch Mythen verstehen

In den Mythen gibt es Gestalten und Wesen, die die Energien des Wasserelements und das, was es stimuliert, reflektieren. Viele dieser Gestalten legen Eigenschaften und Verhaltenswei-

sen an den Tag, die jenen des Feenreichs ähneln. Wenn wir uns näher damit beschäftigen, lernen wir, die Kräfte zu verstehen, denen wir uns durch das Wasserelement öffnen.
Lesen Sie Geschichten über die folgenden Gestalten, beschäftigen Sie sich mit ihnen, und Ihre Wahrnehmungsfähigkeit wird zunehmen. Das macht Sie aufnahmefähiger für die feinstofflicheren Bereiche des Lebens.

. *Aphrodite* (griechisch) - Göttin der Liebe und Schönheit, die gezeugt wurde, als sich der Himmel mit dem großen Schoß der See verband;
. *Danaiden* (griechisch) - Töchter des Danaus, der im Hades dazu verdammt wurde, auf ewig Wasser in einen bodenlosen Kessel zu gießen;
. *Najaden* (griechisch) - Nymphen in Bächen, Quellen und Brunnen;
. *Ozeanus* (griechisch) - Gott des Weltenstroms, der die Erde ringförmig umfließt;
. *Poseidon/Neptun* (griechisch-römisch) - Gott der See;
. *Tiamat* (babylonisch) - drachenförmige Personifikation des Salzwassers;
. *Ran* (skandinavisch) - Göttin der See und Königin der Ertrunkenen;
. *Ix Chel* (Maya) - Schlangengöttin des Wassers;
. *Aryong-Jong* (koreanisch) - Göttin des Regenfalls;
. *Doda* (serbisch) - Regengöttin;
. *Ningyo* (japanisch) - Fischgöttin, die, wenn man sie verzehrte, ewige Jugend und Schönheit schenkte;
. *Nimue* (keltisch) - Die Dame vom See (Lady of the Lake);
. *Ea* (babylonisch) - Gott der Künste und der See;

Übung 2
Einstimmen auf die Wassergeister durch Feenmärchen

Es gibt zahlreiche Volks- und Feenmärchen, die Einsicht in Charakter und Persönlichkeit von Geistern, Nixen, Nymphen und Feen vermitteln, die mit dem Element Wasser zu tun haben. Diese Geschichten sind sehr aufschlußreich und lehren, wie man sich diesen Geistern nähern und mit ihnen arbeiten kann und was von solch einem Kontakt zu erwarten ist. Aber bitte, denken Sie daran, viele dieser Geschichten sind symbolisch gemeint.
Wenn Sie das lesen, was über diese Geister in Geschichte, Lied und Gedicht geschrieben worden ist, senden Sie die Botschaft aus, daß Sie für einen Kontakt offen sind. Es ist dasselbe wie bei Menschen - wenn wir ihnen Interesse signalisieren, werden sie antworten.
Die Aufstellung der folgenden Märchen ist in keinster Weise vollständig, sondern nur ein Anhaltspunkt, etwas über die Naturgeister und die mit dem Element Wasser verbundenen Energien zu lernen. Sie werden ihnen helfen, Ihre Wahrnehmung zu verändern und Ihre Begegnung mit diesem wässrigen Element erleichtern.

. *Sonne, Mond und Wasser* (nigerianisch)
. *Warum die Krabbe keinen Kopf hat und wie der erste Fluß entstand* (nigerianisch)
. *Der unzufriedene Fisch* (senegalesisch)
. *Der sprechende Brunnen* (amerikanisch)
. *Der Kranich und die Schildkröte* (japanisch)
. *Das Märchen von Deukalion* (griechisch)
. *Jason und die Argonauten* (griechisch)
. *Odysseus und die Sirenen* (griechisch)

. *Herkules und die lerinäische Schlange* (griechisch)
. *Gilgamesh, Upnapishtim und die Flut* (sumerisch)
. *Die Erzählung von der Regenbogenschlange* (australisch)
. *Lutey und die Meerjungfrau* (britisch)
. *Die kleine Seejungfrau* (dänisch)
. *Die lachenden Wassermänner* (isländisch)
. *Das Seehundfell* (isländisch)
. *Von dem Fischer un syrier Fru* (deutsch)
. *Das Wasser des Lebens* (deutsch)
. *Die singende Trommel und der geheimnisvolle Kürbis* (bantu)
. *Das Hildebrandslied* (deutsch)

Eine der dynamischsten Möglichkeiten, sich den Naturgeistern des Wassers zu öffnen, ist es, diese Märchen als Meditationsform zu verwenden. Dies geschieht auf dieselbe Art und Weise, wie im letzten Kapitel bei den Empfehlungen für das Element Erde beschrieben. Durch diese Form der Meditation werden die Geschichten zur Brücke zwischen der Welt der Sterblichen und dem Wasserreich der Feen.

Diese Übung ist am wirkungsvollsten, wenn sie draußen im Freien in der Nähe einer natürlichen Wasserquelle gemacht wird - ein Teich, eine Quelle, ein Brunnen, eine Regenpfütze, ein Fluß etc. Ein Ort, an dem du die Füße ins Wasser halten kannst, ist eine sehr kraftvolle Stelle, sich der Berührung der Wassergeister zu öffnen.

Suche dir eine Zeit, wo du ungestört bist. Wähle eine Geschichte, die mit Nixen, Nymphen, Seejungfrauen oder anderen Wassergeistern zu tun hat. Lies die Geschichte, um dich wieder mit ihr vertraut zu machen.

Jetzt schließe die Augen und entspanne dich. Fühle dich mit dem Wasser verbunden. Halte die Füße ins Wasser. Wenn nichts anderes zur Verfügung steht, nimm eine Pfütze oder eine Schüssel voll Regenwasser, das du leicht über dein Gesicht spritzen kannst. Sei dir bewußt, daß du dadurch das Wasserelement aktivierst und deine persönliche Undine bittest, dir zu helfen, dich noch stärker auf dieses Element einzustimmen.

Nimm einen tiefen Atemzug und entspanne dich weiter. Vielleicht hast du sogar eine Kassette mit den Geräuschen und Rhythmen des Ozeans.

Während du dich mit geschlossenen Augen entspannst, visualisiere im Geist, daß du am Meeresstrand sitzt. Die Wellen kommen herangerollt und brechen sich an den Felsen und am Strand um dich herum. Das Geräusch in seiner Monotonie ist tröstend. Gelegentlich fühlst du, wie die Gischt leicht dein Gesicht benetzt. Das Wasser schmeckt nach Salz und macht dir bewußt, daß sich auch hier Wasser und Erde treffen.
Du bemerkst einen weichen Nebel. Die See vor dir ist dunkelgrün, fruchtbar, voll unsichtbaren Lebens. Die Sonne ist am Horizont kaum erkennbar, und du bist nicht sicher, ob sie auf- oder untergeht. Die Luft ist kühl und rein, und Dunstfetzen formen sich auf dem Strand. Sie drehen sich und tanzen, als ob sie aus dem Meer heraus zum Leben erwachen würden.
Während du auf den Felsen sitzt und dem Rhythmus der Wellen lauschst, wird der Nebel um dich dichter, und während er dich immer enger umschließt, kitzelt er dich sanft. Es ist sehr angenehm. Er hat tatsächlich ein eigenes Leben und möchte offenbar nichts anderes als dich umfangen und mit seinen nebligen Berührungen streicheln. Du fühlst dich sicher und heiter, lebendiger als je zuvor.

Schließlich bist du ganz in diesen feinstofflichen Nebel eingehüllt. Die See ist deinem Blick verborgen und das Geräusch des Wassers wird schwächer. Allmählich verschwindet auch das Streicheln. Und während dies geschieht, stellst du fest, das du nicht mehr auf dem Felsen an der Küste sitzt.
Jetzt stell dir vor, du wärest die Hauptperson in dem Feenmärchen, das du gewählt hast. Sieh dich selbst in den Handlungsablauf eingreifen. Sieh, wie du mit Menschen, Feen und anderen Wesen in der Geschichte agierst.
Du brauchst dich nicht streng an den Handlungsablauf zu halten. Passe ihn deiner Vorstellung an. Nimm deine kreative Vorstellungskraft zu Hilfe. Denke daran, daß die Einbildungskraft Teil der weiblichen Energien ist, also zu dem gehört, was durch die Hilfe der Geister des Wasserelements geweckt und genutzt werden kann.

Am Ende der Geschichte stellst du dir vor, wie sich der Seenebel wieder erhebt und dich erneut einschließt. Währenddessen werden die Geräusche der Wellen wieder lauter. Der Seenebel bewegt sich und tanzt, geht über dich hinweg und teilt sich. Dabei stellst du dir vor, wie du wieder auf dem Felsen sitzt und auf das Meer schaust.
Wisse, diese Küste ist ein Grenzland, indem sich die Welt der Sterblichen und der Geschöpfe des Feenreichs trifft. Wisse, jedesmal, wenn du auf einen solchen Kreuzungspunkt stößt, selbst in der Meditation, stärkst du deinen Verbindung zu den Wassergeistern.
Nimm tiefe, langsame Atemzüge und laß das Bild um dich herum verschwinden. Die Felsen gehen zurück, und auch die große See. Du fühlst, wie du wieder an jenem Ort in der Natur sitzt, an dem deine Meditation begann. Halte die Augen noch geschlossen, spüre das Wasserelement. Wenn deine Füsse im

Wasser stehen, bewege sie langsam. Fühlt es sich anders an? Bemerkst du etwas, das anders ist als vorher?
Jetzt öffne langsam die Augen und schaue flüchtig ins Wasser und drumherum. Erkennst du Schatten? Glitzernde Stellen im Wasser? Zeigen sich Tiere - Frösche, Schildkröten, Libellen, Eidechsen etc.?
Siehst du auf der Oberfläche des Wassers Gesichter oder Szenen? Hast du das Gefühl, beobachtet zu werden? Spürst du auf der Haut eine Berührung oder ein Prickeln? Achte auf alles, was du fühlst.
Mach dir keine Sorgen, daß du dir alles nur einbildest. Erinnere dich, Einbildung bedeutet nicht unwirklich.
Danke dem Element Wasser und jenen Wesen, daß du teilhaben durftest. Und jetzt gehe zurück in den Alltag mit dem Wissen, daß mit jedem Mal die Verbindungen und Antworten deutlicher werden.

Übung 3
Begegnung mit dem König der Undinen

Beginne diese Meditation wie die anderen. Suche dir einen Zeitpunkt und einen Ort im Freien, wo du möglichst nicht gestört wirst. Ein Platz, an dem du die Füße ins Wasser halten kannst, ist am geeignetsten.

Jetzt schließe die Augen und entspanne dich. Fühle dich mit dem Wasser verbunden. Du kannst sogar dein Gesicht leicht benetzen. Wisse, daß du während du dies tust, deine eigenen Wasserelemente aktivierst.
Während du dich mit geschlossenen Augen entspannst, stell dir vor, wie du an der Küste sitzt. Das Geräusch der Wellen ist tröstend in seiner Monotonie. Den Fels unter dir trifft hier und da

eine Welle, und du fühlst das Wasser auf deinem Gesicht. Es stimuliert dich. Das Wasser riecht nach Salz und macht dir bewußt - hier treffen sich Wasser und Erde.
Die See vor dir ist von einem sanften, satten Grün - reich an unsichtbarem Leben. Die Sonne am entfernten Horizont ist nicht zu erkennen, und du bist nicht sicher, ob Morgen- oder Abenddämmerung herrscht. Die Seeluft ist weich, und während du auf das weite Wasser hinausschaust, tauchen hier und da Fetzen aus Dunst und Nebel auf, zunächst nur vereinzelt; dann werden sie größer und größer und beginnen, sich zusammenzuziehen. Sie drehen sich und tanzen, als kämen sie direkt aus dem Meer. Jetzt beginnen sie sich auf dem Strand zusammenzuballen, so daß du nicht sehen kannst, wo die Küste endet und das Wasser beginnt.
In dem sich drehenden Nebel kannst du allmählich eine unbestimmte Form ausmachen. Der Nebel scheint geradezu um dich herumzutanzen, als wäre dort das Zentrum des Lebens und der Aktivität. Irgendwie weißt du, das ist Nixsa, der König des Elements Wasser. Du flüsterst seinen Namen, mehr vor dich hin als an das Wasser gerichtet, aber der Nebel antwortet, bewegt sich und tanzt um die Gestalt. Jetzt wird sie deutlicher.
Ein zweites Mal sprichst du den Namen aus, dieses Mal ein wenig lauter. Es ist, als ob du testen wolltest, ob sich der Nebel wieder als Antwort bewegen und tanzen wird, und tatsächlich: Der Nebel dreht sich und tanzt um die Gestalt, und sie bewegt sich.

Und noch ein drittes Mal sprichst du den Namen von Nixsa aus, jetzt laut und kräftig. Der Nebel teilt sich, Nixsa tritt aus dem Wasser an die Küste und bleibt vor dir stehen. Sein Gesicht ist ein sanftes Grün und sein Gewand ein dunkleres, kräftigeres Grün, an den Kanten mit dem Schaum des Meeres ver-

ziert. Sein Gesicht bewegt sich und verändert sich, wie als Antwort auf jede Welle des Ozeans. Und doch halten seine Augen deine Aufmerksamkeit mit großem Gefühl gefangen.

Er bedeutet dir, ihm zu folgen, und du stehst auf und gehst neben ihm an der Küste entlang. Bald erreicht ihr ein felsiges Gebiet mit mehreren Prielen. Er bedeutet dir, dich an einen der Priele zu setzen, während er selbst in die Mitte dieses Priels tritt. Er bückt sich, schöpft mit den Händen Wasser und hält es dir hin.

"Das ist das Blut der Erde. Ohne diesen Saft gibt es kein Leben. Ohne ihn könntest du nicht existieren. Und in seinem ursprünglichen Sein ist auch dein Blut nichts anderes als dieses hier in meiner Hand. Alles Flüssige ist miteinander verbunden, und eine Quelle der Lebensflüssigkeit wirkt auf die anderen."

Nixsa dreht die Hände um und gibt das Wasser, das er mit ihnen aus dem Priel geschöpft hat, an diesen zurück. Er macht mit der Hand eine Bewegung über der Wasseroberfläche, und plötzlich tauchen vor deinen Augen Szenen auf. Du siehst die Lebensessenz und Energie des Wassers, siehst Flüsse, Ströme und Teiche der ganzen Welt. Und dann siehst du die Erde wie von einem Stern im Weltall, und die blauen Wasser bedecken den größten Teil ihrer Oberfläche.

Erneut macht Nixsa mit der Hand eine Bewegung über dem Priel; die Bilder verändern sich. Du siehst Flüsse und andere natürliche Wasserquellen mit Chemikalien und giftigem Abfall verschmutzt, und Lebewesen, fremd und mißgestaltet durch dieses Gift. Du siehst, wie das Leben im Meer stirbt, und du siehst die Lebenskraft der Ernteerträge und Nahrungsmittel durch schlechtes Wasser geschwächt. Dann siehst du ein Bild des menschlichen Körpers, der die natürlichen Gewässer überlagert. Während die Gewässer sich verändern, reagiert der menschliche Körper darauf.

Während du beobachtest, altert der Körper vor deinen Augen. Du siehst sogar den Fluß des Blutes durch die Venen und Arterien und alle Organe des Körpers. Zuerst ist das Blut wie ein glühende, vibrierende Schattierung aus Rot - stark und gesund.

Während der Körper altert und den unreinen Wasserquellen und der Nahrung, die mit ihnen wächst, ausgesetzt ist, wandelt sich das Blut von einem vibrierenden Rot zu einem trägen Schatten seiner selbst. Die natürlichen Wasser der Erde beeinflussen den menschlichen Körper und geben dir das Gefühl müde, schmutzig und durstig nach reinem Wasser zu sein.

"Wenn ein Strom auf der Erde verunreinigt wird, wird auch der Strom in deinem Körper verschmutzt. Wenn die Wasser geachtet und gesammelt werden, wird auch dein Leben geachtet und große Ernte bringen. Auch wenn die Menschen versuchen, etwas anderes zu glauben, so ist doch kein Teil der Welt vom anderen getrennt. Alles beeinflußt alles."

Erneut macht er mit der Hand eine Bewegung über dem Priel. Jetzt siehst du Bilder der Wasserquellen der Welt, die du nie erwartet hättest. Es sind Formen - schwach und unbestimmt -, die auf den Wellenkämmen reiten. Wesen aus der Tiefe des Ozeans, vibrierend vor Leben, wunderschöne Devas und Nymphen, die sich in der Nähe einer jeden natürlichen Wasserquelle aufhalten. Du siehst Geschöpfe des Wassers und der Küsten, die der Welt Gesundheit und neues Mitgefühl bringen. Und du siehst dich - stark und vital -, während du arbeitest, spielst und mit ihnen lebst. Du siehst einen gemeinsamen Versuch der beiden Reiche, miteinander zu leben, und du siehst überall Wasser, stark, rein und sauber.

"Aus dem Wasser kommt Leben mit all seiner Reichhaltigkeit und Gesundheit. Wenn du dich der Welt des Wassers öffnest, wirst du mit den Wesen aus diesem Reich arbeiten und verän-

dern können, was bisher geschehen ist. Und aus den Wassern des Lebens wirst du lernen, deiner Umwelt neue Inspiration und neue Fülle zu schenken."
Erneut greift Nixsa in den Priel und holt eine wunderschöne, korallenfarbene Muschel hervor. Er füllt sie mit Wasser und schüttet einen Teil davon über deinen Kopf, kühles Wasser, und während es dein Gesicht hinunterläuft, brennt es einen kurzen Augenblick in den Augen, aber der Schmerz geht schnell vorbei.
Du wischst dir die Augen und schaust Nixsa erneut an. Noch strahlender und stärker als zuvor steht er vor dir. Du siehst und fühlst seine Energie ganz tief in deiner Seele, noch intensiver als zuvor. Das Wasser hat deinen Blick gereinigt.
Auch die Welt um dich herum hat sich verändert. Alles ist klarer und sauberer. Weit draußen, auf der Oberfläche des Ozeans tanzend, entdeckst du wunderschöne Seejungfrauen, und ihre Augen sind liebevoll auf dich gerichtet. Nicht weit von der Küste entfernt springen Delphine aus der Tiefe empor, und du bist ganz sicher, auf ihrem Rücken Feen zu erkennen. Winzige Wassergeister reiten auf dem Kamm einer jeden Welle, und während sich die Wellen an der Küste brechen, erreicht ihr sanftes, klingendes Lachen dein Ohr.
Nixsa hält die Muschel, die immer noch mit Wasser gefüllt ist, an deinen Mund, und du trinkst frisches, süßes Wasser. Nie hättest du geahnt, daß Wasser so schmecken kann. Es erfüllt dich mit einer Liebe für das Wasser und die Wesen in ihm und läßt dich zurück mit der Sehnsucht nach mehr. Dann legt dir Nixsa die Muschel in die Hand.
"Dies ist ein Zeichen meines Versprechens, mit dir zu arbeiten und dir zu helfen, dir die Mysterien des Wassers zugänglich zu machen. Geh nicht leichtfertig damit um, denn dieses Unterfangen birgt große Verantwortung. Wasser ist ein berauschen-

des Elixier. Wenn du das akzeptierst, versprichst du, dich selbst dort hineinzubegeben und dein Leben mit Wasser zu tränken. Wenn du diese Muschel annimmst, nimmst du auch die Verantwortung und die Freude an, mit meinem Reich und seinen Wesen zu arbeiten, um die Qualität des Lebens zu verbessern. Wenn du nicht sicher bist, ob du diese Verpflichtung eingehen willst, laß die Muschel im Priel liegen. Sie wird auf dich warten, bis die Zeit reif ist und du sie bewußt annimmst. Die Entscheidung liegt, wie stets, bei dir."

Erneut macht Nixsa mit der Hand eine Bewegung über dem Priel, und der Nebel der See erhebt sich. Während der Nebel ihn umfängt und einhüllt, wird er hineingezogen, und als sich der Nebel teilt, ist von ihm nichts mehr zu sehen. Da stehst du nun, die Muschel in der Hand.

Du schaust auf den Ozean, und dort auf dem Kamm der Wellen siehst du die Gestalt von Nixsa, von Wassergeistern und Wesen des Wasserelements umringt. Ein Wal schwimmt ganz nahe an ihm vorbei und überschüttet ihn mit einer Wasser-Fontäne. Und dann ist dort nichts mehr außer dem Ozean.

Nun schaust du auf den Priel zu deinen Füßen und denkst an das Wasserelement und alles, was dir Nixsa gesagt hat. Du siehst die einfache Schönheit der Muschel in deiner Hand und bist dir ihrer Bedeutung bewußt. Und du triffst deine Entscheidung.

Während du dies tust, beginnt das Bild des Ozeans und der Küste zu schwinden, und du findest dich dort wieder, wo du mit deiner Meditation begonnen hast.

Auszug aus meinem Tagebuch

Heute am frühen Morgen begann ich mit meinem Kapitel über die Wassergeister. Auch die Besitzer des Apartmenthauses waren früh auf den Beinen und damit beschäftigt, das Gestrüpp herauszureißen. Als ich meine Arbeit fortsetzte, merkte ich, wie sich das Wetter änderte; obwohl der Tag sonnig begonnen hatte, wurde es zunehmend wolkig.

Als ich das Kapitel über Regenwasser und Teiche als Zugang zum Feenreich beendet hatte, begannen die ersten Regentropfen zu fallen. Ich konnte mir ein Lächeln nicht verkneifen. Das war entweder einer der größten Zufälle aller Zeiten, oder andere Kräfte waren am Werk. Eigentlich glaubte ich eher das letztere.
Von heftigem Donner begleitet, begann es zu gießen, und die Arbeit der Apartmentbesitzer war für diesen Tag beendet. Auch ich beschloß, mit der Arbeit über die Wassergeister aufzuhören. Ich argwöhnte, daß, wenn ich fortfuhr, auch der Regen am nächsten Tag fortdauern würde.
Am Morgen meditierte ich, um mit den Wassergeistern Kontakt aufzunehmen, und setzte die Arbeit dort fort, wo ich sie unterbrochen hatte. Draußen war es immer noch wolkig, und als ich mit der Arbeit begann, setzte der Regen wieder ein. Erneut mußte die Arbeit an der urwüchsigen Natur für einen Tag unterbrochen werden. Ich beendete das Kapitel und fragte mich, was die Verbindung mit den Luftgeistern wohl bringen würde...
(Fortsetzung am Ende von Kapitel 6)

Kapitel 6

DER HAUCH DER LUFTGEISTER

Luft ist für das Leben genauso notwendig wie Wasser. Es ist ein aktives, schöpferisches Element - Symbol für Gedanken, Erinnerung und sogar Freiheit. Es ist die Luft, die die Erde mit dem Himmel verbindet, und damit symbolisiert sie höheren Geist und Inspiration. Luft ist der schöpferische Atem.

Inspiration stammt von dem lateinischen Wort *spiritu* - "atmen". Wenn wir inspiriert werden, sind wir mit dem Atem des Göttlichen verbunden.

Durch Atem und Luft nehmen wir Energie auf. Das Kommen und Gehen der Luft während des Atmens reflektiert auch das Kommen und Gehen des Lebens. Richtiges Atmen ist lebenswichtig. Mit klaren Gedanken atmen zu lernen und Meditation sind Mittel, die wundervollsten Dinge Wirklichkeit werden zu lassen.

Luft macht die Kraft des Klangs und der Musik möglich. Mit größerer Lebenskraft sprechen zu lernen, ist eines der Dinge, die uns jene Wesen der Luft lehren können. Sie helfen uns, ihr Element zum Ausdruck zu bringen und den göttlichen Atem freizusetzen, damit wir ihn im Leben erfolgreich einsetzen können. Dieser göttliche Atem jedoch muß durch den richtigen Gedanken und die richtige Handlung genährt werden. Die ursprüngliche Macht des Wortes wird mit Hilfe der Luftgeister geweckt.

Vom leisesten Seufzer bis zum stärksten Sturm - überall sind die Wesen des Luftelements zu finden, da es ihre Aufgabe ist, die Atmosphäre und die Wolkenbildung zu sichern. Sie funktionieren, wo immer der Geist beansprucht wird - vor allen in Prozessen, bei denen Kreativität, Erziehung und Kommunikation eine Rolle spielen. Sie arbeiten eng mit jenen Wesen zusammen, die wir Engel nennen, und helfen ihnen, ihre Aufgaben zu erfüllen. Oft dienen Sylphen, Feen und andere Luftgeister vorübergehend als Schutzengel, bis wir für unseren wahren, heiligen Schutzengel bereit sind.

Die Wesen des Luftelements helfen uns, die Kraft des Geistes und seine Arbeitsweise zu verstehen, aber auch, unseren Gedanken Macht zu verleihen und sie zu kontrollieren. Durch den richtigen Einsatz dieser Macht und die Unterstützung dieser Wesen lernen wir, daß wir einen großen Teil unseres spirituellen Weges selbst in der Hand haben.

Die Wesen des Luftelements reichen in ihrer Gestalt von der Winzigkeit der Sylphen bis zu den großen Sturmfeen, die die Winde in Bewegung bringen und das Wetter verändern. Es gibt auch große Luftgeister, die sich um die Atmosphäre kümmern und sie schützen. Auch sie variieren in Größe und Form und passen sich der Umgebung an. Jene in den höheren Höhen sind ätherischer und in der Erscheinung schmächtiger als jene, die in niedriger Höhe arbeiten.

Auch die Feen und Geister der Luft unterscheiden sich im Aussehen. Im allgemeinen sind sie zarter als die Wesen der anderen Elemente. Oft nehmen sie die Form einer Tinkerbell-Elfe an. Die größeren sehen vielleicht eher wie Engel aus, während andere die Gestalt von Drachen, Vögeln oder anderen geflügelten Wesen annehmen.

Anders als die Feen aus den anderen Elementen haben jene des Luftreichs kein physisches Leben, in dem sie sich entwickeln und an das sie sich binden können. Sie haben mehr Freiheit und sind überall zu finden.

Die Wesen dieses Bereiches arbeiten auf den Gebieten, die den Menschen dienen, und sind immer dort zu finden, wo es um Heilung geht. Sie helfen, Schmerz und Leiden zu lindern, arbeiten als Schutzengel und helfen den Menschen zu wach-

sen. Am meisten lieben sie Kinder. Sie helfen wirklich gern, vor allem, wenn dies Zärtlichkeit, Respekt und schöpferische Erfahrung mit sich bringt.
Der Schutzgeist eines Magiers oder einer Hexe gehört oft zu diesem Reich. Schutzgeister sind Geister (meistens Luftgeister), die mit dem Menschen eine enge Arbeitsbeziehung eingehen. Viele Menschen meinen, der Schutzgeist eines Magiers oder einer Hexe sei ein Hund, eine Katze oder ein Haustier; Tatsache ist jedoch, daß der Geist in jeder Form - beseelt oder unbeseelt - angerufen und zur Hilfe animiert werden kann. Es kann ein Tier, eine Kristallkugel oder ein Spiegel sein.
In dem Märchen *Schneewittchen und die sieben Zwerge* spricht die böse Königin mit ihrem magischen Spiegel, und der Spiegel antwortet. Die Stimme des Spiegels, sein Bewußtsein und seine Identität gehören einem Hausgeist, den die Königin durch die Verwendung ihrer okkulten Künste in den Spiegel gebannt hat.
Als ich noch Lehrer war, habe ich es immer sehr genossen, wenn meine Klassen *Der Sturm* von William Shakespeare lasen. Es ist die Geschichte von Prospero und seinem Hausgeist Ariel. Bei den Diskussionen mit den Schülern um Ariel ging es immer sehr lebhaft zu. Mit seinen Verwicklungen und Täuschungen eignet sich dieses Märchen hervorragend, die Geister der Luft anzuziehen. Interessanterweise gab es an den Tagen, an denen ich mit diesem Theaterstück beschäftigt war, immer starke Winde und/oder Regenschauer.
Natürlich erzählt man sich viele Geschichten, wie diese Hausgeister gezwungen wurden, mit den Menschen zu arbeiten, aber man kann die Hilfe eines Luftgeistes auch durch Liebe und Achtung erwirken. Treue und Zuneigung sind der Dank. Aber es braucht Zeit und Geduld, vor allem, wenn diese Beziehung Gewinn, Freude und Beständigkeit mit sich bringen soll.

Thema dieses Buches ist nicht, “wie rufe ich einen Hausgeist”, aber es ist wichtig zu wissen, daß diese Geister meist jene Wesen aus dem Luftreich sind.
Nachfolgend einige Eigenschaften, die man Luftgeistern und Feen zuschreibt.

- Sie sind zart und ätherisch im Aussehen und verfügen über große Schönheit und Sanftmut.
- Meist kommunizieren sie mit uns durch Gedanken. Wenn man die Gabe des Hellhörens entwickeln möchte, sind sie sehr wichtig.
- Sie können uns helfen, telepathische Eigenschaften zu entfalten.
- Sie verfügen über eine stimulierende, veränderliche Energie - ruhig und erfrischend, oder so stark wie ein Sturm. Die Fähigkeit, mit diesen Geistern umzugehen, wird am meisten von der Gabe, unseren Verstand einzusetzen, bestimmt.

So vielfältig wie der Wind in seiner Erscheinungsform ist, sind es auch die Feen. Sehr oft nehmen sie die Gestalt von Vögeln oder anderen geflügelten Wesen an. Viele Vogel-Totems sind Geister der Luft, die die Form des Vogels benutzen, um sich mit den Menschen zu verbinden. Nicht selten treten sie auch in der Gestalt von Schmetterlingen auf oder sogar in menschlicher Gestalt.
Es gibt eine Reihe von Geschichten über Feen, die die Form eines Vogels angenommen haben. Das chinesische Märchen *Die Kranichjungfrauen* und das norwegische Märchen *Das Schwanenmädchen* sind nur zwei Beispiele. Manchmal fliegen diese Gestalten zur Küste, und wenn sie ihr Federkleid ablegen, kommt ihrer wahres Selbst hervor - eine wunderschöne Geist-Jungfrau. Wird das Federkleid geraubt, ist die Jungfrau an die

menschliche Form gefesselt, bis sie das Kleid wiederfindet. Gesang und Musik ziehen diese Wesen an, vor allem Musik mit Blasinstrumenten. Sie können unseren Worten große Macht verleihen und ihre Wirkung vergrößern. Wen wundert's, schließlich ist Luft für das Atmen und unsere Stimme lebensnotwendig!
Selbst so etwas Einfaches wie Pfeifen kann die Luftgeister anziehen.

Wählen Sie einen Tag, an dem die Luft ganz ruhig ist. Gehen Sie hinaus und setzen Sie sich unter einen Baum. Wenn möglich, nehmen Sie eine Flöte oder Pfeife mit. Oder setzen Sie sich einfach unter einen Baum und pfeifen Sie ganz sanft die Melodie aus Ihrer Kindheit, die Sie geliebt haben. Beim zweiten oder dritten Mal werden die Luftgeister und Feen erscheinen. Die Blätter des Baumes werden rascheln, und auf dem Boden sehen Sie vielleicht ein paar Blätter tanzen oder Staub aufwirbeln. Ein Vogel landet im Baum. Plötzlich taucht ein Schmetterling auf. Sie werden die Ankunft dieser Wesen also an einem realistischen Zeichen erkennen.

- Sehr oft offenbaren sie ihre Gegenwart durch einen plötzlichen Luftzug, einen Duft oder eine Feder.
- Sie beschränken sich nicht auf ein bestimmtes Gebiet.
- Sie können heilen und große Weisheit fördern, und auch musische Fähigkeiten und Inspiration.
- Sie helfen, Sprachen besser zu verstehen, auch die Sprache der Tiere.

Die Feen und Geister des Luftreichs sind für die spirituelle Einweihung durch das Element Luft wichtig, also für das Verstehen der Arbeitsweise und der Kräfte des Geistes. Luft trennt

Himmel und Erde und ist somit die Verbindung zwischen unserer Spiritualität und unserem physischen Bewußtsein. Die Luftfeen können das Schmieden dieses Bandes erleichtern. Sie helfen uns, uns neuer Weisheit zu öffnen - Weisheit, die auf höherer Intuition basiert. Und sie helfen uns, psychische Sensitivität in spirituelle umzuwandeln. Mit Hilfe der Geister und Feen der Luft lernen wir, unsere Umgebung zu steuern - denn zu entscheiden, was wir in unser Leben lassen, ist Teil der Lektion der Lufteinweihung und Teil dessen, was wir lernen, wenn wir mit den Wesen dieses Elements arbeiten. Sie helfen uns, die Luft zu erkennen und einzusetzen, die uns stärkt und nährt, und lehren uns, daß mentale Aspekte auf dem Weg zur höheren Einweihung ebenso wichtig sind wie Erfahrungen auf der physischen Ebene; daß alles, was sich im Physischen manifestiert, Ergebnis des Geistes ist und schließlich, daß alle Energie den Gedanken folgt.

Das Hauptmerkmal dieser Feen und Wesen des Elements Luft ist Stärke und Selbstbeherrschung, weshalb sie uns bei der Lektion helfen können, Stärke durch das Überwinden von Hindernissen zu entwickeln. Das ist die Lektion der Harmonie (die sich in der Musik findet - das Reich, in dem sie herrschen). Große mentale Stärke ist notwendig, um Kampf und Sorge zu überwinden und unserem Leben mehr kreativen Ausdruck zu verleihen.

Geist in Bewegung - Luft in Bewegung - ist eine nicht zu unterschätzende Kraft. Ich spreche vom Wind. Der Wind kann für positive wie auch negative Zwecke eingesetzt werden, uns zum Nutzen oder uns zum Schaden. Indem wir lernen, uns auf diese Wesen einzustimmen und mit ihnen zu arbeiten, öffnen wir uns den Energien der Erde und denen des Himmels.

Viele Feen des Luftelements sind zum Teil Luft und zum Teil Wasser, und sehr oft leben sie in den Wolken. Die Wolken zu

beobachten und über sie zu meditieren, bringt sie dazu, ihre Gegenwart zu enthüllen. Sie können die Feen der Wolken anrufen und sich dann die Wolken in bestimmten Formen denken. Das ist eine gute Übung, sich auf die Luftfeen einzustimmen, da sie unsere Gedanken lesen können.
Wie bereits gesagt, ist Pfeifen eine Möglichkeit, den Wind zu rufen - und damit die Wind-Feen. Als die großen Schiffe einst auf den Meeren segelten, war Pfeifen verboten; man glaubte, das würde Stürme verursachen.
Durch die Feen der Luft lernen wir, unsere Wünsche Wirklichkeit werden zu lassen. Sie verleihen unseren Gedanken Kraft. Wie Sie in Kapitel 11 sehen werden, beherrschen viele Feenköniginnen und -könige das Element Luft.
Indem wir lernen, uns mit den Feen und Geistern der Luft zu verbinden, haben wir viele Vorteile.

- Sie vergrößern die Kraft der Sprache und des Gesanges.
- Sie helfen uns, die Macht unserer Gedanken einzusetzen, um unser Leben mit schönen Dingen zu bereichern.
- Sie lehren uns die Harmonie der Dinge und der Menschen und wecken in uns das Verlangen nach dieser Harmonie.
- Sie können uns helfen, die Gabe der Telepathie und des Hellhörens zu entwickeln.
- Sie regen Intuition und Erfindungsgabe an.
- Sie lieben Menschen, die Gedichte schreiben (und lesen), denn Dichtkunst ist die Musik des Wortes.
- Sie wecken Verstandeskraft und Willensstärke.
- Sie sind wichtig, wenn wir uns mit unserem Genius verbinden wollen. In der griechischen Tradition glaubte man, jedem Wesen würde bei der Geburt ein Dämon zugewiesen. Der Dämon war ein Geist, der den Menschen durch das Leben führte und ihn beschützte. In vieler Hinsicht ähnelt dieser Geist

dem traditionellen Schutzengel, kann aber auch etwas mit dem Geniusaspekt zu tun haben, der der Seele eines jeden Individuums innewohnt. Die Luftgeister können uns helfen, uns mit diesen Quellen zu verbinden und sie in Anspruch zu nehmen.

- Sie unterstützen uns, wenn wir mehr Mystik in unser Leben bringen möchten.
- Sie helfen uns, den Wind der Veränderung in jedem Aspekt unseres Lebens zu erkennen und zu nutzen - von der Bestimmung des Wetters bis hin zu allem, was uns im Leben widerfahren kann.

Übung 1
Das Luftelement durch Mythen verstehen

So wie bei den anderen Elementen auch, gibt es eine Vielzahl von mythischen Wesen und Figuren, die mit dem Element Luft und seinen Kräften in Verbindung gebracht werden. Viele dieser mythischen Gestalten legen Eigenschaften und Verhaltensweisen an den Tag, die denen der Luftfeen und -geister ähneln. Wenn man sich damit beschäftigt, lernt man die Kräfte zu verstehen, denen wir uns durch die Verbindung mit dem Luftelement öffnen.
Lesen Sie die nachstehenden Märchen und beschäftigen Sie sich mit ihren Figuren. Sie werden Ihre Wahrnehmungen des Feenreichs erweitern, indem Sie mit dem Element Luft arbeiten. Es wird Sie auch aufnahmefähiger machen für die ätherischen Bereiche des Lebens schlechthin.

. *Zeus* (griechisch) - Himmelsgott;
. *Hera/Juno* (griechisch-römisch) - Himmelskönigin;
. *Boreas* (griechisch) - Windgott, Personifikation des Nordwindes;

. *Iris* (griechisch) - geflügelte Regenbogengöttin, die mit dem Wind reitet;
. *Lilith* (semitisch/hebräisch) - geflügelte Königin der Luft;
. *Odin* (nordisch) - germanischer Himmelsgott und Schöpfer des Kosmos;
. *Frigg* (nordisch) - Himmelsgöttin;
. *Brahma* (hindu) - Schöpfer des Himmels und der Erde, manchmal auf einem Schwan oder einem Pfau reitend dargestellt;
. *Nut* (ägyptisch) - große Himmelkönigin;
. *Anu* (assyrisch/babylonisch) - Himmelsgott;
. *Quetzalcoatl* (Azteken) - Himmelsgott, als gefiederte Schlange dargestellt;
. *Indra/Svargapati* (indisch) - Götterkönig;
. *Feng-Po* (chinesisch) - Windgott;
. *Feng-P'o-P'o* (chinesisch) - Göttin des Windes, die auf einem Tiger durch die Wolken reitet.

Übung 2
Sich durch Feenmärchen auf die Luftgeister einstimmen

Viele Volks- und Feenmärchen vermitteln Einsicht in das Reich der Sylphen, Feen und anderer Luftgeister. Diese Geschichten können helfen, diese Wesen anzuziehen und geben Aufschluß, wie man am besten mit ihnen arbeitet. Denken Sie daran, daß viele dieser Geschichten symbolisch gemeint sind.
Indem Sie lesen, was über die Luftgeister geschrieben worden ist, laden Sie sie zu sich ein. Wenn sie Interesse an Ihnen zeigen, reagieren sie. Denken Sie daran, geduldig und ausdauernd zu sein.
Nachstehend eine Liste als Ausgangspunkt für Ihre Lektion,

mit Naturgeistern und -energien des Elements Luft umzugehen. Die Geschichten regen Ihre Wahrnehmungsfähigkeit an und helfen Ihnen, Ihre persönliche Beziehung mit dem Reich der Luft aufzubauen.

. *Der Rabe bringt das Licht* (inuit);
. *Der Donnergott* (chinesisch);
. *Die Erzählung von Väterchen Frost* (russisch);
. *Der Fall des Himmels* (griechisch);
. *Daedalus und Ikarus* (griechisch);
. *Die sieben Raben* (deutsch);
. *Die drei Federn* (deutsch);
. *Die alte Frau im Wald* (deutsch);
. *Die sechs Schwäne* (deutsch);
. *Die drei Sprachen* (deutsch);
. *Das Gänsemädchen* (deutsch);
. *Das Schwanenmädchen* (norwegisch);
. *Die Kranichmädchen* (chinesisch);
. *Der Fall des Himmelsmädchens* (irokesisch);
. *Die wundervollen Heilungsblätter* (jüdisch);
. *Östlich der Sonne, westlich des Mondes* (skandinavisch);
. *Der fliegende Teppich, das Rohr und der Apfel* (indisch);
. *Die Geschichte von Perseus* (griechisch);
. *Das Märchen von der blauen Hexe* (gälisch);
. *Die drei Wünsche* (französisch);
. *Der Sturm* (britisch).

Wie wir bei den anderen beiden Elementen gesehen haben, lassen sich diese Märchen in Form einer Meditation verwenden, damit wir uns für jene Wesen des Feenreichs öffnen können. So wird das Märchen zur Brücke zwischen der Welt der Sterblichen und dem luftigen Reich der Feen.

Diese Übung ist am wirkungsvollsten, wenn sie im Freien gemacht wird, auf einem offenen Feld oder auf dem Gipfel eines Hügels. Ein Tag, der einen wolkigen Himmel und eine hübsche Brise beschert, ist noch günstiger. Du solltest dort sein, wo du den Wind spürst.

Suche dir einen Zeitpunkt, an dem du ungestört bist. Wähle eine Geschichte, die sich mit dem Element Luft beschäftigt oder jenen Feen und Wesen, die eine luftige Eigenschaft haben. Lies die Geschichte, um dich wieder mit ihr vertraut zu machen.

Entspanne dich. Werde immer entspannter. Vielleicht möchtest du im Hintergrund Flötenmusik oder eine Kassette mit den Geräuscheffekten des Windes laufen lassen. Alles, was dir hilft, dich auf dieses Element einzustellen, ist gut.

Jetzt schließe die Augen. Fühl die Luft um dich herum. Wenn es eine leichte Brise gibt, achte auf die Richtung, aus der sie kommt. Wie fühlt sie sich auf deinem Gesicht an? Ist sie warm? Kühl? Sanft? Kannst du sie hören? Wenn in der Nähe Bäume sind, welches Geräusch entsteht, wenn die Brise durch die Bäume geht?

Stell dir vor, daß sie zu dir spricht. Jetzt atme die Luft tief ein und mach dir bewußt, daß du dabei deine persönliche Sylphe rufst, die dir helfen wird, dich noch stärker auf das Element Luft einzustellen.

Während du dich weiter entspannst, beginne zu visualisieren, wie sich die Szene um dich herum verändert. Sieh dich auf der Spitze eines felsigen Kliffs stehen. Der Wind ist stark und der Himmel blau. Die Wolken scheinen so nahe, als könntest du sie berühren.

Du kletterst über die letzten Felsen und stehst an der Kante des Kliffs. Von dort siehst du die ganze Welt unter dir. Die Luft ist

süß und frisch, und du atmest tief ein und aus. Die Luft erfüllt dich mit Energie und Lebenskraft.
Der Wind hier oben ist erfrischend, und du hast das Gefühl, dir würden Flügel wachsen und du könntest fliegen. Und du hebst die Arme und schließt die Augen. Dabei stellst du dir vor, du wärest ein Adler, der sich gleich von der Klippe emporschwingt.
Du öffnest die Augen und siehst die Wolken vor dir, wie sie hin und her gleiten und tanzen. Sie scheinen näher zu kommen. Sie sind so dick und weiß und weich wie Watte. Jetzt beginnen sie, sich um dich herum zu formen, dich in ihre Weichheit einzuhüllen. Bald kannst du das Kliff, auf dem du stehst, nicht mehr erkennen.
Der Horizont ist deinem Blick entglitten und auch der Himmel nicht mehr zu sehen. Du bist eingetaucht in einen See aus Wolken, die hin und her wogen und sich im Takt der sanften Brise wiegen. Dann werden die Wolken dünner, als ob der Wind sie beiseite schieben und verteilen würde. Während sie verschwinden, bemerkst du, daß du nicht mehr auf jenem Kliff stehst, sondern dich in einer völlig anderen Situation befindest.

In diesem Augenblick visualisiere die Hauptszene des Feenmärchens, das du dir für deine Meditation ausgesucht hast. Sieh dich als die Hauptperson und tritt in die Geschichte ein. Sieh, wie du mit den Menschen, den Feen und den Gegebenheiten in diesem Märchen agierst.
Du brauchst dich nicht streng an den Handlungsablauf zu halten. Passe ihn deiner Vorstellung an. Verwende deine schöpferische Kraft. Sei erfinderisch.

Wenn die Geschichte zu Ende ist, stell dir vor, wie du wieder von Wolkenformationen eingerahmt bist. Während sie sich bil-

den, hörst du auf einmal den Wind. Die Märchenszene ist deiner Sicht durch die Wolken verborgen. Auf einmal beginnen die Wolken sich zu teilen; du siehst den offenen, blauen Himmel. Zuerst fühlst du nur das Kliff unter deinen Füßen, aber nachdem die letzte der Wolken verschwunden ist, siehst du dich stark und kräftig an der Felskante stehen.
Der Wind weht heftig und voller Kraft, und während du auf die Weite unter dir schaust, kommt es dir vor, als ob sich die Formen im Wind bewegen. Dieses Kliff ist ein Grenzland, eine Stelle, an der die Welt der Sterblichen und die des Luftreichs aufeinander stoßen. Jedesmal, wenn du zu dieser Schnittstelle gehst - sei es in der Meditation oder in der Realität - stärkst du deine Verbindung zu den Luftfeen.

Nimm langsame tiefe Atemzüge und fühle, wie der Wind um dich herum ruhiger wird. Die Szene beginnt, vor deinen Augen zu schwinden.
Der Horizont löst sich auf, und ebenso das Kliff. Jetzt spürst du dich wieder an jener Stelle in der Natur sitzen, wo du mit deiner Meditation begonnen hast.
Halte die Augen noch geschlossen und fühle wieder die Luft um dich herum. Spürst du einen Unterschied? Ist sie wärmer? Kühler? Sanfter? Kannst du sie klarer hören? Hörst du überhaupt etwas?

Jetzt öffne langsam die Augen und schau dich um. Erkennst du in den oberen Zweigen des Baumes irgendeine Bewegung? Rascheln die Blätter als Antwort? Was glaubst du, sagen sie? Siehst du Vögel oder Schmetterlinge oder andere geflügelte Wesen in deiner Nähe? Spürst du an irgendeiner Stelle deines Körpers eine Berührung oder ein Prickeln? Achte auf alles, was du siehst, fühlst und hörst. Mach dir keine Sorgen, daß du dir dies alles vielleicht nur einbildest. Denke daran, Einbildung ist nicht gleichbedeutend mit Unwirklichkeit. Nimm dir einen Augenblick Zeit und danke dem Element der Luft und seinen Wesen, daß sie dich teilhaben ließen. Danke auch deiner persönlichen Sylphe. Atme die Luft tief ein und achte darauf, wie du dich jetzt fühlst. Und dann gehe in den Alltag zurück mit dem Wissen, daß mit jeder neuen Begegnung die Verbindung intensiver und die Antworten dynamischer sein werden.

Übung 3
Begegnung mit dem König der Sylphen

Beginne diese Meditation wie die vorherige. Suche dir eine Zeit und einen Ort im Freien, möglichst an einem windigen Tag, wo dich niemand stören wird.

Jetzt schließe die Augen und nimm einige tiefe Atemzüge, um dich zu entspannen. Vielleicht möchtest du dieses Mal eine tiefere Entspannung erreichen. Wisse mit jedem Atemzug, daß diese Tätigkeit nur mit Hilfe der Sylphen möglich ist. Die Augen geschlossen, spürst du die Luft - die Atmosphäre um dich herum. Jetzt achte darauf, wie der Lufthauch dein Gesicht berührt. Wenn es eine Brise gibt, höre genau hin.
Kannst du sie durch die Bäume hören? Stell dir vor, daß sie zu dir spricht. Jetzt atme die Luft noch einmal tief ein und mach dir bewußt, daß du, während du dies tust, deine persönliche Sylphe rufst, die dir helfen wird, den König der Sylphen zu treffen.

Während du dich entspannst, beginne zu visualisieren, wie sich die Szene um dich herum verändert. Siehe, wie du auf den Gip-

fel eines felsigen Kliffs kletterst. Hier ist der Wind stärker, der Himmel so nahe und so blau. Selbst die Wolken scheinen so nahe, als könntest du sie berühren.
Nun kletterst du über die letzten wenigen Steine und findest dich am Rand des Riffs wieder. Von hier aus kannst du die Welt unter dir sehen. Die Luft ist süß und rein und du atmest tief ein und aus und fühlst, wie dir die Luft Energie und Lebenskraft gibt. Es ist, als wärst du aus einem tiefen Schlaf erwacht.
Der Wind in dieser Höhe ist erfrischend. Er gibt dir das Gefühl, dir würden Flügel wachsen und du könntest dich in die Lüfte emporschwingen. Und jetzt hebst du langsam die Arme und schließt die Augen. Einen Augenblick stellst du dir vor, du seist ein Adler, der sich von diesem Riff emporschwingt. Du kannst sogar spüren, wie der Wind an deinen Federn zerrt. Diese Kraft ist verlockend und mächtig, und du weißt, du mußt vorsichtig sein, damit die Kraft des Windes dich nicht tatsächlich vom Riff wirft.
Jetzt öffnest du die Augen und siehst, wie sich die Wolken vor deinen Augen bewegen und tanzen. Sie scheinen näher zu kommen. Sie sind so dick und weich, daß du meinst, du könntest dich ganz leicht vom Kliff emporschwingen, und sie würden dich tragen.
Jetzt beginnen sie sich vor dir zu sammeln, so wie die Wolken vor einem Sturm. In ihnen kannst du allmählich eine vage Form ausmachen. Die Wolken scheinen sich um diese Gestalt zu bewegen, als wäre sie die Mitte ihres Lebens und ihrer Bewegungen. Irgendwie weißt du, das muß Paralda sein, der König des Elements Luft.
Du flüsterst seinen Namen - mehr vor dich hin als an die Wolken gerichtet - aber sie antworten. Du fühlst einen sanften Lufthauch über dir, die Wolken bewegen sich stärker, und die Gestalt in ihrer Mitte zeichnet sich allmählich immer deutlicher ab.

Ein zweites Mal sprichst du den Namen - dieses Mal ein wenig lauter. Der Lufthauch wird stärker, und als Antwort bewegen sich die Wolken und tanzen. Jetzt ziehen sie sich ein wenig zurück, und du siehst, wie die Gestalt klarer wird und sie sich zu bewegen beginnt.
Und noch ein drittes Mal sprichst du den Namen von Paralda aus. Du singst ihn geradezu - laut und klar, in dem Bewußtsein, daß die Luft aus dieser Höhe die Worte weit trägt. Die Wolken teilen sich und Paralda tritt aus ihrer Mitte hervor und auf die Kante des Riffs.
Jetzt steht er vor dir. Er ist groß und schlank, mit einem elfenähnlichen Gesicht. Die Augen sind silbern, aber sie bewegen sich, wie sich Wolken am Himmel bewegen. Sein Haar ist lang und silbrigweiß und fließt um ihn herum, als würde er ständig im Wind stehen. Gekleidet ist er in eine weiße Robe, die blau gefüttert ist. Sie bauscht sich auf und tanzt mit jeder Bewegung der Luft, wie sanft sie auch immer sein mag.

Dann steht er neben dir auf dem Riff und schaut hinaus auf die Weite des Himmels. Er hebt die Hand, und in ihr formt sich eine Wolke, er zieht sie hinunter und hält sie dir vor Augen. Während du die Hand ausstreckst, um sie zu berühren, ergreift dich eine sanfte Brise, und die Wolke löst sich auf. Paralda lacht leise über deine Überraschung, und der Wind antwortet seinem Gelächter.
"Ohne Luft gibt es kein Leben. Du könntest nicht existieren - und genausowenig alles andere auf diesem Planeten. Überall auf diesem Planeten ist Luft, da wir nicht in einem Vakuum leben könnten. Das müssen die Menschen noch lernen. Wir atmen Luft. Wir bewegen uns durch Luft. Und wir nehmen jedesmal Luft zu Hilfe, wenn wir sprechen oder einen Gedanken formen."

Seine Stimme ist ausdrucksvoll und verändert sich immer wieder, und mit ihr verändert sich die Luft um dich herum. Seine Worte füllen die Atmosphäre um dich - einen Augenblick tobt ein Sturm, und im nächsten weht eine sanfte Brise.
"Wir alle werden beeinflußt durch die Luft - durch die Atmosphäre - der wir ausgesetzt sind. Wir hinterlassen Spuren unseres Seins in der Luft - überall, wohin wir gehen. Die Worte, die wir sprechen, die Gedanken, die wir denken, und die Haltungen, die wir einnehmen - alles hat Einfluß auf die Atmosphäre. Selbst wenn du nichts anderes tust als nur zu atmen, bewirkst du etwas oder wirst beeinflußt."
Paralda bedeutet dir, über die Kante des Riffs hinauszuschauen. Während du dies tust, beginnen sich die Wolken erneut zu sammeln und zu formen. In ihrer Mitte entstehen Bilder. Du siehst die Atmosphäre, die die Erde umgibt, und die Bewegung der Luftströme.
Dann verändern sich die Bilder, und du siehst Orte deines Lebens, an denen du dich nicht wohl gefühlt hast. Du siehst die Luft in jener Umgebung - sie ist dick, verfärbt und wabert in Schwaden hin und her. Du siehst Situationen, in denen sich Menschen dir gegenüber negativ verhalten haben, und du siehst, wie die Luft dort dunkel und dick wird. Und du siehst auch, wie du diese verfärbte Luft von dort mit dir nimmst. Jetzt tauchen Bilder von Situationen auf, in denen du über andere schlecht gedacht oder gesprochen hast, und erkennst, wie sich diese Worte und Gedanken auf unsichtbaren Strömen um das Individuum legen und es vergiften. Nie zuvor war dir bewußt, daß Worte und Gedanken eine so starke Wirkung haben können.
Und du siehst jene Zeiten, in denen sich andere durch das, was du gesagt oder gedacht hast, besser gefühlt haben, und du siehst die Wirkung, die dies auf sie gehabt hat. Du erkennst

Orte auf der Erde, an denen positive Gedanken, Gebete und Rituale entstanden sind, und siehst, wie andere diese Orte besuchen - ohne deren Geschichte zu kennen - und sie mit neuer Hoffnung verlassen. Du siehst Zeiten und Menschen in deinem Leben, die dir das Gefühl gegeben haben, du und alles, was du tust, sei gut. Und du siehst die Atmosphäre - die Luft - um sie und dich in diesen Situationen, und allmählich beginnst du zu verstehen.

"Für die meisten Menschen sind diese Ströme nur vorübergehend, und sie verschwinden schnell, aber je mehr wir bestimmte Gedanken speichern oder je öfter wir dieselben Worte aussprechen, desto größer und stärker wird ihre Wirkung. So, wie die Menschen diese Gedanken und Worte leben und atmen, ist die Wirkung auf sie im Physischen - im Guten wie im Schlechten."

Erneut teilen sich die Wolken, und neue Szenen tauchen auf. Du siehst Orte auf der Erde, dick von Smog und Rauch, und du siehst Wesen wie sie durch diese Verschmutzung leiden. Du siehst, wie Leben und Lebenskraft erstickt werden, wie die Atmosphäre erstickt wird. Und schließlich bricht die Kommunikation auf der Welt zusammen.

"Indem du lernst, dich auf das Element der Luft und die Wesen einzustimmen, die durch dieses Element arbeiten, wirst du für alle Atmosphären, die du betrittst, sensibler. Du wirst erkennen, welche Umgebungen du meiden solltest, welche Menschen nicht gut für dich und welche für dich von größtem Nutzen sind. Du wirst lernen, Umgebungen allein durch ein Wort, einen Ton, einen Gedanken oder einem Atemzug zu verändern."

Erneut formen sich die Wolken vor deinen Augen zu Bildern. Du siehst, wie du Gedanken mit Schwingungen und Farbe aussendest, um andere, nah und fern, zu heilen und zu segnen. Du

siehst wunderschöne Wesen der Luft, die frische Inspiration und Lebenskraft bringen. Du siehst, wie du mit diesen Kräften arbeitest und dadurch gestörte Kommunikation reparierst. Du siehst alle Atmosphären frisch, lebendig und rein.
Paralda streckt die Hand über das Kliff aus und läßt sie in den Wolken vor dir verschwinden. Als er sie zurückzieht, hält er eine wunderschöne, silberne Feder in seiner Hand. Er steckt sie dir hinters Ohr. Die Winde beginnen zu drehen und zu tanzen und die Wesen der Luft kommen näher. Du hörst sie in der Brise singen, und der Gesang erfüllt dich mit tiefer Freude. Der Himmel ist schwarz von Vögeln, die auf den Winden reiten und ihre Lieder zu dir hinüberschmettern, und du verstehst ihre Bedeutung.
"Das ist das Zeichen meines Versprechens, mit dir zu arbeiten und dir zu helfen, dich den Mysterien der Luft zu öffnen. Luft ist ein sehr kraftvolles Element, und viele Gemeinschaften haben sie als Quelle allen Lebens verehrt. Sie ist erfrischend, und sie kann vieles offenbaren. Indem du lernst, mit der Luft zu arbeiten, lernst du gleichzeitig, die wahre schöpferische Kraft hinter Gedanken und Worten zu begreifen.
Das bringt große Verantwortung mit sich. Wenn du sie akzeptierst, werden deine Worte und deine Gedanken mit jeder Sekunde an Stärke zunehmen. Jede Brise verleiht dir größere Kraft. Alles, was du voller Liebe sprichst und denkst, wird liebevoller erfahren. Verletzende Gedanken und Worte werden tiefer verletzen.
Wenn du dir dieser Verpflichtung nicht sicher bist, laß die Feder auf dem Kliff liegen. Hier wird sie auf dich warten, bis die Zeit reif ist und du dich entscheidest, sie anzunehmen. Die Entscheidung liegt also, wie immer, bei dir."
Die Winde auf dem Kliff werden stärker. Paralda schreitet von der Kante des Kliffs und entschwebt in die Luft vor dir. Er

nickt, und die Wolken schließen ihn ein. Dann bläst ein heftiger Windstoß gegen die Wolken, treibt sie an den entfernten Horizont und läßt sie verschwinden. Nur das Geräusch des Windes ist eine letzte Erinnerung an Paralda.
Du nimmst die Feder von deinem Ohr. Du schaust zum Horizont und siehst die Vögel am Himmel. Du bewunderst die einfache Schönheit der Feder und bist erstaunt, daß solch eine Konstruktion den Flug der Vögel möglich macht. So einfach, und dennoch so kraftvoll! Du triffst deine Entscheidung, und währenddessen verschwimmt das Bild des Kliffs und des Himmels. Du findest dich dort wieder, wo du zu Beginn deiner Meditation gesessen hast.

Auszug aus meinem persönlichen Tagebuch
Als ich mit dem Kapitel über die Luftgeister begann, nutzte ich die Meditation aus diesem Kapitel, um mich auf die Luftgeister einzustimmen und herauszufinden, was als nächstes geschehen würde. Als ich die Meditation halb hinter mir hatte, bemerkte ich plötzlich eine kühle Brise, die durch den Raum wehte - erneut eine Bestätigung für die Wirkung dieser Meditation.
Nachdem ich fertig war, schaute ich hinaus und sah, wie die Regenwolken der vergangenen zwei Tage aufbrachen. Mit dem aufkommenden Wind ging die Schwüle zurück, die mit dem Regen unerträglich geworden war. Der Regen war erfrischend gewesen, hatte aber keine Abkühlung gebracht. Da fiel mir ein, daß es die Sylphen sind, die das Wetter und seinen Wechsel steuern. Noch immer bin ich erstaunt, wie leicht es ist, sie zu rufen und ihre Gegenwart zu spüren.
Die Brise blieb den ganzen Tag, die Temperaturen fielen, und die lang erwartete Abkühlung brachte eine Erlösung von der Hitze. Unglücklicherweise brachte sie auch neue Arbeit für die Leute, die mit den Aufräumarbeiten hinter meinem Haus beschäftigt waren...
(Fortsetzung am Ende von Kapitel 7)

Kapitel 7

DIE WÄRME DER FEUERGEISTER

Feuer war zuerst ein Vorrecht der Götter. In vielen Kulturen finden sich Mythen über Menschen, die das Feuer stahlen. Eine der bekanntesten Geschichten ist die griechische über Prometheus, der Zeus das Feuer stahl, damit die Menschen leben konnten. Als Strafe wurde er an einen Felsen gekettet, wo er auf ewige Zeit bleiben mußte, während ein Adler seine Leber fraß.

Schon immer galt Feuer als mysteriös. Die Art, in der sich Rauch mit der Luft vermischt, erschien den Menschen magisch. Auch heute noch wird der Kraft des Feuers große Bedeutung zugemessen. Unsere Alltagssprache beweist es. Wir sprechen von *verheerendem Feuer, Waldbränden, Flammenmeer* und *Freudenfeuern, Feuerwerk* und *züngelndem Feuer*. Wir feuern *Salutschüsse,* und wir sind *Feuer und Flamme* für etwas. Wir kennen sogar *Feuerschlucker*. Und Ausdrücke wie '*wo brennts*', '*die Flammen der Leidenschaft*', '*vor Liebe brennen*' etc. zeigen, wie Feuer alle Aspekte unseres Lebens auf die eine oder andere Weise durchdrungen hat, und das gilt auch für die Wesen des Feuerreichs. Sie sind viel mannigfaltiger, als wir glauben. Natürlich gibt es überall dort, wo eine Flamme oder Hitze ist, winzige Salamander. Die Flammen von Kerzen und Kaminfeuer können wundervolle Orte sein, um sich mit den Feuerfeen einzulassen. Sie brauchen sich nur zu entspannen und sich auf die Flamme bzw. die Flammen zu konzentrieren. Schauen Sie, wie sie tanzen und sich bewegen. Während Sie das Feuer anstarren, lassen Sie Ihren Geist den Flammen folgen. Nach einer Weile werden Sie erst winzige Formen in den Flammen erkennen und dann Gesichter.

Auf jedem Lichtstrahl reitet ein Rauchgeist oder eine Sonnenfee. In den geschmolzenen Zentren der Erde und in den vulkanischen Bereichen leben Feuergeister, und es sind Feuergeister, die sich im Blitz zeigen.
Es gibt Feuerfeen, die mit unserem persönlichen Salamander eng zusammenarbeiten und ihm helfen. Dazu gehören auch jene, die sich auf uns einstimmen, um unsere Kundalini-Energie zu aktivieren und zu steuern. *Kundalini* ist ein Sanskritausdruck und bedeutet *geschlängelt.* Schlangenenergie ist die ursprüngliche kreative Energie, die unsere Energiezentren verbindet und aktiviert. Sie hat auch mit der Sexualenergie zu tun, ist aber eigentlich Sitz a l l e r Energie, die wir für schöpferische Aktivitäten benötigen. Sie ist das schöpferische Lebensfeuer, das uns für ein neues Bewußtsein bereit macht.
Es gibt Feuerfeen der Sexualität, die immer dort auftauchen, wo der Geschlechtsakt vollzogen wird, um die Feuer der sexuellen Leidenschaft zu schüren. Einige der Feuerfeen fühlen sich besonders von den Menschen angezogen, die sich mit Leidenschaft einer schöpferischen Tätigkeit widmen - vor allem dem Komponieren. Während ihre Energie durch die schöpferische Aktivität leicht zu steuern und kontrollieren ist, kann es schwierig sein, ihre Energien jenseits dieser Aktivitäten in die richtigen Kanäle zu lenken.
Viele der großen klassischen Komponisten haben überaus leidenschaftliche, turbulente und oft gefühlsmäßig unbeständige Leben gelebt. Mozart, Schumann und Wagner sind nur einige Beispiele. Da die Feuergeister einen so großen Einfluß auf die Emotionen haben, glaube ich, daß ihre Gegenwart solche Lebensbedingungen verstärkt. Einen Beweis dafür gibt es allerdings nicht. Die Musik lenkt den Einfluß der Feuergeister während der Komposition und Aufführung in kontrollierte Bahnen, doch für ihren Einfluß in anderen Bereichen des Le-

bens existiert solch eine ausgleichende Bahn nicht.
Manche Wesen aus dem Feuerreich dienen, wenn auch selten, als Schutzherren oder -herrinnen. Damit werde ich mich im einzelnen in Kapitel 11 beschäftigen, wenn es um Feen-Patenschaften geht. Diese Wesen erscheinen oft in der Form von traditionellen Kobolden, die in einigen der Mythen und Märchen aus Persien und dem Mittleren Osten eine Rolle spielen.
Es gibt Feuerfeen und -geister, die mit unseren persönlichen, irdischen Feuern arbeiten: Sie stimulieren die Körperhitze, die Erotik, die physische Energie und vieles mehr. Andere Feuerfeen und -geister helfen bei unseren spirituellen Feuern: Mystik zu entwickeln, Klarheit des spirituellen Denkens zu erhalten etc. Wo immer Rituale eine Rolle spielen, sind Feuergeister zur Stelle, vor allem dort, wo Fruchtbarkeit in ihrer Vielfalt stimuliert wird.
Die Wesen aus dem Feuerreich sind die schwierigsten Partner für den Menschen. Sie sind sehr zurückhaltend, da Feuer sowohl destruktiv als auch kreativ ist. Obwohl einige Kulturen Feuergötter und -göttinnen verehrt haben, war in den meisten die Ehrfurcht vor diesen Geistern sehr groß.
Die Feuerfeen und -geister lassen sich oft nur schwierig unter Kontrolle halten - nicht nur, weil ihre Energie so dynamisch-ursprünglich ist, sondern auch, weil sie so intelligent sind - viel mehr als die Feen und Geister der anderen Bereiche. Ihre Intelligenz hat ihnen so etwas wie ein sehr starkes Bedürfnis nach Unabhängigkeit gegeben.
Aber noch etwas macht es schwierig, sie zu verstehen und auf sie einzugehen: Sie sind immer in Bewegung. Mit Ausnahme jener, die bestimmten Umgebungen angehören (Bereiche innerhalb der Erde, Vulkane etc.), bewegen sich die meisten frei. Wo immer eine Flamme brennt, sind sie zu finden. Wo immer Hitze entsteht, sie sind dort.

Von allen Wesen des Feenreichs haben sie angeblich am wenigsten Interesse am Menschen und sollen am wenigsten neugierig auf sie sein. Meine Erfahrungen bestätigen dies nicht, obwohl die Feuerfeen schwerer zu entdecken sind und die Arbeit mit ihnen auch ein wenig schwieriger ist, da sie sich zu Beginn sehr gleichgültig geben können.
Sie sind immer in der Nähe menschlicher Feuer und Flammen zu finden - seien es physische oder andere - und haben eine derart vitalisierende Wirkung, daß sie starke emotionale Ströme und Leidenschaften hervorrufen können, die dann schwer zu kontrollieren sind. Den meisten Menschen fällt es schwer, mit starken Emotionen umzugehen, aber mit Geduld und Selbstdisziplin kann eine Verbindung zu den Feuergeistern inniger, mächtiger und positiver werden.
Die nachstehend genannten Eigenschaften werden den Feuerfeen und -geistern zugeschrieben.

- Die Rhythmen von Feuer und Hitze ziehen sie an.
- Sie erscheinen oft in den Schattierungen von Farben, die mit Feuer verbunden sind (Rot, Orange und Gelb; dies schließt auch jene Geister ein, die mit Rauch und Blitz arbeiten).
- Obwohl sie nicht oft tierische Formen oder die Gestalt anderer Geschöpfe annehmen, tun sie es doch gelegentlich und erscheinen dann in der Form von Drachen und anderen mythischen Feuergeschöpfen (siehe Kapitel 10), Glühwürmchen, Schlangen und anderen Reptilien.
- Sie werden angelockt von Musik und Rhythmus.
- Sie wecken starke Leidenschaften (sexuelle und andere).
- Sie treten oft in männlicher Form auf. Wir müssen jedoch mit Vermutungen zu ihrer Form und ihrer Häufigkeit vorsichtig sein.
- Obwohl sie in wärmeren Gegenden und Jahreszeiten zahl-

reicher sind, beschränken sie sich nicht auf ein bestimmtes Gebiet. Während des Sommers nehmen sie Sonnenenergie auf, von der sie in den langen, kalten Wintermonaten zehren.
- Sie können dynamische Katalysatoren für Veränderung und Transformation sein und wirksame Kräfte für die Prozesse der Zerstörung und Neuschaffung.
- Sie haben die Schlüssel für Lektionen über das Leben nach dem Tod und die damit verbundenen Mysterien. Das zeigt sich am deutlichsten bei jenem Feuergeist, der die Form des mythischen Phönix annimmt, der aus der eigenen Asche emporsteigt (siehe Kapitel 10).
- Sie schenken uns Inspiration und spirituelle Wahrnehmungsfähigkeit und wissen um die Geheimnisse der magischen Alchemie-Prozesse.

Die Feuerfeen und -geister arbeiten mit allen Aspekten des Lebens und nicht nur innerhalb der physischen Feueraspekte - von der Körperhitze bis zum Sonnenfeuer, vom Blitzen des Intellekts bis zu den Feuern der Entwicklung der Seele. Ihre Aufgabe ist es, den Menschen durch die Feuereinweihung zu helfen.

Teil dieser Einweihung ist die traditionelle Feuertaufe. Sie bedeutet eine Erprobung der Stärke und Kraft. Dabei lernen wir, unsere Augen zu öffnen, so daß wir die Schlacke sehen, die schließlich weggebrannt werden muß. Damit verbunden ist eine Entdeckung unserer wahren Beziehung zu anderen und die Bedeutung jener Beziehungen für uns selbst. Der Aufruhr, die Veränderungen, sind die Feuer unserer Erfahrung. Jeder Mensch, mit dem wir zu tun haben, zeigt uns etwas von uns selbst, ist ein Spiegel unserer Eigenschaften. Wir mögen es vielleicht nicht immer oder versuchen sogar, es zu ignorieren - ganz gleich, wir sollten versuchen, daraus zu lernen, wie

schwierig auch immer es sein mag. Wissen kann brennen wie Feuer!
Durch die Feuerfeen und -geister lernen wir, zwischen Feuer und Flamme zu unterscheiden. Feuer ist die Kraft, die hinter der physischen Manifestation der Flamme liegt. Durch die Flammen lernen wir, die Kräfte des Feuers zu nutzen - seien es die Kräfte, die in den Flammen einer Kerze oder den Flammen der Inspiration liegen.
Feuer bringt mehr als nur Wärme. Es bringt Licht. Es läßt uns sehen. Wenn wir beginnen, mit den Feuerfeen Verbindung aufzunehmen, lernen wir, wie spirituelles und physisches Feuer in unserem Leben und unserem Bewußtsein arbeiten. Unsere Wahrnehmungen weiten sich, und wir sehen die unendlichen Möglichkeiten für neues Wachstum, die durch die Feuer der Lebenserfahrung geschaffen werden.
Den Umgang mit Feen und Geistern des Elements Feuer bringt uns viele Vorteile.

- Sie stacheln unsere Leidenschaften an - physisch und spirituell.
- Sie können Transmutation, Transformation und Regeneration bewirken.
- Sie stimulieren größeres Verständnis für die ursprüngliche Liebe des Geistes und unsere eigene schöpferische Lebenskraft.
- Sie helfen uns, die Kundalini-Energie zu wecken, zu entwickeln und zu kontrollieren.
- Sie helfen uns zu erkennen, was niedergerissen werden muß und was uns helfen kann, unser Leben neu zu schaffen.
- Sie lehren uns die physischen und spirituellen Aspekte der Alchemie.
- Sie wecken Kreativität, Mut, höhere Einsicht und Idealismus.

- Sie können uns helfen, unsere Lebenskraft nicht durch Genußsucht und sinnliche Exzesse zu vergeuden.
- Durch sie lernen wir, unsere spirituellen Feuer zu entfachen, so daß sich die Materie dem Willen unterordnet. Die Kraft unseres spirituellen Feuers ist die Urkraft des schöpferischen Ausdrucks.
- Sie helfen uns, die Gesetze von Ursache und Wirkung zu erkennen, wie sie in unserem Leben oder dem Leben anderer zum Ausdruck kommen. Mit ihrer Hilfe können wir die Gesetze von Ursache und Wirkung in jedem Bereich unseres Lebens für uns arbeiten lassen.
- Sie zeigen uns, wie wir große katalytische Heilenergien entwickeln können.
- Sie können uns lehren, die wahre Bedeutung, Kraft und Anwendung der Sexualenergie zu erfahren - physisch und spirituell.

Übung 1
Feuerfeen und außersinnliches Feuerlesen

Ein dynamischer und einfacher Weg zu lernen, sich auf die Feuerfeen und -geister einzustimmen, sind Feuer-*Readings.* Sie ermöglichen es Ihnen, mit den Energien dieser Wesen zu arbeiten, um Ihre Wahrnehmungfähigkeit zu erweitern. (Denken Sie daran, eine Eigenschaft von Feuer ist Licht).
Zukunftsdeutung durch Feuer- und Kristallsehen sind seit jeher in den unterschiedlichsten Kulturen verwendet worden. Die Verwendung von Feuer und Rauch zu Wahrsagezwecken heißt Pyromantie. Das Verfahren war so einfach wie die Interpretation, welchen Weg die Flamme als Antwort auf die Fragen nahm. Oder man ritzte die Fragen in Holz ein oder schrieb

sie auf Pergament und überließ sie dann dem Feuer. Die entstehenden Flammen und der Rauch gaben Antwort auf die gestellten Fragen.
Zukunftsdeutung durch Feuer war eine Domäne der Schamanen, Priester und Priesterinnen und wurde oft nach strengen Vorbereitungen in Ritualen durchgeführt. Die Tradition wird immer seltener, da es nur noch wenige gibt, die diese Kenntnisse in vollem Ausmaß beherrschen und einsetzen können. Das ist bedauerlich, denn es ist ein kraftvoller Weg, die Seele zu öffnen. Obwohl einige Feuerrituale immer noch strenger Vorbereitungen bedürfen, kann der Normalsterbliche, wenn er ein gewisses Grundwissen besitzt, leicht lernen, seine oder ihre Variante des Feuerlesens durchzuführen.
Manche Menschen, die aus dem Feuer wahrsagen, tun dies nur zu bestimmten Zeiten des Jahres, wie etwa Silvester, um zu sehen, was das neue Jahr bringt. Andere tun es jedesmal, wenn sie ein Feuer anzünden, und noch andere, um Antworten auf grundsätzliche Fragen und Lösungen für ihre Alltagsprobleme zu finden. Wieder andere benutzen das Feuerlesen, um Geistführer zu entdecken, Lebensmuster zu bestimmen, vergangene Leben aufzuspüren und die Zukunft vorauszusagen.
Ein *Reading* mit Feuer ist eine Möglichkeit, die eigene Psyche für feinstoffliche Energien, Muster und Kräfte zu öffnen. Es gilt als Einladung an die Feuerfeen und -geister mit dem ausdrücklichen Ziel, die außersinnliche Wahrnehmungsfähigkeit zu erhöhen. Durch das Feuer können diese Wesen uns helfen, unseren Geistführer zu entdecken und Muster für die Zukunft zu bestimmen. Jedesmal, wenn Sie ein Feuer-*Reading* durchführen, wird sich Ihre Fähigkeit, die Feuerfeen und -geister wahrzunehmen und mit ihnen zu kommunizieren, erhöhen.
Feuer fördert die Kontemplation. Es zieht Sie geradezu hinein, da es eine hypnotische Wirkung hat. Der Rhythmus der Flam-

men, ihre Bewegungen, das Knacken - all dies führt zu einem veränderten Bewußtseinszustand. Sie sind entspannt, und Ihre Wahrnehmungsfähigkeit erhöht sich.

Feuer führt auch zu Veränderungen, je nachdem, woran es zehrt. Die einzelnen Arten Holz verursachen unterschiedliche Hitzegrade und eine unterschiedliche Intensität der Flammen. Sehen Sie sich die Baumgeister in Kapitel 9 und die Eigenschaften jener Bäume an; dies gibt Ihnen eine Vorstellung davon, welches Holz für welches *Reading* ist. So eignet sich das Holz des Apfelbaums besonders gut, wenn man mythische Wesen und Geschöpfe wahrnehmen will, die Teil des eigenen Lebens sind. Kiefernholz kann die Rückschau auf frühere Leben erleichtern. Birkenrinde und Eiche sind für jegliche Art von Feuer-*Reading* wirkungsvoll.

Die Formen und Bewegungen der Flammen ändern sich je nach der Substanz, mit der sie gefüttert werden. Unsere Gedanken und unsere Absichten beim Vorbereiten des Feuers wirken sich darauf aus, wie die Flammen- und Feuergeister antworten.

Es gibt eine Vielzahl von Möglichkeiten für ein Feuer-*Reading*. Die unten beschriebene Methode ist die einfachste und wird die Feuerfeen, Salamander und Feuergeister spürbar in Ihr Leben bringen.

Für ein Feuer-Reading ist jedes Feuer geeignet, zum Beispiel ein kleines Feuer im Garten. Ein Feuer im Kamin kann ein dynamisches Werkzeug für eine Kommunikation mit den Feuerfeen sein. Selbst das Feuer einer einzelnen Kerze ist geeignet, obwohl ein größeres Feuer wirkungsvoller ist. Wenn du Kerzen verwendest, schlage ich vor, mehrere zu nehmen und sie in einem Kreis, der im Durchmesser nicht größer als dreißig Zentimeter sein sollte, vor dir aufzustellen. Durch den

Kreis entsteht ein heiliger Ort, an dem die Flammen, der Rauch und die Hitze Bilder und andere außersinnliche Phänomene für deine Wahrnehmung projizieren können.
Ich habe herausgefunden, daß ein Feuer-Reading am Abend viel wirkungsvoller ist als am Tag. Warum? Ich glaube, gegen die Dunkelheit der Nacht schafft das Licht des Feuers eine Verbindung zwischen den Welten, weshalb es dann viel einfacher ist, mit den Feuerfeen in Verbindung zu treten. Mitternacht ist auch eine Übergangszeit und kann die Wirkung noch vergrößern. Welche Zeit auch immer du wählst, tue es mit Bedacht.
Vor dem Anzünden des Feuers solltest du dir Zeit für eine Meditation nehmen und über die Essenz des Feuers, seinen Symbolgehalt und alle Wesen, die damit verbunden sind, nachdenken.
Nimm dir Zeit, das Ziel deines Reading zu visualisieren. Sei überzeugt davon, daß du visualisierst, wie das Feuer dir antwortet und dir die gewünschte Information gibt.
Sammle das Material für dein Feuer. Auf einem Stück Pergament oder einem Stück Holz schreibst du auf, was das Feuer dir enthüllen soll. Während der Meditation und der oben beschriebenen Visualisierung hältst du das Papier oder Holz fest und drückst es an dein Herz, das innere Zentrum des Feuers. Atme tief und rhythmisch und stell dir mit jedem Atemzug vor, daß dieses Stück Holz oder Pergament mit der Energie deines Wunsches geladen wird.
Denke daran, daß dieser Wunsch helfen wird, die Flammen und den Rauch des Feuers zu formen, damit es dir das Geheimnis enthüllen kann, das du lüften möchtest.
Wenn du das Feuer entfachst, tue es ganz bewußt, nicht so, als würdest du ein Feuer anzünden, sondern ein Feuer schaffen. Du läßt Feuer und Licht als Schöpfungsakt entstehen, dort, wo vorher keines war. Du sendest einen Ruf in die Unendlichkeit

des Kosmos und lädst die Wesen des Feuerreichs zu dir ein. Sieh das Feuer als die Schaffung einer Schwelle zwischen deiner Welt und der Welt der Feen. Während diese Schwelle aufleuchtet, solltest du wissen, daß durch diese Vereinigung deine Aura zum Strahlen gebracht und gestärkt wird.

Nimm vor dem Feuer eine sitzende Position ein. Wähle eine Entfernung, die angenehm ist. (Wenn möglich, solltest du während des Reading keinen Schirm als Schutz vor das Feuer stellen). Nimm einen tiefen Atemzug. Laß die Hitze und das Licht über dir tanzen. Spüre das Feuer. Wisse, daß sich die Flammen erheben und die Aktivität und Präsenz der Feuerfeen und -geister stärker werden. Sieh die Flammen als wirkliche Lebewesen.

Wenn du merkst, wie du durch den starren Blick ins Feuer in Trance gerätst und benommen wirst, nimm dein Stück Holz oder Pergament und lege es in die Mitte des Feuers. (Wenn du Kerzen verwendest, lege in den Kerzenkreis eine Metallplatte oder Schüssel. Zünde das Pergament mit einer der Kerzen an, lege es auf die Metallplatte und laß es brennen).

Jetzt achte auf den Rauch und die Flammen. Laß zu, daß du dich im Feuer verlierst. Entspanne dich und schau einfach hinein. Verwende einen sanften, konzentrierten Blick, jenen, den wir haben, wenn wir ins Nichts schauen und tagträumen. Schau einfach hinein und achte auf das, was du siehst.

Gehen die Flammen mehr nach rechts oder links? Wird der Rauch dunkler oder dünner? Siehst du irgendwelche Gesichter oder Formen? Beginnt dein Geist zu wandern? (Mach dir darüber keine Sorgen. Beim Feuer-Reading hat das Wandern des Geistes oft psychische Gründe. Jene Szenen, zu denen dein Geist wandert, spiegeln oft das wider, was geschehen wird oder was wahrscheinlich geschehen wird. Das kann wörtlich oder symbolisch gemeint sein).

Achte auf alles, was du siehst oder was du dir im Feuer vorstellst. Alles hat eine Bedeutung. Schon beim ersten Versuch sehen die meisten Menschen Gesichter: Geisthelfer, Freunde und Verwandte, die bereits gestorben sind; Menschen, die in ihr Leben zurückkommen; Menschen, die in der Zukunft sehr wichtig sein werden etc.
Denke an alles, was du auf das Pergament oder das Holz geschrieben hast. Konzentriere dich darauf und sprich wortlos oder hörbar mit dem Feuer. Es wird antworten. Beobachte, visualisiere und vertraue!
Sobald du deine Antwort bekommen hast, laß das Feuer ausgehen. Danke den Feuerfeen, Salamandern und Feuergeistern, daß sie durch das Feuer mit dir kommuniziert haben. Segne sie.

Anfangs sollte diese Übung nicht länger als eine halbe Stunde dauern. Denken Sie daran, die Feuerwesen sind sehr einflußreich, ihre Wirkung könnte zu stark sein. Wir möchten schließlich lernen, mit ihnen auf einer Basis zu arbeiten, die wir in gewisser Weise steuern können. Es ist leicht, dem Zauber des Feuers zu erliegen.
Nehmen Sie sich am Schluß Zeit, das aufzuschreiben, was Sie gesehen oder erlebt oder sonst wahrgenommen haben. Dadurch wird es Ihnen klarer. Außerdem haben Sie etwas, auf das Sie zurückgreifen können, um jedes Mal, wenn Sie dieses Verfahren einsetzen, die Wirkung überprüfen zu können.
Achten Sie nach dem Feuer-*Reading* sorgfältig auf Ihre Träume. Die Feuergeister setzen oft die Kommunikation im Traum fort. Experimentieren Sie mit diesem Verfahren und denken Sie daran, die Feuerfeen und -geister helfen Ihrer schöpferischen Ausdrucksfähigkeit. Sehr bald werden Sie merken, daß sie mit Ihnen in ihrer einzigartiger Weise arbeiten.

Übung 2
Feuerfeen und *smoke billets*

Ein *smoke billet* ist ein Werkzeug, mit dem Hellsichtigkeit und die Manifestation psychischer Phänomene entwickelt werden können und das heutzutage von Spiritualisten in Amerika am häufigsten verwendet wird. Jemand schreibt seinen Namen und das Geburtsdatum auf ein Stück Papier - manchmal mit einigen Fragen. Dann hält er das *smoke billet* mehrere Minuten in der Hand, um das Papier mit seiner Energie aufzuladen, und gibt es dann einem Medium oder Sensitiven. Durch Psychometrie (Berührung des Papiers) wird dem Menschen, dessen Name auf dem Papier steht, eine mediale Botschaft übermittelt.

Psychometrie ist die Fähigkeit, Fakten und Auskünfte über einen Gegenstand oder einen Menschen, dem der Gegenstand gehört, zu erhalten. Indem man seinen Namen auf einen Zettel schreibt, wird ein physisches Band geschaffen, das dem Sensitiven hilft, sich leichter auf den betreffenden Menschen einzustellen.

Ein Rauchbillet arbeitet ein wenig anders, nämlich mit der Hilfe von Feuer- und Rauchfeen, wodurch auf dem Zettel Bilder entstehen, die für den betreffenden Menschen von Bedeutung sind. Das *smoke billet* wird so beschriftet, wie oben beschrieben. Dann hält das Medium oder der Sensitive das Papier über eine brennende Kerze und bewegt es hin und her, so daß sich Rauch von der Kerze auf dem Papier sammelt. Dann versucht der Sensitive, in den Rauchmustern Bilder und Muster zu sehen. Manchmal enthüllen sie Gesichter, Ereignisse, Symbole etc. Diese werden dann für den Menschen gedeutet, dessen Name auf dem *billet* steht.

Um diese Rauchbilder verwenden zu können, brauchen Sie weder ein Sensitiver noch ein Medium zu sein. Im Gegenteil: es ist eine wundervolle Möglichkeit, sich auf die Feuerfeen einzustellen, mit ihnen zu arbeiten und gleichzeitig Ihre höhere Intuition zu entwickeln. Das Verfahren ist einfach.

Du brauchst für diese Übung eine Kerze. Ich empfehle dafür eine bestimme Kerze zu reservieren. Du kannst die Kerze immer wieder nehmen, aber eine Kerze für smoke billets darf nicht für andere Zwecke eingesetzt werden. Eine rote oder orangefarbene Kerze, oder jede andere Farbe, die Feuer symbolisiert, erhöht die Wirkung. Wenn du unsicher bist, nimm eine weiße Kerze. Dekoriere und segne die Kerze für diesen Zweck. Du kannst sie salben, indem du sie mit verschiedenen Ölen einreibst (von der Mitte aus jeweils zum Ende). Konzentriere dich dabei auf das, was du mit dieser Kerze bezweckst - die Feuergeister zu bitten, mediale Botschaften durch Rauchbillets zu senden.
Stell dir vor, wie sich die Feuerfeen sammeln und das, was du dir wünschst, erfüllen. Während du die Kerze für ihren Zweck weihst, kannst du auch ein Gebet sprechen. Oder du schließt die Namen der Erzengel und den König des Feuerelements in dieses Gebet ein (Michael und Djin).
Du wirst auch Papier benötigen. Nimm am besten ein Stück vom Format 15 x 15 cm. Pergament ist geeigneter als normales Papier, da sich der Rauch besser verteilt und kompliziertere Muster bildet.
Wähle einen Zeitpunkt, an dem du ungestört bist. Jetzt schreibe deinen Namen und das Geburtsdatum auf ein Stück Papier, das du vorbereitet hast. Halte es mit beiden Händen an dein Herz oder den Solarplexus und beginne mit rhythmischem Atmen. Atme ein, während du bis vier zählst, halte den Atem an, zähle

wieder bis vier und atme aus, erneut bis vier zählend. Während du dies tust, stell dir vor, wie dieses Papier mit deiner Essenz und deiner Absicht geladen wird. Nach einigen Minuten laß den Atem langsam und regelmäßig werden.
Jetzt schließe die Augen und entspanne dich weiter, während du das Papier an dich gedrückt hältst. Nimm dir Zeit, über das Element Feuer, seine Bedeutung und die Feen und Elementarwesen, die durch diese Übung angezogen werden, nachzudenken. Visualisiere, wie sie aus dem Rauch auf dem Papier Muster bilden, mit deren Hilfe du die Geistführer zusammen mit anderen bedeutsamen Symbolen und entsprechenden Informationen entdecken kannst.
Jetzt zünde die Kerze an und mach dir dabei bewußt, daß du einen schöpferischen Akt vollziehst. Du schaffst Feuer und Licht, wo vorher keines war. Während die Kerzenflamme zum Leben erwacht, betrachte sie als Signal an die Feuergeister, mit dir zu arbeiten. Vielleicht sendest du ihnen schon im voraus ein "Dankeschön" für ihre Hilfe.
Jetzt nimm das smoke billet und halte es über die Kerzenflamme, nahe genug, daß sich Hitze und Rauch sammeln können, aber nicht zu nahe, sonst verbrennt es. Mit etwas Übung wirst du den richtigen Weg finden. (Die Wirkung ist je nach Eigenschaft der Kerze unterschiedlich.)
Bewege das Papier langsam in verschiedenen Formen und Kreisen über der Flamme. Versuche vor allem, den mittleren Teil des smoke billets mit Mustern zu bedecken. Du darfst das Blatt gelegentlich beiseite nehmen und nachschauen, wie weit es bereits bedeckt ist.
Jetzt halte das smoke billet vor dich hin und entspanne dich, während du auf die Rauchmuster schaust. Was siehst du? Kommen dir die Muster bekannt vor? Hab keine Sorge, daß es nur Einbildung sein könnte. Alle Bilder, die du siehst, haben

für dich eine Bedeutung, oder du hättest sie nicht sehen können - ob eingebildet oder nicht. Das smoke billet ist ein Werkzeug, deine medialen Fähigkeiten mit Hilfe der Feuerfeen zu aktivieren. Suche nach Gesichtern, Symbolen, Gegenständen und allem, was du in dem Muster des Rauches auf dem Papier erkennen kannst. Drehe das Papier in verschiedene Richtungen, um sicherzugehen, daß du es aus allen Perspektiven siehst.

Nimm dir Zeit. Du wirst im Papier Bilder sehen! Es liegt an dir, die Bedeutung dieser Bilder herauszufinden. Gesichter können geistige Führer sein, Verwandte, die bereits gestorben sind, oder sogar Symbole bestimmter Aktivitäten, mit denen du am nächsten Tag zu tun haben wirst. Vertraue deiner Intuition. Denke daran, die Feuerfeen erhöhen die Wahrnehmungskraft, und wie auch immer du die Bilder interpretierst, es wird richtig sein. Dabei ist es wichtig, daß du deine Wahrnehmungen zusammen mit dem Datum aufschreibst. Es kann sehr hilfreich sein, wenn du dies auf der Rückseite des Bildes tust.

Danke den Feuergeistern für das, was sie dir gebracht haben. Lösche die Kerze und stelle sie weg bis zum nächsten Mal. Hebe das smoke billet auf; wirf es nicht weg. Manchmal ist es sinnvoll, das smoke billet in Kunststoff einzuwickeln und an einen Ort zu legen, wo es mehrere Tage ungestört liegen bleiben kann. In den nächsten zwei Tagen solltest du öfter hingehen und es anschauen, da sich die smoke billets im Laufe der Zeit verändern. Bilder werden deutlicher, oder völlig neue Bilder tauchen auf, schon in diesen wenigen Tagen.

Hebe das smoke billet mehrere Monate auf und schaue es gelegentlich wieder an. Entdeckst du etwas Neues? Hat sich das, was du beim ersten Mal entdeckt hast, für dich in irgendeiner Form bewahrheitet? Vielleicht möchtest du ein Sammelbuch für smoke billets anlegen, das in mancher Hinsicht einem

Fotoalbum ähnelt: Es ist Ausdruck deiner wachsenden Freundschaft mit den Feuerfeen.

Übung 3
Das Feuerelement durch Mythen verstehen

Wie bei den drei anderen Elementen gibt es auch beim Feuer eine Vielzahl mythischer Gestalten und Wesen, die mit diesem Element und den verschiedenen Ausdrucksformen seiner Kraft verbunden sind. Viele dieser mythischen Gestalten haben Eigenschaften und Verhaltensweisen, die denen der Feuerfeen und -geister ähneln. Wenn wir uns mit den Mythen intensiver beschäftigen, finden sich Schlüssel zum Verständnis der Kraft des Feuers, der wir uns öffnen, wenn wir uns mit den Feuerfeen und -wesen verbinden.
Sie sollten sich daher mit den folgenden Gestalten beschäftigen, und Sie werden Ihre Wahrnehmungfähigkeit für das Feenreich, das durch das Element Feuer wirkt, vergrößern. Außerdem wird dadurch Ihre Aufnahmefähigkeit für alle feinstofflichen Bereiche des Lebens vergrößert.

. *Typhon* (griechisch/sizilianisch) - Ungeheuer, dessen Schultern hundert Drachenköpfe tragen, jeder mit einer schnellenden schwarzen Zunge und Augen, aus denen versengende Flammen sprühen;
. *Agni* (hindu) - Gott des Feuers und Hüter des Menschen;
. *Surya* (hindu) - strahlender Sonnengott;
. *Ra* (ägyptisch) - Sonnengott;
. *Arinna* (phönizisch) - Sonnengöttin;
. *Xiuhtecuhtli* (aztekisch) - Feuergott;
. *Brigid* (keltisch) - Feuergöttin;
. *Hestia* (griechisch) - Herdgöttin;

- *Hephaistos/Vulcanus* (griechisch/römisch) - Gott des Feuers und der Schmiedekunst;
- *Mahue-Iki* (polynesisch) - Hüterin des Feuers in der Unterwelt;
- *Apollo* (griechisch) - Sonnengott;
- *Prometheus* (griechisch) - Titan, der das Feuer vom Olymp stahl und es den Menschen gab;
- *Latiaran* (irisch) - Göttin, die die ‘Saat des Feuers’ trug;
- *Loki* (skandinavisch) - Feuerdämon;
- *Farbauti* (skandinavisch) - Gott, der das Feuer gebar;
- *Ushas* (hindu) - Göttin der Morgenröte, die Mutter oder Geliebte der Sonne;
- *Maia/Feronia* (griechisch/römisch) - Feuergöttin, die die Kräfte des Wachstums und der Wärme einschließlich der sexuellen Hitze hütete;
- *Tu-Njami* (sibirisch) - Mutter Feuer.

Übung 4
Einstimmen auf die Feuergeister durch Feenmärchen

Viele Volks- und Feenmärchen helfen, Verständnis für die Feuergeister und -wesen zu entwickeln, wodurch sie greifbarer werden. Und sie können als Hinweise dienen, wie man am besten mit ihnen umgeht.
Indem Sie lesen, was über die Feuergeister geschrieben worden ist, laden Sie sie zu sich ein. Das ist wie bei allen Lebensformen - wenn Sie Interesse zeigen, werden sie antworten; also haben Sie Geduld und Ausdauer.
Die folgende Liste soll als Ausgangspunkt dienen, etwas über Feuergeister und die Arbeit mit ihnen zu lernen. Die Geschichten werden Ihre Wahrnehmungsfähigkeit vergrößern und helfen, eine persönlichere Verbindung aufzubauen.

. *Aladdin und die Wunderlampe* (chinesisch/Mittlerer Osten)
. *Das Pulverfaß* (dänisch)
. *Die Schöne und das Biest* (europäisch)
. *Loki und die Schätze der Götter* (nordisch)
. *Schlangenmagie* (suaheli)
. *Die Feuerkinder* (westafrikanisch)
. *Das Feuer auf dem Berg* (äthiopisch)
. *Der heilige Georg und der Drache* (britisch)
. *Der heilige Dunstan und der Teufel* (britisch)
. *Die Glühwürmchenprinzessin und ihre Liebhaber* (japanisch)
. *Prometheus und das gestohlene Feuer* (griechisch)
. *Phaethon und der Wagen des Apoll* (griechisch)
. *Moses und der brennende Dornbusch* (biblisch)
. *Die Tochter der Sonne* (cherokesisch)

Wie bei den anderen Elementen auch, können wir Märchen als Form der Meditation verwenden, um uns den Feuergeistern und -feen zu öffnen. Durch diese Form der Meditation wird das Märchen zur Brücke zwischen der Welt der Sterblichen und dem feurigen Reich der Feen.

Diese Übung ist am wirkungsvollsten, wenn du sie draußen im Sitzen oder im Liegen in der Sonne machst. Warme Sonnentage sind am geeignetsten. Diese Übung ist aber auch sehr wirkungsvoll, wenn du vor dem Kamin sitzt, selbst wenn du nur eine Kerze angezündet hast.
Wähle einen Zeitpunkt, an dem du ungestört bist. Suche dir ein Märchen aus, das das Element des Feuers oder jener Feen und Wesen widerspiegelt, die darin eine feurige Eigenschaft haben. Lies die Geschichte mehrmals, um dich mit ihr vertraut zu machen.

Entspanne dich mehr und mehr.
Wenn nicht bereits geschehen, schließe jetzt die Augen. Spüre die Sonne auf dem Gesicht und dem Körper (wenn du draußen bist). Wenn du am Kamin sitzt, spüre die Hitze des Feuers. Wie fühlt sie sich an? Stell dir vor, die Hitze der Sonne oder des Feuers würde dich streicheln. Fühle, wie du die Wärme und das Licht des Feuers in deinen Körper ziehst. Atme seine Energie tief ein und wisse, daß du, während du dies tust, deinen persönlichen Salamander rufst, damit er dir hilft, dich besser auf sein Element einzustellen.
Während du dich entspannst, beginne zu visualisieren, wie sich die Szene um dich herum verändert. Du stehst am Fuße eines großen Vulkans. Die Erde um dich herum ist verkohlt und versengt. Dampf steigt aus den Rissen in der Erde. Die Sonne scheint dir stark ins Gesicht. Die ganze Gegend ist verbrannt und leblos.

Die Sonne liegt warm auf dir und du fühlst dich wohl. Du findest sie anregend und spürst ihre Energie. Mit jedem Atemzug ziehst du mehr von ihrer Energie in dich hinein. Während du einatmest, beginnt die Erde leicht zu zittern. Plötzlich erscheinen Feuer und Dampf aus der Vulkanöffnung über dir. Die Farben sind so leuchtend und stark, daß die Sonne dahinter verschwindet. Und dann, plötzlich, ist es ganz still.

Du hast keine Angst; irgendwie weißt du, daß trotz der Aktivität des Vulkans keine Gefahr für dich besteht. Du bist freudig erregt in Erwartung solch eines machtvollen Erlebnisses. Dann fühlst du erneut, wie die Erde unter dir zittert. Dampf tritt aus den Rissen am Fuße des Vulkans. Du schaust dich um, erstaunt, wie sich der Dampf bewegt und zu tanzen beginnt. Er wird dichter und scheint sich aus allen Richtungen auf dich zuzubewegen.

Während er beginnt dich einzuhüllen, wunderst du dich über seine Sanftheit. Er ist warm und weich, samtweich, geradezu aufregend.

Der Vulkan über dir ist verschwunden. Selbst den Himmel kannst du nicht mehr sehen, da du in den wirbelnden Dampf eingetaucht bist. Und dann beginnt er plötzlich, sich zu drehen und zu tanzen, reißt auseinander, teilt sich. Während der Dampf allmählich zurückgeht und schließlich ganz verschwindet, siehst du, daß du nicht länger am Fuße des Vulkans stehst, sondern dich jetzt in einer völlig anderen Szene befindest.
Jetzt stell dir die Hauptszene des Märchens vor, das du für deine Meditation gewählt hast. Sieh dich als die Hauptfigur und tritt in die Geschichte ein.
Sieh vor deinem geistigen Auge, wie du mit den Menschen, den Feen und dem Element des Feuers in diesem Märchen agierst.

Du brauchst dich nicht streng an den Handlungsablauf zu halten. Passe ihn deinem Willen an. Nutze deine schöpferische Vorstellungskraft.

Am Ende der Geschichte stell dir vor, wie du erneut von Dampf umgeben bist, der aus dem Boden aufsteigt. Während er dich umhüllt, hörst du ganz schwach das tiefe Grollen des Vulkans. Durch den Dampf ist die Szene aus dem Feenmärchen deiner Sicht völlig verborgen.
Während der Dampf allmählich zurückgeht, kannst du den offenen Himmel sehen und die Wärme der Sonne auf deinem Körper spüren - stark und heilend. Du fühlst den vulkanischen Boden unter deinen Füßen und siehst dich am Fuß jenes großen Vulkans stehen.

Winzige Flammen züngeln aus dem Krater und aus den Rissen in der Erde. Du hast keine Angst. Jetzt bist du sicher, daß du in den Flammen und in dem Dampf Formen und Gesichter siehst. Du beginnst zu verstehen. Dieser Vulkan - ja, jeder winzige Riß - ist mehr als nur eine Öffnung in der Erde. Es ist der Punkt, an dem sich die Welt der Sterblichen und die des Feenreichs treffen. Und du begreifst: Jedesmal, wenn du diese Stelle besuchst und nutzt, selbst wenn es nur in der Meditation geschieht, wirst du deine Verbindung zu den Feuerfeen, -geistern und Salamandern stärken.
Atme langsam und tief ein und aus. Während du dies tust, wird es um dich herum dunstig. Bald verschwindet die Szene - der Vulkan, und auch die verbrannte Erde unter dir. Du fühlst, wie du wieder an jenem Ort in der Natur sitzt, an dem du mit deiner Meditation begonnen hast. Halte die Augen geschlossen und spüre die Wärme der Sonne oder des Feuers. Fühlt es sich anders an als zuvor? Spürst du irgendetwas Besonderes? Kannst du hören, wie es zu dir spricht?

Jetzt öffne langsam die Augen und schau dich um. Du siehst, wie das Sonnenlicht auf den Bäumen und dem Gras reflektiert. Nimmst du ein Flimmern oder Flackern wahr? Siehst du irgendwo ein Glitzern? Sind in deiner Nähe Tiere? Fühlst du irgendein Kribbeln, eine Berührung oder Wärme irgendwo am Körper? Achte auf alles, was du siehst, fühlst und hörst.
Denke daran, die Feuerfeen und -geister sind oft sehr schwierig zu spüren. Mach dir keine Gedanken, daß du dir dies alles vielleicht nur einbildest. Einbildung ist nicht dasselbe wie Unwirklichkeit. Warte einen Augenblick und danke dem Element Feuer und seinen Wesen, daß du teilhaben durftest. Danke besonders deinem persönlichen Salamander.

Atme die Sonne oder das Feuer tief ein und achte darauf, wie du dich jetzt fühlst. Nun gehe in den Alltag zurück und wisse, daß bei jeder Wiederholung dieser Übung die Verbindung und die Antwort dynamischer werden wird.

Übung 5
Begegnung mit dem König der Salamander

Beginn diese Meditation wie die bisherigen. Nimm dir Zeit und suche dir möglichst einen Ort im Freien, an einem sonnigen Tag oder an einem Feuer.
Schließe die Augen und atme mehrmals tief ein und aus, um dich zu entspannen. Atme die Sonne ein. Wisse, daß du dich mit jedem Atemzug mehr auf das Feuerelement einstimmst. Fühle die Atmosphäre um dich herum. Mach dir bewußt, wie die Sonne auf deinem Gesicht und deinem Körper tanzt. Kannst du spüren, wie sie dich streichelt? Jetzt atme erneut die Sonnenenergie tief ein und wisse, daß du dadurch deinen persönlichen Salamander rufst, damit er dir bei der Begegnung mit dem König des Feuerelements hilft.
Während du dich entspannst, beginnt sich die Szene zu verändern. Du stehst am Fuß des großen Vulkans. Die Erde um dich herum ist verbrannt und verkohlt. Dampf steigt sporadisch aus den Rissen und Spalten der Erde auf. Die Sonne brennt heiß auf deinem Gesicht. Die ganze Gegend ist wie ausgestorben, leblos, du aber bist lebendig, und du weißt, du wärest es nicht, wenn dort kein Leben wäre.
Die Sonne scheint warm auf dich und du fühlst dich wohl, voller Energie und Kraft. Mit jedem Atemzug nimmst du mehr von dieser Energie in dir auf - als wenn du sie in dich hineinziehen und beim Ausatmen wieder als Strahlen abgeben würdest. Während du tief ein- und ausatmest, zittert die Erde unter dei-

nen Füßen. Du hebst die Augen zum Krater des Vulkans über dir. Plötzlich stößt er Dampf und Flammen aus und erfüllt die Luft mit Hitze und Licht. Die Farben der Flammen sind kräftig - so stark, daß die Sonne dahinter verschwindet. Und dann, plötzlich, ist es ganz still.
Du hast keine Angst, denn instinktiv weißt du, daß trotz der Aktivität um dich herum keine Gefahr besteht. Im Gegenteil, du bist freudig erregt und fühlst dich lebendiger als je zuvor. Erneut erzittert die Erde unter deinen Füßen. Einige der Risse und Spalten vor dir weiten sich. Feuer und Dampf treten aus. Es ist phantastisch. Du bist erstaunt über das Spiel der Flammen im Dampf, der aufsteigt, sich dreht und tanzt. Und dann siehst du, daß er sich auf dich zubewegt.
Zuerst ein wenig ängstlich, ob es nicht zu heiß ist, bist du überrascht, wie warm und weich er ist. Er strömt eine kraftvolle Sanftheit aus, die an der Grenze des Erotischen liegt und dich auf allen Ebenen mit Energie erfüllt - ein Feuer, das nicht brennt.
Während der Dampf dich umhüllt, verschwindet erst der Vulkan aus deinem Blick, dann die Sonne. Du bist eingetaucht in den wirbelnden Dampf und die tanzenden Flammen. Und dann beginnt sich die Szene zu verändern, und während du hinschaust, erkennst du die vagen Umrisse einer Gestalt. Die Flammen und der Dampf scheinen um sie herum zu tanzen, als ob sie das Zentrum ihres Lebens und ihrer Aktivität wäre. Irgendwie weißt du, das muß Djin sein, der König des Elements Feuer.
Du flüsterst seinen Namen - mehr vor dich hin als zu ihm - aber die Flammen antworten. Du fühlst einen Hauch warmer Luft über dich hinweggehen, wie der Atem eines Menschen. Die Flammen und der Dampf wirbeln stärker, und die Gestalt wird deutlicher.

Ein zweites Mal sprichst du den Namen aus - dieses Mal lauter, mutiger und direkt an die Gestalt gerichtet. Als Antwort steigen die Flammen auf, verstärken ihre Aktivität und geben verstärkt Licht ab.
Der Dampf wirbelt und beginnt sich aufzulösen. Und noch deutlicher wird die Gestalt; jetzt beginnt sie sogar, sich zu bewegen.
Ein drittes Mal sagst du den Namen, Djin. Du singst ihn laut heraus, klar, voller Leidenschaft, als wärest du entflammt. Der Dampf teilt sich, die Flammen steigen auf und verschwinden. Djin steht vor dir.
Er ist groß und sieht aus wie der Feuergeist in der Überlieferung, gekleidet in strahlendes Rot und Orange, und du bist ganz sicher: In seinen Augen tanzen winzige Flammen. Sein Gesicht ist voller Leidenschaft und stark, und Energie geht in Wellen von ihm aus wie die Hitze, die an einem Sommertag von der Straße aufsteigt. Ab und zu züngeln winzige Flammen auf und verschwinden wieder.
Er deutet dir mit der Hand an, ihm zu folgen, und du spürst einen Strom warmer Luft. Langsam geht er auf den Krater zu. Du folgst ihm. Am Rand bleibst du stehen und schaust hinein. Unten siehst du die geschmolzene Erde und die Feuer im Herzen des Kraters.
Djin greift hinein und zieht eine winzige Flamme hervor. Dann nimmt er deine Hand und hält die Handfläche nach oben. Deine Augen weiten sich vor Angst, was die Flamme wohl tun wird. Du versuchst, die Hand zurückzuziehen, aber seine Augen halten die deinigen fest, und da überflutet dich eine Welle aus Mut und Stärke. Deine Hand wird fester und du nickst ihm zu. Er legt dir die Flamme auf die Handfläche.
Du lachst, denn sie kitzelt. Sie brennt überhaupt nicht. Djin lächelt kurz über deine Verwunderung und dein Erstaunen,

während du beobachtest, wie die Flamme in deiner Hand tanzt. "Feuer ist lebensnotwendig. Ja, es kann brennen und zerstören, aber es tut auch wohl und ist schöpferisch. Du könntest ohne Feuer genauso wenig existieren wie alles andere auf diesem Planeten.
Wo immer es Leben gibt, gibt es auch Feuer - vom Herzen des Planeten bis zum Herzen des Menschen."
Seine Stimme ist voll Wärme und Mitgefühl. Du hattest erwartet, daß ein Mitglied dieses hitzigen Elements mit der Kraft großer Feuer spricht. Du hattest erwartet, daß seine Energie dich überwältigen würde.
"Wenn wir lernen, unsere Leidenschaften unter Kontrolle zu bringen, haben wir auch die Kontrolle über das, was wir erschaffen. Haben wir über unsere Leidenschaften, unser inneres Feuer, keine Kontrolle, dann sind wir der Gnade und Ungnade dessen, was immer das Feuer verbrennen mag, ausgeliefert. Ohne Kontrolle spielt das Leben mit dir und nicht du mit dem Leben. Der Schlüssel für die Steuerung unseres Lebens ist die Kontrolle über das Element Feuer. Du mußt den Mut entwickeln, mit ihm zu tanzen, das Alte zu verbrennen und die Geburt des Neuen zuzulassen."
Djin nimmt die Flamme von deiner Handfläche und läßt sie zurück in den Vulkan fallen. Als sie das Zentrum berührt, breitet sich von dort ein Funkenregen aus und bildet einen Kreis aus Feuer. In seiner Mitte entstehen allmählich Bilder.
Du siehst die Erde und die Sonne und die Kraft des Feuers als lebensnotwendig für alles Lebendige auf Erden. Du siehst die Wechsel der Jahreszeiten und das Steigen und Fallen der Temperaturen als Katalysator für Phasen des Wachstums für Pflanzen, Tiere und Menschen. Und dann siehst du dich und die Feuer deines Stoffwechsels. Du siehst, wie stark physische Anstrengung die Aktivität des Feuerelements in dir stimuliert.

Du siehst, wie dieses Element mit Sexualität und Erotik verbunden ist - physisch und mythisch.
Dann ändern sich die Bilder. Du siehst die Leidenschaften, die du hattest, und jene, denen du nicht nachgegeben hast. Du siehst die Zeiten, in denen du dein Feuer genutzt hast, um Mut und Stärke zu beweisen - selbst wenn es nur geschah, um die Pflichten deines Lebens zu erfüllen. Du siehst die Ideale, die du leben wolltest, und du siehst, wie du sie aufgegeben hast, um leichtere, sichere Pfade zu betreten.
Erneut ändern sich die Bilder. Jetzt tauchen Zeiten auf, in denen du mutig warst und Erfolg hattest. Und du siehst dich, wie du damals vor Feuer strahltest. Du siehst die Zeiten, in denen du große Veränderungs- und Umbruchsphasen durchgemacht hast, und du siehst, wie deine eigenen Feuer stärker werden, um dir zu helfen. Du siehst die vielen Gelegenheiten, als Dinge zu Ende gingen und Menschen aus deinem Leben verschwanden und dabei ein wenig von deinem Feuer mitnahmen. Und du siehst die vielen Male, als dir neue Menschen und neue Situationen begegneten, die dir neue Funken und neues Feuer brachten.
"Die meisten Menschen werden nie verstehen, wie sie mein Element nutzen können. Feuer verleiht Mut und Stärke, wenn sonst niemand da ist, auf den man sich verlassen kann. Feuer macht es möglich, all das loszulassen, was sinnlos geworden ist. Feuer läßt uns neue Chancen wahrnehmen. Ja, Feuer zerstört, aber du kannst nichts Neues haben, ohne daß Altes zerstört wird.
Den Umgang mit dem Feuer zu lernen, bedeutet, den eigenen Leidenschaften und den eigenen Rhythmen zu folgen. Jedes Feuer tanzt seinen ihm eigenen Tanz. Es hat seine eigene Choreographie, seinen eigenen Rhythmus. Wenn du deinen Rhythmen folgst, werden deine Feuer stärker und du wirst feststel-

len, daß das, was vorher nicht funktioniert hat, jetzt funktioniert.
Wenn du lernst, dich auf das Element Feuer einzustimmen und auf die Wesen, die mit ihm arbeiten und in ihm leben, wird sich deine Lebenslust erhöhen. Du wirst deine persönlichen Rhythmen für das Leben finden, und du wirst den Mut haben, ihnen zu folgen. Dann wird dein Leben neues Licht bekommen. Und egal, wie die Asche deiner derzeitigen Lebensumstände aussehen wird - wie der Phönix wirst du aus ihr emporsteigen."
Aus der Mitte jenes Flammenkreises löst sich eine einzelne Flamme. Sie steigt auf, dehnt sich aus und erhebt sich über den Vulkan. Und jetzt siehst du den mythischen Vogel der Wiedergeburt - Phönix. Dann ist er entschwunden. Erneut streckt Djin die Hand in die geschmolzene Lava des Vulkans. Als er die Hand zurückzieht, hält er darin ein Stück Feuerstein. Er legt es dir in die Hand, und währenddessen steigen Flammen und Dampf aus allen Rissen des Vulkans empor. Die Sonne spiegelt sich darin, und einen Augenblick lang bist du sicher, daß das blitzende Licht des Feuersteins einen Klang hatte.
"Das ist ein Zeichen meines Versprechens, mit dir zu arbeiten und dir zu helfen, dich den Mysterien des Feuers zu öffnen. Feuer ist Kraft, und viele Kulturen haben den Göttern und Göttinnen dieses Elements Opfer gebracht. Es verbrennt, während es heilt; es zerstört, während es Neues schafft. Es stärkt und verleiht Leidenschaft. Wenn du lernst, mit dieser Kraft umzugehen, wirst du deine größten Leidenschaften zur Entfaltung bringen. Du wirst lernen, daß du loslassen mußt, um Erfüllung zu finden.
Dies birgt große Verantwortung. Wenn du sie akzeptierst, werden deine Leidenschaften wachsen. Du wirst Veränderungen auslösen in deinem Leben und in dem anderer - zum Guten und zum Schlechten. Du wirst lernen, die Schlacken deines Lebens

wegzubrennen, um das Licht des Goldes darunter zu enthüllen. Das Gesetz von Ursache und Wirkung wird sich klarer und schneller manifestieren - positiv und negativ. Du wirst lernen, physische und spirituelle Alchemie anzuwenden. Dein altes Selbst wird sterben, damit das neue geboren werden kann. Wenn du dir dieser Verantwortung nicht sicher bist, laß den Feuerstein am Rand des Vulkans liegen. Er wird dort so lange bleiben, bis die Zeit gekommen ist, wo du dich entscheidest, ihn zu nehmen. Wie immer liegt die Entscheidung bei dir."

Die Flammen aus dem Vulkan schlagen nun drei Meter hoch. Djin nickt dir zu und tritt vom Rand in die Mitte der Flammen. Sie tanzen um ihn herum, werden größer und leuchtender, und dann fallen sie zusammen und verschwinden im Vulkan. Die Wärme, die aus der Lava emporsteigt, ist ein letzter Gruß von Djin.

Du hältst den Feuerstein in deiner Hand und schaust ihn an, dann blickst du auf die Flammen des inneren Vulkans und die Strahlen der Sonne, die auf seinem Rand tanzen. Der Akt, mit dem Feuerstein Feuer zu entzünden, ist machtvoll und bedeutungsvoll. Tief atmest du die ätherischen Feuer in der Luft um dich herum ein. Du triffst deine Entscheidung.

Dann beginnt das Bild des Vulkans und der Sonne zu schwinden, und du findest dich dort wieder, wo du mit dieser Meditation begonnen hast.

Auszug aus meinem persönlichen Tagebuch

Bevor ich mit dem Kapitel über die Feuerfeen begann, machte ich meine Feuerfee-Meditation. Zuerst füllte eine kühle Brise den Raum. Während ich fortfuhr, bemerkte ich, wie die Brise nachließ und die Temperatur im Raum anstieg.

Während des Vormittags stieg die Temperatur weiter, und gegen Mittag war die Hitze mit Temperaturen von fast vierzig Grad Celsius wieder da, und auch die Feuchtigkeit nahm zu. Ab und zu schaute ich aus dem Fenster auf die Arbeiter hinter meinem Haus.

Wegen der Hitze schienen die Arbeiter immer öfter eine Pause einzulegen, aber leider war das Schlimmste schon geschehen. Die meisten Bäume waren herausgerupft, und die Erde sah aus wie eine Wüstenei. Wie passend, daß die Gegend an den Tagen, an denen ich mich am stärksten auf die Feuergeister konzentriere, wüstenähnliches Aussehen annimmt ...

(Fortsetzung am Ende von Kapitel 10)

Kapitel 8

BLUMENFEEN UND -ELFEN

Hans Christian Andersen
Der Rosenelf

Mitten in einem Garten wuchs ein Rosenstock, der über und über mit Rosen bedeckt war; in einer von ihnen, der schönsten von allen, wohnte ein Elf. Er war so winzig klein, daß kein menschliches Auge ihn erblicken konnte. Hinter jedem Blatte in der Rose hatte er eine Schlafkammer. Er war so wohlgebildet und schön, wie nur ein Kind sein kann, und hatte Flügel von den Schultern bis hinunter zu den Füßen. O, welcher Duft war in seinen Zimmern, und wie hell und schön waren die Wände! Es waren ja die blaßroten Rosenblätter.
Den ganzen Tag erfreute er sich im warmen Sonnenschein, flog von Blume zu Blume, tanzte auf den Flügeln des fliegenden Schmetterlings und maß, wie viele Schritte er zu gehen habe, um über alle Landstraßen und Stege zu gelangen, welche auf einem einzigen Lindenblatte sind. Was wir die Adern im Blatte nennen, hielt er für Landstraßen und Stege.

Blumenfeen und -elfen gehören zu den zartesten und schönsten Wesen des Feenreichs. Sie sind so zahlreich wie die Blumen selbst, und sie haben vielfältige Aufgaben.
Es gibt Feen, die den Blumen helfen, ihren Duft abzugeben. Andere helfen ihnen zu wachsen. Blumenelfen und Gnome gestalten die Farbe der Blumen, und auf den Feldern gibt es Feen und Elfen, die über den gesamten Bereich wachen.
Jede einzelne Blume hat ihre besondere Fee, die den Geist und die Essenz der Blume verkörpert. Sie überwacht oft die Akti-

vitäten der anderen, die mit oder um diese eine Blume arbeiten. Indem wir lernen, mit dieser Fee Verbindung aufzunehmen, erhalten wir den Schlüssel zu den Energien der Blumen und den Wahrnehmungen aller anderen, die in der Nähe arbeiten.

Blumen sind seit jeher eine großartige Quelle der Inspiration und Energie gewesen. Heiler, Metaphysiker und Dichter - sie alle haben die Aspekte der Blumen genutzt. Viele Blumen sind mit Göttern und Göttinnen in Verbindung gebracht worden, und oft genug hat man ihnen mystische Eigenschaften zugeschrieben.

Blumen in jeglicher Gestalt sind die Quelle starker Energieschwingungen. Das gilt selbst für getrocknete Blumen. Nur verblühende und verblühte Blumen haben diese Wirkung nicht mehr. Bei ihnen arbeiten die Elementarwesen am Zerfall der Blume, um sie ihrem natürlichen Element zurückzugeben. Alle Energie der Elementarwesen und der Blumenfeen werden dann nach innen gezogen, um diesen Zerfall zu beschleunigen. Daher hat die Energie von Blumen in diesem Stadium einen umgekehrten Energieeffekt. Anstatt Energie abzugeben, ziehen sie Energie an.

Aus diesem Grunde ist es nicht gut, verblühende Blumen im Zimmer oder in der Nähe zu haben, da die Elementarwesen Ihnen Energien abziehen könnten, um den Zerfall der Blumen zu beschleunigen. Sie fühlen vielleicht, wie die Energie abfließt und Sie müde werden. Blumen im Haus, die verblühen, sollten nach draußen ins Freie gebracht werden (Komposthaufen etc.). Bei Wildblumen, die getrocknet werden, ist es hingegen kein Problem, da die Elementarwesen Energie aus der Natur in der Umgebung abziehen, um den Zerfall zu beschleunigen, und Sie werden daher nur wenig oder keine Wirkung verspüren.

Die Spiritualisten heutzutage sind mit den Energieaspekten der Blumen und Blumenfeen sehr vertraut; sie stellen Blumen in den Seance-Raum oder in jeden anderen Bereich, in dem spirituelle Aktivitäten stattfinden. Der Duft, die Farbe und die Aktivität der Blumenfeen erhöhen die Energieschwingungen der Menschen und der Umgebung. Dabei ist es wichtig zu wissen, daß Blumenpflücken die Aktivitäten der Blumenfeen und Elementarwesen nicht hemmt. Daß eine Rosenblüte auch noch nach dem Pflücken blüht, liegt an der unermüdlichen Arbeit der Blumenfeen.

Stirbt die Blume jedoch, dann stirbt auch der Ur-Geist der Pflanze zusammen mit den anderen Feen, die mit ihr verbunden sind. Manche gehen vielleicht zu anderen Blumen in der Umgebung über und helfen ihnen beim Wachsen. Die Elementarwesen bleiben jedoch bei dieser Blume, um an ihrem Zerfall und der Rückkehr ins Reich der Naturelemente zu arbeiten. Bei winterharten Pflanzen ziehen sich die Blumenfeen zurück und helfen der Pflanze durch ihre Ruhepause, bis es Zeit ist, wieder zu wachsen und zu blühen.

Viele Menschen empfinden dies als sehr traurig, aber wir dürfen nicht vergessen, daß die Wesen aus dem Feenreich einen viel besserer Einblick in das Leben und den Sterbeprozeß haben als die Menschen. Für sie ist das ein schöpferischer Prozeß, voller Freude auf allen Ebenen. Die Blumenfeen und andere Wesen aus dieser Welt haben zwar nur eine kurze Lebensspanne, aber ihre Zeit ist wundervoll, strahlend, warm und schön. Haben wir als Menschen Tausende von Tagen, so haben sie Tausende von Augenblicken, in denen sie sich ihres Lebens erfreuen; schließlich wissen sie, daß Schönheit durch den Tod nicht stirbt. Jeder Augenblick ihres Lebens ist lang und schön, voller Freude und süßer Gefühle.

Blumenfeen sprechen oft mit uns, aber meistens achten wir

nicht darauf. Erinnern Sie sich an einen Spaziergang, bei dem Sie den süßen Duft einer Blume aufgefangen haben? Es war der Gruß einer Fee. Oder haben Sie je die schöne Farbe einer Blume bewundert? Die Feen haben Ihre Aufmerksamkeit geweckt. Haben Sie eine Lieblingsblume? Ihre Blumenfee hat Ihnen etwas Besonderes zu sagen. Jedesmal, wenn Sie den Duft einer Blume einatmen oder sich über ihre Farbe freuen, grüßen Sie die Blumenfeen.

Jede Blumenfee und -elfe ist ein wundervolles, einzigartiges Produkt der Schöpfung. Jede hat ihre eigene Energie, ihr eigenes Aussehen und oft ihre eigene Persönlichkeit. Jede Blume, also auch jede Blumenfee, kann uns etwas anderes lehren. Jede Blume und jede Blumenfee wirkt auf uns in einzigartiger Weise. Jede Blumenfee hat ihre eigene Weisheit, die sie freudig mit uns teilt, wenn wir dafür offen sind.

Sich auf die Blumenfeen einzustimmen, ist nicht schwer. Lernen Sie soviel wie möglich über Blumen. Wie und wo wachsen sie? Machen Sie sich mit ihren Wachstumsprozessen und all ihren Teilen vertraut: Wurzel, Zwiebel, Stengel, Blätter, Blüten, etc. Jeder Aspekt der Blume hat eine Bedeutung und ist an eine bestimmte Feenaktivität gebunden.

Kaufen Sie regelmäßig einen Blumenstrauß. Zeichnen und malen Sie Bilder von Blumen. Pflanzen Sie Blumen in den Hof, in den Garten oder in einem Blumentopf im Haus. Lassen Sie in einem Teil Ihres Gartens Wildblumen frei wachsen. Fertigen Sie ein Amulett an mit dem Bild Ihrer Lieblingsblume auf der einen Seite und einem Bild der Fee auf der anderen. Machen Sie regelmäßig die Meditation, die am Ende dieses Kapitels beschrieben ist; sie wird Ihre Verbindung zu den Blumenfeen immens vergrößern.

Wenn Sie sich auf die Blumenfeen und -elfen einlassen, öffnen Sie sich einer der kreativsten Ausdrucksarten von Mutter

Natur. Sie öffnen sich der Schöpfung in all ihrer Vielfalt - und damit der Freude, dem Wachstum und dem Erhalt des Lebens. Es sind diese Eigenschaften von Mutter Natur, die sich in den Blumen symbolisch zeigen und durch die Blumenfeen und -elfen zum Ausdruck gelangen.
Die nachstehende Aufstellung der Blumen verrät Ihnen etwas über die Feen und Elfen, die mit ihnen zu tun haben. Sie schließt auch die Weisheit und Energie ein, die diese Wesen ganz leicht auf uns übertragen können, wenn wir lernen, mit ihnen zu arbeiten. Denken Sie daran: Jede Blume und ihre Fee ist einzigartig, doch bestimmte Blumengruppen und ihre Feen verkörpern bestimmte Eigenschaften.
Diese Informationen sind das Ergebnis meiner eigenen Untersuchungen und Erfahrungen mit den Blumen und meiner Meditationen mit ihren Feen. Wenn Sie eine Vorliebe für bestimmte Blumen haben, beschäftigen Sie sich zuerst mit diesen. Vielleicht gibt Ihnen die Beschreibung eine Erklärung, warum Sie sich von diesen Blumen besonders angezogen fühlen. Sie lernen, wie die Feen durch sie arbeiten. Beschränken Sie sich jedoch bitte nicht auf meine Beschreibungen, sondern nutzen Sie die Meditation am Ende dieses Kapitels, um sich selbst mit den Blumenfeen vertraut zu machen. Die Freude der eigenen Entdeckung sollten Sie sich nicht nehmen lassen.

BLUMEN UND IHRE FEEN

Denken Sie daran, daß die meisten Blumenfeen sich in den Farben ihrer Blume enthüllen. Ich habe für dieses Kapitel Blumen ausgewählt, die leicht zu finden und zugänglich sind. Es gibt eine breite Vielfalt, und jede Pflanze hat ihre eigenen Feen und Energien.

Viele Heilenergien, Eigenschaften und symbolische Bedeutungen von Blumen sind das Ergebnis der Arbeit der Feen. Wenn Sie sich mit diesen Aspekten der einzelnen Blume beschäftigen, werden Sie Einblick in die Eigenschaft der mit ihr verbundenen Feen erhalten. Und wenn Sie lernen, sich auf *eine* Blumenfee einzustimmen, wird die Begegnung mit den anderen leichter.

Angelika - Engelwurz

Die Blumenfeen von Angelika sind sehr schön. Die Pflanze gehört zur Familie der Doldengewächse, und obwohl viele Menschen sie nicht schön finden, widersprechen die Feen und Elfen dieser Meinung. Für jeden, der seine Verbindung zum Königreich der Engel intensivieren möchte, ist diese Blume wunderbar geeignet. Die Feen von Angelika stärken die Aura und bringen Glück und starke Energie. Sie wissen, wie man mehr Freude ausstrahlen kann. Sie können die Art und Ursache von Problemen in Ihrem Leben enthüllen. Sie fördern die Intuition; manchmal verlassen sie sogar ihre Blumen und folgen den Menschen, für die sie eine Vorliebe haben, für kurze Zeit, um ihre Freunde zu werden und ihnen als Schutzengel zu dienen.

Basilikum

Der Feengeist von Basilikum zeigt sich oft in mehr als einer Elfenform. Er verfügt über das Wissen, wie man Sexualität und Spiritualität verbindet. Wo Basilikum wächst, findet sich in der Nähe meist ein Drachen, der als Beschützer fungiert. Als Räucherwerk verbrannt, zieht Basilikum Drachen an. Seine Feen und Geister helfen uns, mehr Disziplin und Hingabe zu entwickeln.

Butterblume
Diese Blumenfee ist Menschen gegenüber so voller Mitgefühl und Sympathie, daß sie Ihnen helfen wird, Ihre besonderen Gaben zu erkennen und diese im Leben anzuwenden. Die Butterblume und ihre Feen verfügen über riesige Heilenergien und viel Verständnis für die Situationen der Menschen. Daher sind sie eine große Hilfe, wenn wir unser Selbstwertgefühl neu entdecken wollen. Sie geben Licht, damit wir uns neuen Gelegenheiten öffnen und unserem Leben eine neue Richtung geben können.

Chrysantheme
Die Blumenfeen der Chrysanthemen berühren ganz sanft das Herz. Sie stimulieren die Vitalität und können helfen, die allgemeine Lebenskraft des Menschen zu stärken. Sie wissen, wie man diese Lebenskraft liebevoll zur Heilung einsetzen kann.

Flieder
Obwohl, botanisch gesehen, ein Baum, sind die Blüten des Flieders voller Feen und Elfen. Die Blüte duftet stark und kräftig, und wenn Sie lernen, sich mit ihren Naturgeistern zu verbinden, werden Sie merken, daß der Duft auch eine wohlklingende Harmonie hat. Die Feen dieser Blume kommunizieren miteinander durch Musik. Sie können helfen, unser Leben zu harmonisieren und größere Hellsichtigkeit zu erlangen. Sie können aber auch vergangene Leben enthüllen und zeigen, wie Sie diese mit Ihrem jetzigen Leben harmonisch in Einklang bringen können.

Gänseblümchen
Diese Blume zieht alle Feen, Elfen und Naturgeister an. Wo sie blüht, finden sich Naturgeister, selbst solche, die mit dieser Blume nichts zu tun haben. Über das Gänseblümchen kann man am leichtesten mit dem Reich der Feen Verbindung aufnehmen, da seine Feen keine Angst vor Menschen haben und für einen Kontakt offen sind. Mit seiner Hilfe können wir lernen, uns die Gegenwart der Naturgeister physisch bewußt zu machen. Das Gänseblümchen ist die Lieblingsblume der Dryaden (Waldnymphen). Einfach nur inmitten der Blumen zu sitzen, reicht für einen Kontakt schon aus. Die Feen des Gänseblümchens helfen, Kreativität und innere Stärke zu entwickeln.

Gardenie
Feen dieser Blume verfügen über Kenntnisse der Telepathie und können uns helfen, unsere telepathischen Verbindungen mit allen Naturgeistern zu intensivieren. Sie wecken ein Gefühl von Frieden, und gelegentlich wird der Feengeist dieser Blume für kurze Zeit einem Menschen folgen, um ihn zu aktivieren und ihm Schutz zu bieten. Diese Blumenfeen beschützen vor allem Kinder, und es ist daher beruhigend, sie in der Nähe spielender Kinder zu haben.

Gartennelke
Die Feen der Nelke nehmen die Farbe der Blume an. Sie strahlen tiefe Liebe für die Menschen aus. Ihre Energie ist eine Wohltat für den ganzen Körper. Ihr Duft und ihre Farbe sind Instrumente, mit denen sie Heilung vollbringen. Der Kontakt mit ihnen stärkt die Aura und gibt Ihnen die Liebe für das Leben im allgemeinen und für Sie selbst im besonderen zurück.

Geißblatt
Die Blumenfeen und -elfen des Geißblatts sind kraftvolle Wesen. Sie wissen viel über Aromatherapie, vor allem, wie man die Vergangenheit überwindet. Die Begegnung mit ihnen kann zu mächtigen Träumen führen und weckt große psychische Energie. Diese Feen können Sie lehren, Ihre eigenen Reize und Ihren Zauber zu entwickeln, so daß andere sich stärker zu Ihnen hingezogen fühlen.

Geranie
Die Feen und Elfen dieser Blume erwecken ein Gefühl des Glücks, sie berühren das Herz-Chakra. In den meisten Geranienbeeten findet sich ein Elf, der das gesamte Gebiet überwacht. Die Feen dieser Blume stärken und vitalisieren die Aura. Sie können Ihnen auch zeigen, wo Sie Chancen, glücklich zu sein, verpassen.

Heidekraut
In der Blüte der Heide verbergen sich Feen, die eine einzigartige Fähigkeit besitzen, nämlich den Ausdruck der eigenen Persönlichkeit zu entwickeln. Sie werden vor allem von Kindern und Erwachsenen angezogen, die schüchtern und nach innen gekehrt sind. Sie können diesen beibringen, sich nach außen zu öffnen und ihre inneren Fähigkeiten zu zeigen. Das Heidekraut scheint über eine Reihe von Feengeistern zu verfügen, die sein Wachstum überwachen, also nicht nur eine einzige Fee. Vielleicht liegt das daran, daß viele Menschen Heidekraut als Baum ansehen, obwohl man nie einen Baumgeist darin entdeckt hat - nur Blumenfeen.

Hyazinthe
Sich auf die Fee dieser stark duftenden Blume einzustimmen, ist ähnlich, wie sich dem süßen Gesang der Jugend hinzugeben - ein Gesang, der dem Menschen den Glauben zurückgibt, daß alles möglich ist. Diese Feen kennen viele Antworten auf die Mysterien von Tod und Bestattung; mit ihrer Energie läßt sich Kummer leichter überwinden. Ihre Energie weckt größere Sanftheit und kann uns lehren, diese Eigenschaft als dynamische Kraft einzusetzen.

Iris
Iris war die griechische Göttin des Regenbogens, und die Feen dieser Blume zeigen sich in allen Farben des Regenbogens. Sie können Ihnen den Blick für das Reich der Feen öffnen. Sie wecken große Inspiration, kreativen Ausdruck und psychische Reinheit. Sie bringen in unsere Aura ein starkes Gefühl von Frieden und die Hoffnung auf eine neue Geburt.

Jasmin
Diese Blume war im alten Persien heilig. Die Feen und Geister in Verbindung mit dieser Blume sind alt und weise, sie stehen mit alten Devas in Verbindung, die einst die Mysterienschulen des alten Persiens leiteten. Sie kennen das Geheimnis prophetischer Träume und können helfen, Unterscheidungsfähigkeit und geistige Klarheit zu entwickeln. Wer sich in einer Zeit des Übergangs befindet, kann nichts Besseres tun, als sich mit den Feen dieser Blume zu verbinden.

Klee
Die Feen dieser Pflanze haben oft die Eigenschaft einer Elfe. Es ist nicht ungewöhnlich, den seltenen Gnom irgendwo in einem Kleefeld zu finden. Diese Feen helfen, Liebe und Treue

zu finden, aber auch, außersinnliche Fähigkeiten zu entwickeln. Sie zeigen sich den Menschen, die der Natur Freundlichkeit entgegenbringen, sehr schnell. Das geschieht oft durch flackernde Lichter, die um den Klee tanzen. Die Feen des weißen Klees sind in der Zeit des Vollmonds am kraftvollsten und am besten sichtbar.

Normales Wasser kann durch Kleeblätter, die an den Lieblingsstellen der Feen gesammelt werden, verzaubert werden. Wäscht man die Augen mit diesem Wasser, kann man Feen in der näheren Umgebung sehen.

Lavendel

Als Kraut ist Lavendel für viele heilende und magische Eigenschaften zuständig. Das liegt zum großen Teil an der starken Aktivität der damit verbundenen Feen. Überall dort, wo Lavendel wächst, findet sich eine starke Feen- und Elfenaktivität - nicht nur in Verbindung mit der Pflanze. Die Feen des Lavendels können uns helfen, Naturgeister mit unseren physischen Augen zu sehen. Die günstigste Zeit für eine Begegnung ist der Vorabend zum Johannistag (24. Juni).

Die Feen dieser Blume und die anderen Naturgeister, die sie anzieht, wirken stark beschützend. Es gibt viele Märchen von Menschen, die von ihrem Mann oder ihrer Frau mißhandelt wurden, und infolgedessen selbst Probleme herbeiführten. Die Lavendelfeen können Heilung und Schutz bringen und dabei helfen, emotionale Blockaden zu überwinden.

Maiglöckchen

Das Leben dieser Blumenfee ist, wenn man ihr im Winter begegnet, sehr stark, besonders aber zur Wintersonnenwende. Sie ist bei den Naturgeistern besonders beliebt, weil sie mit dem Erzengel Gabriel verbunden ist. Die Fee dieser Blume kann Ihnen bei den Mysterien der Neugeburt helfen. Sie hilft auch, Reinheit und Demut zu entwickeln.

Mohn

Als Blumenessenz verwendet, macht Mohn Sie aufnahmefähig für Begegnungen mit den unterschiedlichen Wesen des Feenreiches und erleichtert das Wahrnehmen der feinstofflichen Energien des Lebens.

Narzisse

Die Feen dieser Blume helfen, unsere innere Schönheit zu erkennen. Sie lehren uns, tiefere Stufen der Meditation zu erreichen und bringen gedankliche Klarheit. Diese Feen sind immer von einem wundervollen Glanz umgeben, durch den wir uns selbst in einem neuen Licht sehen.

Orchidee

Wo Orchideen wachsen, finden sich Naturgeister, Elfen, Feen und selbst jene phantastischen Geschöpfe und Wesen, die ebenfalls der Welt der Feen angehören. Diese Blume hat ihren Namen von einer Nymphe, die von einem Satyr verführt wurde, weshalb diese Blume und ihre Umgebung oft von Nymphen und/oder Satyrn gehütet wird. Diese Geister haben eine dynamische Auswirkung auf die Sexualenergie und kennen die spirituellen Aspekte der Sexualität wie auch die Techniken der Sexualmagie. Ihre Energie ist stark und wirkt auf den Sexualtrieb.

Phlox

Der Geist des Phloxes nimmt oft die Gestalt einer Elfe an, obwohl es auch viele Phloxfeen gibt. Der Elfengeist scheint eher die Aufgabe eines Wächters und Hüters zu haben. Das ist zwar nicht seine einzige Gestalt, aber jene, die wir Menschen am ehesten von ihm erwarten. Der Phlox-Elf kann Ihnen helfen, verborgene künstlerische Energien freizusetzen, und es ist nicht ungewöhnlich, daß diese Geister oft in einem Haus leben, um bei der Entwicklung handwerklicher Künste oder Aufgaben zu helfen. Sich auf die Wesen dieser Blume einzustimmen, kann dazu beitragen, Ihr Leben kreativer zu gestalten.

Ringelblume
Die Feen und Naturgeister in Verbindung mit dieser Blume können Ihnen helfen, die Fähigkeit des Hellhörens zu entwickeln. Wenn Sie sich auf diese Blumen einstellen, werden Sie ihre Fee nach einiger Zeit hören können. Die Feen der Ringelblume hüten die Mysterien und die Magie des Gewitters, kennen aber auch die Macht des Wortes - vor allem beim Heilen. Auch das Wissen der Mysterien der Liebe und des Opfers ist ihnen eigen.

Rose
Sie ist eine der heiligsten Blumen, und ihre Feen und Geisterwesen haben eine enge Verbindung zu ihren älteren Brüdern und Schwestern, den Engeln. Sich auf eine Rose einzustellen, kann Ihnen helfen, das Gefühl der Liebe zu entwickeln und sich auf die Hierarchie der Engel einzustimmen. Die Rosen-Feen können die Gaben der Telepathie und Wahrsagekunst lehren. Sie hüten die Geheimnisse der Zeit und bewahren sie vor Entdeckung. Mit Hilfe der Fee der weißen Rose lernen wir spirituelle Reinheit zu entwickeln und unsere Göttlichkeit zu entfalten, während uns die Fee der roten Rose alle Aspekte der Liebe und Fruchtbarkeit schenkt. Die Fee der rosafarbenen

Rose hingegen kann uns lehren, wie wir das Männliche und Weibliche für eine Neugeburt mischen können, und die Fee der gelben Rose hilft uns, die Wahrheit zu erkennen und zum Ausdruck zu bringen.

Rosmarin

Dieses Kraut kann eine lange Geschichte in Verbindung mit Elfen und Feen erzählen. Rosmarinzweige werden in England an den Weihnachtsbaum gehängt - als Opfer und Ausdruck der Dankbarkeit den Elfen gegenüber für ihre Hilfe während des ganzen Jahres. Früher wurden die Feen und Wesen von Rosmarin oft angerufen, beim Kampf gegen jegliche Art von schwarzer Magie oder gegen Haß zu helfen. Ihre Energie ist positiv und kraftvoll. Sie wecken die Klarheit des Geistes und die schöpferischen Kräfte und können außerkörperliche Erfahrungen unterstützen.

Salbei

Die Feen und Elfen von Salbei verfügen über große Energie, und allein schon der Pflanze nahe zu sein, kann zu veränderten Bewußtseinsstadien führen. Wer sich auf ihre Energien einstimmt, lernt schneller, seine medialen Fähigkeiten zu entwickeln. Die Feen dieser Pflanze wissen, wie man den Alterungsprozeß verlangsamt, und sie geben Ihrem Leben ein neues Gefühl der Unsterblichkeit und Weisheit, indem sie ein erhöhtes Interesse an spirituellen Dingen wecken.

Thymian

Wenn Sie Thymian als Duft zur Schlafenszeit verwenden, lockt er das kleine Volk in Ihr Schlafzimmer.

Tulpe
In der Blüte einer Tulpe sitzt eine wunderschöne Blumenfee. Sie hilft den Menschen, Vertrauen zu entwickeln und sich ihrer geistigen Fähigkeiten klar zu werden. Diese Blumenfeen hüten das Wissen um die verborgene Bedeutung von Ereignissen, Menschen und Dingen und können daher den Menschen Einsicht in die Geheimnisse des Lebens vermitteln.

Veilchen
Das Veilchen ist die Blume der Einfachheit und Bescheidenheit, zwei der wichtigsten Eigenschaften, die wir entwickeln sollten, wenn wir Feen und Elfen begegnen wollen. Das Veilchen ist allen Feen heilig, vor allem der Feenkönigin. Das erste Veilchen im Frühling zu sammeln bedeutet, die Energien des Glücks und die Hilfe des Feenreichs in unser Leben zu holen, damit im kommenden Jahr ein Wunsch in Erfüllung geht. Die einzelnen Feen des Veilchens können Ihnen helfen, Ihre Stellung innerhalb von Gruppen klar zu erkennen. Sie wecken die Sensitivität für außersinnliche Wahrnehmungen und zeigen sich oft in Träumen.

Übung
BEGEGNUNG MIT DEN BLUMENFEEN

Diese Meditation kann für alle Blumenfeen angewandt werden und sollte, während Sie eine einzelne Blume auf dem Schoß liegen haben, im Freien inmitten eines Blumenbeets oder im Haus gemacht werden. Wenn ich einen meiner Workshops über Feen und Elfen halte, bringe ich den Teilnehmern ein Dutzend oder mehr unterschiedliche Arten frischer Schnittblumen mit, damit ich für jeden eine Blume habe. So kann jeder die Blume wählen, die ihn oder sie besonders anzieht - diejenige, in der die Blumenfee am lautesten spricht.

Wähle eine Zeit, in der du nicht gestört wirst. Diese Übung ist wirkungsvoller, wenn du sie draußen machst, entscheidend ist es jedoch nicht. Wenn du drinnen meditierst, nimm eine frische Schnittblume und halte sie in der Hand oder auf dem Schoß.

Bitte, entspanne dich allmählich. Vielleicht möchtest du auch ein wenig Musik im Hintergrund hören. Alle Feen und Elfen werden von Musik magisch angezogen. Im Anhang findest du einige Musikstücke, die geeignet sind, Feen und Elfen anzulocken. Vielleicht möchtest du aber auch nur Naturgeräusche verwenden.

Nimm dir Zeit, die Blume anzuschauen. Mache dich mit ihr vertraut. Werde dir ihrer Farbe, ihres Stengels und ihrer Form bewußt. Berühre ihre Blütenblätter. Streichle mit ihr deine Wange. Wie fühlt sie sich an? Halte die Blume an die Nase und atme ihren Duft ein. Achte darauf, welche Gefühle sie in dir weckt.

Schließ die Augen und atme tief ein und aus. Entspanne dich. Bringe die Blume an deine Nase und atme ihren Duft erneut ein, dann laß die Blume auf deinem Schoß liegen. Während du dich auf den Duft konzentrierst, stell dir vor, wie du in einem wunderschönen Garten sitzt.

Um dich herum sind Blumen und Bäume. Das Gras unter dir ist weich und saftig. Die Luft ist frisch und rein. Das Sonnenlicht, das durch die Bäume dringt und die Pflanzen im Garten streichelt, ist sanft und gedämpft und hüllt den Garten in einen

leichten Dunst. Du bist entspannt und voller Frieden.
Du kennst diesen Ort. Du hast ihn schon vorher gesehen - in deinen Träumen oder in einem früheren Leben; es spielt keine Rolle. Irgendwie weißt du, dies ist der Ort, an dem du heil werden und neue Energie tanken kannst. Hier treffen sich alle Welten.
In der Ferne siehst du einen hohen Berg, auf den ein Pfad führt. Er ist gesäumt von Bäumen und Steinen jeglicher Farbe. An der gegenüberliegenden Seite des Gartens erkennst du einen anderen Pfad, der vom Garten in ein Tal hinunterführt. Du folgst dem Pfad mit den Augen und siehst dein jetziges Heim.
Dir wird bewußt, daß du dich an einer Schnittstelle von Raum und Zeit befindest. Es ist dein inneres Heiligtum, an dem sich das Wirkliche und das Unwirkliche begegnen. Es ist ein Ort der Endlichkeit und der Unendlichkeit, des Physischen und des Ätherischen.
Dann erinnerst du dich an die Blume auf deinem Schoß. Sie scheint zu leuchten, und während du dich auf sie konzentrierst, vernimmst du auf einmal ein leises angenehmes Geräusch - so, als würde eine kleine Stimme singen.
Nun hältst du die Blume an die Nase. Tief atmest du ihren Duft ein; er macht deinen Kopf leicht, und du lächelst. Du fühlst dich so wohl und glücklich. Während du immer noch die Schönheit dieser Blume bewunderst, beginnen sich die Blütenblätter zu entfalten - eine nach der anderen. Währenddessen wird die Musik deutlicher.
Während sich die Blüte vor deinen Augen öffnet, siehst du in ihrem Herzen eine weiche Kugel aus Licht, die Farbe der Blume. Pastell und schimmernd, scheint sie auf den Blütenblättern zu schwimmen. Dann beginnt sie zu tanzen und vor deinen Augen ihre Form zu verändern. Du schaust zu, mit Erstaunen erfüllt. Es ist, als ob dein Herz singen würde.

Und dann hörst du, wie sich flüsternd aus dem Licht ein Name formt, und erneut beginnt die Kugel zu schimmern. Vor dir leuchtet eine winzige, wunderschöne Fee. Ihre Augen sind voller Liebe und Freude, als habe sie lange auf dich gewartet. Während sie vor dir schimmert und tanzt, hörst du sie im Geiste singen. Ihre Stimme ist sanft und sehr musikalisch. Dir ist nicht klar, wie es geschieht, aber du kannst jeden Gedanken verstehen. Die Fee lacht leise über deine Verwunderung.
Dann beginnt sie zu sprechen. Sie spricht von ihren Aktivitäten, von dem Sinn ihres Lebens, sie erzählt dir, was sie mit dir teilen wird, wenn du bereit bist, mit den Wesen der Natur zu arbeiten. Sie verrät dir das Geheimnis dieser Blume und warum gerade diese so besonders wichtig für dich ist.
Du bist entzückt. Und wenn sie auch nur ein winziges Wesen ist, so läßt die Energie dieser Fee, während sie mit dir spricht, wohlige Schauer durch deinen Körper und deine Seele laufen. Vorsichtig streckst du die Hand aus, und als Beweis ihres Vertrauens fliegt die kleine Fee von der Blume auf deine Handfläche, bleibt einen kurzen Augenblick sitzen und kehrt dann zur Blume zurück.
Erneut beginnt sie zu schimmern und zu tanzen, und allmählich wird ihre Gestalt verschwommener. In Gedanken hörst du ihr Versprechen: "Das nächste Mal werden wir länger zusammen sein." Als sich die Blätter der Blume schließen, wird die Fee wieder zu einem weichen Ball aus Licht. Aber obwohl die Blume sich bereits geschlossen hat, hörst du immer noch den süßen Gesang.

Du nimmst die Blume an die Nase und atmest wieder tief ihren Duft ein. Sanft streichst du mit den Blütenblättern über deine Wange. Und während du dies tust, siehst du, wie der Garten allmählich vor deinen Augen verschwimmt.

Atme tief ein und aus und fühl dich ganz entspannt. Du sitzt dort, wo du begonnen hast - friedlich und wohl. Du erinnerst dich an alles, was du erlebst hast, und du weißt nun, warum gerade diese Blume dich so fasziniert hat. Langsam und vorsichtig öffnest du die Augen und schaust auf die Blume in deinem Schoß. Und zum ersten Mal wirst du dir des Lebens und der Energie der Natur, die dich umgibt, voll bewußt.

Vielleicht möchtest du dich jetzt wieder erden, indem du einen Spaziergang in der Natur unternimmst. Vielleicht möchtest du auch der Blumenfee für dieses Erlebnis danken, oder du möchtest das, was du erfahren hast, aufschreiben. Eine Möglichkeit, dieser Begegnung und allen künftigen Begegnungen die Ehre zu erweisen, die ihnen gebührt, ist, einige Blumen zu pflanzen oder dir eine Pflanze zu besorgen, die du zu Hause umhegen kannst.

Kapitel 9

BEGEGNUNG MIT DEN BAUMGEISTERN

Der Baum ist ein uraltes magisches Symbol. Er symbolisiert alles, was wächst. Er steht für Fruchtbarkeit und das Leben selbst. Für manche ist er die Achse der Welt, für andere die Welt selbst. Seine Wurzeln sind in der Erde, und dennoch reichen seine Äste weit in den Himmel. Er ist eine Brücke zwischen Himmel und Erde, ein Mittler zwischen den Welten und somit eine natürliche Schwelle zu anderen Bereichen, vor allem zu der Welt der Feen und Elfen.

Der Baum ist mit Paradies und Hölle zugleich in Verbindung gebracht worden - er ist der *Baum des Lebens* und der *Baum des Wissens*. In der griechischen Mythologie hing das Goldene Vlies an einem Baum. Das christliche Kreuz war ursprünglich ein Baum. Buddha wurde, als er unter einem Baum saß, erleuchtet. Odin hing neun Tage und Nächte lang am Weltenbaum Yggdrasil, um höhere Weisheit zu erlangen. Die alten Druiden schrieben den einzelnen Bäumen unterschiedliche Energien zu. Jede Kultur hat ihre Geschichten, Mythen und Legenden, die sich um den Baum ranken.

Denken Sie nur an die Vielfalt von Bäumen. Sie tragen Früchte, liefern Holz, Schatten, Schutz vor Wind und Kälte. Sie stellen Grenzbereiche dar, indem sie einen Teil des Landes von einem anderen oder eine Welt von der anderen trennen. Jeder Baum kann eine Schwelle zum Reich der Feen sein.

Alle Kinder fühlen sich von Bäumen angezogen: Sie klettern darauf herum, spielen im Baum oder bauen sich sogar ein Baumhaus. Das hat viel mit der Energie des Baumes und seiner Beziehung zum Feenreich zu tun. Kinder werden naturgemäß von jenen Orten angezogen, an denen sich Feen finden;

Feen und Elfen werden von Kindern angezogen, weil sie deren Phantasie anregen und mit ihr spielen. Kinder spüren instinktiv den Geist des Baumes, selbst wenn sie nicht artikulieren können, was sie an einem Baum so fasziniert.

Bäume sind seit jeher mit magischen und spirituellen Attributen versehen worden. Unsere Gewohnheit 'auf Holz zu klopfen' ist entstanden, weil wir sicher gehen wollten, daß keine Geister im Baum saßen, wenn wir ihn fällten. Im deutschen Volkstum hausten in den Bäumen besondere Geister, die Kobolde. Die Bäume, in denen diese Geister lebten, wurden gefällt und man schnitzte aus einigen Ästen Figuren, so daß die Geister immer noch ein Heim hatten. Diese Figuren wurden dann in hölzernen Kästchen verschlossen und ins Haus gebracht. Den Kindern war es strengstens verboten, sich in ihrer Nähe aufzuhalten. Öffneten sie doch ein Kästchen, würde der Kobold herauskommen und ein Chaos anrichten. Der Springteufel sollte den Kindern einen Schrecken einjagen, damit der Kobold nicht noch einmal gestört würde.

Kein Baum ist ohne Geist. Er ist das Heim eines Lebewesens, das alle Aktivitäten und Energien dieses Baumes überwacht. Dieser Geist wächst mit dem Baum und verschwindet bei seinem Tod.

Baumgeister haben große Würde. Im allgemeinen sind sie zu den Menschen liebevoll und fühlen sich zu ihnen hingezogen. Es ist nichts Ungewöhnliches, wenn ein Mensch seinen Lieblingsbaum und ein Baum seinen Lieblingsmenschen hat.

Ich habe glücklicherweise immer einen sehr engen Kontakt zu einer Vielzahl von Bäumen gehabt. Den größten Teil meiner Kindheit verbrachte ich in einer waldreichen Gegend. Meine Geschwister und ich spielten in den Wäldern, unter Bäumen, an Bächen und Teichen. Manchmal ging mein Großvater in den Wald, um Ausschau nach jungen Bäumen zu halten, die er

auf unseren Hof pflanzen wollte. Wenn er durch den Wald ging, spitzte er die Ohren, als ob er lauschte; und dann blieb er plötzlich stehen und wußte genau, welcher Baum es sein sollte.
Der erste Geist eines Baumes, mit dem ich eine echte Begegnung hatte, war eine Ulme. Sie stand in dem Teil des Waldes, in dem wir oft Verstecken und andere Spiele spielten. Ich erinnere mich, wie ich mich einmal neben einer Ulme hinter einem Busch zu ihren Füßen versteckte. Es war ein sehr kleiner Busch, und ich wußte, man würde mich schnell ausfindig machen. Aber weiterlaufen konnte ich auch nicht mehr, dann wäre ich unweigerlich entdeckt worden. Ich hörte die anderen näherkommen und wußte nicht, was ich tun sollte.
Da hörte ich plötzlich meinen Namen flüstern. Ich sprang erschrocken auf. Da vernahm ich ein leises Lachen. Dem Klang des Gelächters folgend, hob ich den Kopf zu den Ästen über mir und sah ein freundliches Gesicht in der Rinde erscheinen.
"Lehne dich einfach an mich", flüsterte der Baum, "und bilde dir ein, du wärest Teil meiner Rinde."
Erstaunt lehnte ich mich an und machte es mir bequem. Da hörte ich die Stimmen meiner Geschwister und meiner Freunde; ich war der einzige, den sie nicht gefunden hatten. Sie kamen näher, und ich hörte, wie sie die Büsche nach mir durchkämmten.
Ich war völlig entspannt, und zeitweilig hatte ich das Gefühl, mit dem Baum zu verschmelzen. Ich glaubte, aus der Rinde hinauszuschauen, so wie das Gesicht, das meinen Namen geflüstert hatte. Allmählich wurde ich schläfrig. Ich kämpfte dagegen an, weil ich Angst hatte, daß man mich entdecken würde, wenn ich einschliefe.
Sie suchten überall. Einer meiner Brüder und einer unserer Freunde standen etwa zwanzig Zentimeter von mir entfernt

und konnten mich dennoch nicht sehen. Ich erinnere mich, daß ich ein Kichern unterdrücken mußte. Als sie sich davonmachten, um an einer anderen Stelle des Waldes nach mir zu suchen, spürte ich, wie ich wieder außerhalb der Rinde war.
Da stand ich nun und sah den Baum an, unsicher, was ich sagen oder tun sollte. Das Gesicht im Baum war sehr klar; es lächelte, und dann lachte es leise.
Es war der Beginn einer wundervollen Freundschaft.
Noch oft sollte ich zu dem Baum gehen und mich dort verstecken, und nie fand man mich. Dieser zauberhafte Geist brachte mir bei, in den Bäumen und Pflanzen Wesen zu erkennen und mit ihnen eins zu werden. Damals wußte ich es noch nicht, aber es war meine erste Lektion in der Kunst der Verwandlung.
Baumgeister sind nicht an einen bestimmten Baum gebunden, obwohl sie sich oft in dessen Nähe aufhalten. Sie können sich ein Stück vom Baum entfernen, wenn sie möchten. Gewöhnlich sind sie am Tag so stark mit den normalen Wachstumsaktivitäten beschäftigt, daß sie kaum zu erkennen sind. Nachts jedoch, wenn die äußere Welt ruhiger wird, können sie frei 'herumgeistern'. Viele Menschen sind, wenn sie sich nachts draußen aufhalten, nervös, vor allem im Wald und unter Bäumen. Zum Teil ist das die Reaktion auf die Energie der Baumgeister, wenn diese aus den Bäumen heraustreten und ihre Gegenwart stärker spürbar wird.
Diese Wesen fühlen sich zu den Menschen hingezogen und tun ihnen nichts Böses, im Gegenteil, sie können sogar ganz liebevoll sein. Es ist leichter, ihre Gegenwart zu spüren, wenn die Betriebsamkeit des Tages nachgelassen hat. Sehr oft sind ihre Schwingungen so stark und so anders, daß Menschen sich erkälten oder ihnen ein Schauer über den Rücken läuft, wenn sie sich in der Nähe eines Baumgeistes aufhalten.

Jeder Baum ist ein Heim für eine Vielzahl von Elfen und Feen, die oft in Gemeinschaften und Gruppen leben. Viele von ihnen sind ein Leben lang an einen Baum gebunden und fühlen sich als sein Beschützer. Es ist daher besser, wenn man vor dem Fällen um ihre Erlaubnis bittet.

Die Baumelfen sind normalerweise das, was man in der Nähe eines Baumes als erstes sieht; sie werden oft für den tatsächlichen Baumgeist gehalten. Die meisten dieser Feen und Elfen sind jedoch Erdgeister. Sie leben unterhalb der Oberfläche des Baumes, oder man sieht sie auf den Ästen entlanglaufen. Eine Ohreule in einer Eiche kann oft ein Zeichen für die Gegenwart eines Waldelfs sein, der seine Form verändert hat.

Der Holunder, eher ein Busch als ein Baum, ist am dichtesten bevölkert. Unter seinen Wurzeln leben zahlreiche winzige Elfen. Der Holunder hat auch sein eigene Feenpersönlichkeit, die viele gute Elfen und Feen schützt. Mit der Eiche verbindet sich eine lange Geschichte von Magie und Sage. Oft ist sie das Heim oder der Sammelplatz vieler Naturgeister, und sie nimmt es daher dem Menschen übel, wenn er sie fällt. Ulmen trauern regelrecht, wenn Mitglieder ihrer Familie gefällt werden, und die Weidengeister sollen Reisenden sogar in dunklen Nächten ein Stück hinterher gelaufen sein und geschimpft haben. Lange hat man die Eberesche als Elfenbaum angesehen, und eine Eberesche zu fällen sollte angeblich Unglück durch die Elfen bringen, die in ihr lebten. Auch die Linde soll ein Lieblingsplatz von Elfen sein.

In der deutschen Sage nennt man Elfen, die sich unter Bäumen finden, Moosleute. Diese sehr alten Wesen leben innerhalb des Wurzelsystems der Bäume. Sie hüten das Wissen um die Heilkräfte aller Pflanzen.

Heutzutage sind die Baumfeen selten geworden, aber viele Feen halten sich immer noch an einen besonderen Baum oder eine besondere Baumart. Wenn am Fuß eines Baumes (vor allem einer Eiche) Wildblumen gedeihen, ist dies oft ein Zeichen für das Heim winziger Feen. Die Wildblumen genießen den Schutz und die Energie des Baumgeistes. Die gebräuchlichsten Wildblumen, die den Baumfeen als Heim dienen, sind Schlüsselblume, Thymian, Fingerhut und Glockenblume.

Auch andere Wesen des Feenreichs sammeln sich und leben in Gruppen an Bäumen, in Wäldern und waldigen Gegenden. Die Griechen nannten sie Dryaden, die meisten Menschen jedoch kennen sie unter der Bezeichnung Waldnymphen. Noch heute finden sie sich in waldigen Gegenden - vor allem jenen, die noch ein wenig verwildert sind.

Die Waldnymphen sind im allgemeinen weiblich und wenig oder gar nicht bekleidet, und meistens tanzen sie, wenn sie sich dem menschlichen Auge zeigen, im Sonnenlicht, das durch die Bäume schimmert. Sie haben eine wunderschöne Stimme und lieben es, Vögel zu imitieren. Sie verstehen die Sprache der Tiere und der Menschen und sind sehr neugierig auf sie. Obwohl sie im allgemeinen eine direkte Begegnung meiden, riskieren sie es dennoch, die Menschen zu beobachten.

Manchmal ähneln die Waldnymphen Kindern, und sie haben eine spezielle Vorliebe für bestimmte Baumarten. Sie sind sehr verspielt und freuen sich an jedem Ausdruck der Natur in ihrer Umgebung.

In der Gegend, in der ich aufwuchs, gab es ein Waldgebiet das wir 'Fort Apache' nannten. Dort lebte eine junge Waldnymphe, allerdings war mir damals nicht bewußt, mit wem ich es zu tun hatte. Es war ein junges Mädchen, das immer ein Eichhörnchen zu seinen Füßen hatte. Manchmal sah ich die Nymphe, wenn sie uns beim Spielen durch die Bäume beobachtete. Als ich mich einmal von den anderen absonderte und zu ihr hinging, kam sie hinter den Bäumen hervor. Sie sprach nicht viel und lachte oft über meine Ausdrücke, aber nie bösartig. Ihr Lachen war ansteckend, und ich durfte ihr Eichhörnchen streicheln. Geschickt verstand sie es, meinen Fragen auszuweichen und lachte nur, wenn ich sie fragte, warum ich sie nie in der Schule sah. Ihre Antwort auf meine Frage, wo sie lebte, war immer dieselbe: "Hier". Als ich sie nach ihrem Namen fragte, tat sie so, als würde sie mich nicht verstehen. Bis heute habe ich ihren Namen nicht herausgefunden. Wann immer sie meine Fragen langweilten, brach sie in ein wundervolles Gelächter aus, rannte in den Wald zurück und verschwand.

Ich erinnere mich an unsere letzte Begegnung. Wieder war ich allein gekommen. Ich war nicht sicher, ob ich sie sehen würde, da sie in der letzten Zeit immer seltener aufgetaucht war. Ich fand sie - am Bach sitzend, die Füße im Wasser. Sie weinte. Das Eichhörnchen war nicht bei ihr, was ich sehr verwunderlich fand. Ich stand da, war sehr verlegen und wünschte, ich wäre nicht gekommen.

Da schaute sie mich an und lächelte mir verhalten zu, als ob sie meine Gedanken gelesen hätte. Ich fragte sie, ob alles in Ordnung sei. Sie stand nur da und sagte,"ja".

"Warum weinst du?" fragte ich.

"Ich muß gehen", antwortete sie sanft.

Ich erinnere mich, daß ich schauderte, als durch die Bäume ein plötzlicher Luftzug ging. Sie kam auf mich zu und küßte mich auf die Wange. Ich war überrascht. Sie lachte über meinen Gesichtsausdruck; dann war sie zwischen den Bäumen verschwunden. Ich erinnere mich, wie sie mir noch zurief: "Ich werde an dich denken, Ted Andrews."

Ich habe sie nie wieder gesehen. In der nächsten Woche begannen Arbeiter, den Wald zu roden, um neue Häuser zu bauen.

Bei den Waldnymphen in waldigen und dicht bewachsenen Gegenden findet sich im allgemeinen auch eine *Waldfrau.* Oft

in der Gestalt einer wunderschönen Frau, hütet dieser Geist den ganzen Wald oder kleine Haine. Birkenhaine sind Zwischenbereiche, die sie besonders mögen.
Diese Wesen sind von zauberhafter Schönheit und sprechen die Sprache der Tiere. Zu Rehen und Hirschen fühlen sie sich besonders hingezogen, und sie singen süße Lieder, die das Herz rühren und den Hain segnen. Sie wissen alles, was in ihren Wäldern geschieht, und Sie werden sie nur sehen, wenn sie es zulassen - wie zufällig es auch erscheinen mag. Eine Waldfrau zu treffen ist eine Gnade, ähnlich wie bei den Feen-Paten und -Patinnen, die ich in Kapitel 11 beschreibe.
Die Fähigkeit, Baumgeister und -elfen zu sehen, ist von Mensch zu Mensch verschieden. Es ist vor allem eine Frage der Übung und man muß wissen, wonach man sucht. Die Meditation am Ende dieses Kapitels wird Ihnen helfen. Wenn Sie sich mit den Eigenschaften der einzelnen Bäume beschäftigen, werden Sie viel über den Charakter des betreffenden Baumgeistes erfahren.

Hier einige allgemeine Vorschläge für die Begegnung mit Baumgeistern, -feen und -elfen.

- Beschäftigen Sie sich mit den Überlieferungen zu Bäumen.
- Verbringen Sie viel Zeit in der Nähe von Bäumen. Gehen Sie in Parks. Klettern Sie auf einen Baum, oder setzen Sie sich unter einen Baum und spüren Sie seine Gegenwart.
- Wenn möglich, gehen Sie in die Natur, zum Zelten oder für ausgedehnte Spaziergänge - hinaus aus der Stadt.
- Meditieren Sie über die einzelnen Bäume. Achten Sie darauf, wie sich jeder Baum anfühlt. Versuchen Sie, sein inneres Wesen und seinen Geist zu erfassen. (Nutzen Sie die Meditation am Ende dieses Kapitels).

- Setzen Sie sich gelegentlich in einer gewissen Entfernung von Bäumen und Sträuchern und schauen Sie mit halbgeschlossenen Augen, wie beim Tagträumen, auf den Baum. Sehen Sie in Rinde und Zweigen Formen oder Gesichter? Machen Sie sich keine Gedanken, Sie würden sich dies nur einbilden. Sie erweitern dadurch Ihre Wahrnehmungsfähigkeit, und diese leichte Konzentration hilft Ihnen, den Geist des Baumes zu erkennen. Meistens sieht man ihn zuerst aus der knorrigen Rinde herausschauen. Mit Übung und Hartnäckigkeit werden Sie allmählich mehr und mehr sehen.

BÄUME UND IHRE GEISTER

Jeder Baum kann eine Schwelle in das Feenreich, eine Quelle der Energie und Kreativität in der ihm eigenen Weise sein. Wenn Sie sich den Geistern, Feen und Elfen öffnen, die mit Bäumen zu tun haben, wecken Sie die Energie des Baumes und bringen sie in Ihr Leben.

Jeder Baum und jeder Baumgeist hat seine einzigartigen Eigenschaften, er ist durch die verschiedenen Elfen und Geister gekennzeichnet, die diesen Baum umgeben. Sie können uns in unserem Leben auf vielfältige Weise helfen. Wenn Sie Geduld haben, werden die Baumgeister ihre Energie und ihr Wissen mit Ihnen teilen.

Die folgende Aufstellung ist in keiner Weise vollständig, sie ist nur als Hinweis gedacht, die Energien der verschiedenen Baumgeister zu erkennen, zu verstehen und mit ihnen zu arbeiten. Einige dieser Bäume sind auch mit Phantasiegeschöpfen verbunden, die mit dem Feenreich in Verbindung gebracht werden (Phönix, Drache, Einhorn etc.). Wenn Sie lernen, sich auf den Geist des Baumes einzustellen, wird dies dazu beitragen, sich mit der Rolle und den Energien dieser Geschöpfe zu verbinden und sie zu verstehen.

Jeder einzelne Baum kann uns viel lehren, wenn wir lernen, die zärtliche Liebkosung seines Schattens zu spüren und dem leisen Flüstern im Rascheln der Bäume zu lauschen.

Ahorn

Dieser Geist erscheint immer in seiner wahren, androgynen, also zwitterhaften Form - weder männlich noch weiblich; er verkörpert beide Eigenschaften. Er weiß viel über Gleichgewicht und wie man sein Gleichgewicht hält, um in Verbindung mit Mutter Erde zu bleiben. Er kann die weiblichen Aspekte des Nährens, der Intuition und der Kreativität wecken. Der blühende Ahorn zieht viele Feen an, und wenn Sie sich während dieser Zeit auf ihn einstimmen, werden Ihnen die Feen helfen, süße Hoffnungen und Wünsche zu erfüllen.

Apfel

Mit dem Apfelbaum sind viele magische Eigenschaften verbunden. Er ist Heim eines der Phantasiegeschöpfe im Feenreich - des Einhorns. Nach der Überlieferung lebt das Einhorn unter einem Apfelbaum. Die Apfelblüten ziehen im Frühling jede Menge Blumenfeen an und vermitteln denen, die sich in der Nähe aufhalten, ein Glücksgefühl. Der Geist dieses Baumes kennt den Schlüssel zu ewiger Jugend und Schönheit. Oft nimmt er die Form einer schönen verführerischen Frau an und öffnet das Herz für eine neue Liebe.

Birke

Die Birke ist ein magischer Baum, und sein Geist kann Sie mit vielen Aspekten des elementaren Reichs des Lebens verbinden. Er ist sehr alt und gilt manchmal als Waldfrau. Die Birke ist die Schwelle zum Zwischenreich, und ihre Energie kann Sie mit allen Wesen und Göttinnen des Waldes verbinden, einschließlich der Waldnymphen. Die Rinde darf nie ohne Erlaubnis entfernt werden, doch wenn man sie bekommt, gilt dieses als Gnade, und dann wird dieser wundervolle Geist vielleicht demonstrieren, wie man mit Hilfe eines Birkenstabs vom Reich der Sterblichen in die Welt der Feen und wieder zurück kommt.

Buche

Obwohl die Buche für das Feenreich keine sehr große Bedeutung hat, ist sie seit jeher als heiliger Baum angesehen worden. Der beinahe universelle Glaube, daß ein Gebet unter einer Buche direkt in den Himmel geht, enthüllt viel von dem Geist dieses Baumes. Der Geist der Buche weiß viel über die Vergangenheit und wie man sie anwenden kann, um die Gegenwart zu verändern - was oft durch unsere Gebete geschieht.

Der Geist der Buche ist mit dem Wissen über die Macht des geschriebenen Wortes vertraut und kann in uns die Liebe zur Literatur wecken. Es war wohl die Rinde einer Buche, in die die ersten Seiten europäischer Literatur geritzt wurden. Die Sanskritbuchstaben sollen in Streifen aus Buchenrinde eingeritzt gewesen sein. Buch und Buche gehören im Deutschen sehr deutlich demselben Wortstamm an.

Der Geist der Buche ist von großer Stärke und Anmut. Es ist ein weiblicher Geist, und er hat die Fähigkeit, die Gabe der schriftlichen Kommunikation zu wecken und zu lehren - für weltliche wie auch magische Zwecke. Kein anderer Baumgeist kann uns so gut lehren, Worte der Liebe zum Ausdruck zu bringen oder einen anderen Menschen zu bewegen, uns zu lieben. Dieser Geist lehrt und erinnert uns daran, daß nicht nur unser Körper Nahrung braucht, sondern auch unser Geist - wenn wir ihn wecken und ihm Ausdruck verleihen, entdecken wir unsere wahre Größe. (Dies zeigt sich darin, daß die Bauern Mitteleuropas die Buche als Hauptbrennstoff und ihre Früchte, die Bucheckern, als Futter verwendeten.)

Eberesche (Vogelbeerbaum)
Auch die Eberesche ist ein alter, magischer Baum. Ihr Geist hütet das Wissen um die Vorzeichen in der Natur und wie man sie lesen kann, ohne abergläubisch zu werden. Dieser Geist bietet Schutz und Einsicht durch Visionen, und er kann verwendet werden, um Kontakt zu allen Göttinnen aufzunehmen. Die Weisheit dieses Baumes ist so groß, daß er, wenn Sie erst einmal mit ihm verbunden sind, Sie lehren kann, magische Geister, Führer und Elementarwesen herbeizurufen. Der Geist dieses Baumes hilft, Übergriffen durch äußere Kräfte vorzubeugen. Er wirkt erdend und sorgt dafür, daß der Mensch in den Feenwelten nicht verlorengeht.

Eiche
Die Eiche war der heilige Baum der Kelten und Druiden. Er ist Heim eines mächtigen Geistes von großer Kraft und Ausdauer und besitzt altes Wissen über die Kontinuität des Lebens. Ihm nahe zu sein, reicht schon aus, um die Aura eines Menschen zu stärken. Er ist eine natürliche Schwelle zum Reich der Feen und ihrer Mysterien. Jede Eichel hat ihre kleine Fee, und wenn Sie eine Eichel mit nach Hause nehmen, so ist dies eine Einladung für einen engeren, wenn auch nur kurzen Kontakt mit diesen Feen. Seit jeher ist die Eiche Heim großer Ansammlungen von Elfen und Feen gewesen.
Die Eiche, in der sich ein Mistelzweig findet, ist noch magischer und mächtiger. Obwohl Mistelzweige nur in der männlichen Eiche vorkommen, verkörpern die Feen, die mit ihnen verbunden sind, die weiblichen Energien. Wo eine Mistel

wächst, beschützen Feen die Kinder und jene, die das *Innere Kind* nicht verloren haben. Die Feen der Mistel verfügen über die Gabe, sich unsichtbar zu machen und die Form zu verändern. Sie verfügen über große Schönheit und können Fruchtbarkeit stimulieren. Sich mit der Mistel der Eiche zu verbinden, kann eine Zukunfts-Vision Ihrer Seele wecken.

Erle

Der Geist der Erle ist ein Schutzgeist, der über großes Wissen hinsichtlich Prophetie und Zukunftsdeutung mit Wasser und Spiegel verfügt. Wenn dieser Geist den Baum verläßt, nimmt er oft die Form eines Raben an.

Esche

Mit der Esche bringt man große Mystik und Macht in Verbindung. In der nordischen Tradition hieß die Esche *Yggdrasil,* das bedeutet: Baum des Lebens. Er ist die Schwelle zu vielen Dimensionen des Feenreichs. Sein Geist ist mächtig und hat das Wissen, wie Ereignisse und Menschen miteinander verbunden sind. Er kann die Magie der Dichtkunst lehren und wie man Worten Ausdruck verleiht.

Haselnuß

Dieser Baum ist das Heim eines ruhigen Geistes der Magie. Alle Obst- und Nußbäume sind Symbol verborgener Weisheit, und der Geist dieses Baumes kann Ihnen helfen, auf einzigartige Weise verborgene Weisheit zu erlangen. Er weckt Intuition und Einsicht und weiß alles über die elektromagnetischen Felder der Erde. Sich auf diesen Geist einzustimmen, kann Ihnen viel Wissen über Wünschelrutengehen vermitteln. Dieser stille Geist verfügt über Kenntnisse, wie Sie Worten große Ausdruckskraft verleihen können, und lehrt, wie Sie die Ruhe des eigenen Geistes und Bewußtseins finden können (zum Beispiel in der Meditation).

Holunder

Bei den Druiden und Kelten war der Holunder heilig. Er war der Baum von Geburt und Tod, von Anfang und Ende. Sein Geist ist der Geist des Übergangs, der lehrt, wie man sich einer günstigen Gelegenheit bewußt wird, um das Alte auszulöschen und das Neue zu bauen. Dieser Baum kann Ihnen Zugang verschaffen zu der Mutter-Gottheit in ihren vielen Formen.

Der Geist dieses Baumes verfügt über große Kenntnisse der Magie. Er kann Schutz geben und selbst den schwächsten Wünschen Kraft verleihen. Der Holundergeist erleichtert den Kontakt mit den Wesen des Waldes einschließlich der Dryaden und anderer Waldnymphen. Er ist der Heiler, der seinen Hain und alle seine Kinder darin beschützt. Er ist der ideale Baumgeist, um die Verbindung zum Feenreich wiederaufleben zu lassen.

Kiefer

Die Kiefer beherbergt einen mächtigen, alten Geist. Er hat eine Verbindung zu den Dionysien und war der heilige Baum Mithras. Auch für Poseidon war er heilig. Die Kiefer, die in Küstenregionen wächst, ist oft Sammelplatz für Wassergeister und Nixen. Dieser Baumgeist hat eine heilende und ausgleichende Wirkung, vor allem für Emotionen. Er lehrt uns, wie wir unsere kreativen Energien zum Ausdruck bringen, ohne Schuldgefühle zu entwickeln, und schützt uns vor allen Formen der Negativität.

Kirschbaum

So wie der Apfelbaum das Heim des Einhorns ist, ist der Kirschbaum das Heim eines anderen Phantasiegeschöpfes des

Feenreichs - des Phönix. Der Geist dieses Baumes gibt sich in seiner äußeren Erscheinung oft feurig. Er hat die Fähigkeit, die Menschen an die Schwelle eines neuen Erwachens zu bringen.

Linde

Sowohl in Europa wie auch in Amerika ranken sich viele Geschichten um die Linde. Sie ist ein Baum, dessen Geist uns heilen und uns die Fähigkeit lehren kann, die Schönheit hinter der Oberfläche zu erkennen. Sie ist der Geist der Mystiker, der Poeten, der Träumer und des Kindes - also all jener, die die Fähigkeit nicht verloren haben, hinter die äußere Erscheinungsform zu sehen. Dies zeigt sich in ihren herzförmigen Blättern und der Tatsache, daß die Unterseite der Blätter glänzt und nicht die Oberfläche, wie bei den meisten anderen Bäumen.

Sie ist der Geist, der den süßen Honig in allen Lebenssituationen enthüllt. Im Frühling zieht der Lindennektar Bienen an, und der Honig der Linde ist leichter als der anderer Blumen. Der Geist der Linde erinnert uns an die Träume, die wir ganz tief in unserem Herzen versteckt haben, und weckt die innere Kraft und den Willen, diesen Träumen zu folgen.

In Europa besteht eine enge Verbindung zwischen dem Kuckuck und der Linde. Der Geist des Lindenbaumes nimmt oft die Form eines Kuckucks an, um den Baum zu verlassen. Lange Zeit ist der Kuckuck als die Quelle großen Aberglaubens und großer Inspiration angesehen worden. Er gilt auch als Bote des Frühlings, der Zeit der Wiedergeburt, in manchen Teilen Europas als Bote von Tod und Heirat - beides Symbole großer Transformation. Der Geist der Linde verfügt über das Wissen des Lebens, des Todes und der Transformation - und die wahre Schönheit und Süße in jenen Prozessen, wie auch immer sie sich für den einzelnen darstellen mögen.

In Amerika hat die Linde eng mit der *False Face-Gesellschaft* der Iroquesen zu tun. Masken der nordamerikanischen Indianer stellten Geister dar, die das Leben beeinflußten. Ein Mensch wurde erst dann Mitglied der *False Face-Gesellschaft*, wenn er oder sie von einem Mitglied dieser Gesellschaft geheilt worden war. Der Mensch mußte von dem Geist träumen und dieser Traum von einem anderen Mitglied der Gesellschaft bestätigt werden. Im Traum lehrte der Geist den Menschen, wie er eine Heilmaske, die den Geist symbolisiert, anfertigen konnte.
Die Anfertigung jener Maske geschah in einem heiligen Ritual. Man suchte sich einen Baum aus, oft war es eine Linde, und schälte die Rinde an einem Teil des Baumes ab. Dann wurde der Umriß der Maske in den Baum geritzt. Schließlich mußte die Maske aus dem Baum herausgeschnitten werden, ohne ihn zu verletzen.
Dies spiegelt die Grundessenz des Lindengeistes wider - sei es in Europa oder in Amerika. Der Geist der Linde lehrt uns, mit dem inneren Geist zu heilen und zu transformieren und diese Schönheit und Freude in all ihren Formen zu finden. Durch die Linde erfahren wir, daß Leiden nur dann für die Seele gut ist, wenn wir lernen, nicht ein zweites Mal leiden zu müssen.

Mammutbaum *(Redwood)*
Der Mammutbaum ist einer der ältesten und größten Bäume auf unserem Planeten. Seine Geister sind direkte Nachkommen aus der Zeit, die als Lemuria bekannt ist. Der Mammutbaum ist das Heim wundersamer Feen und Elfen, die trotz ihrer Seltenheit menschliche Kontakte nicht scheuen. Der Mammutbaum-Geist kann große spirituelle Einsicht vermitteln, und eine Begegnung mit ihm führt zu einer ausgedehnten Zeit des Wachstums, die

die Seele in vieler Hinsicht berühren wird. Er kann helfen, unsere persönliche Sicht des Lebens zu klären.

Pappel
Die Pappel ist ein schöner, schnell wachsender Baum mit einem sehr ausgedehnten und kräftigen Wurzelsystem. Meistens ist er von hohem Wuchs, und einige Arten können sogar in trockener Umgebung und ohne viel Pflege gedeihen.
Der wundervolle Geist dieses Baumes zeigt dem Menschen, wie Träume und Pläne Wirklichkeit und in ganz kurzer Zeit (oft innerhalb eines Jahres) sichtbare Früchte geerntet werden. Dieser Geist erinnert uns an die Chancen, die uns das Leben bietet, und daß keine Gelegenheit je verloren geht. Wir haben immer wieder eine neue Möglichkeit.
Dies zeigt sich nicht nur durch das schnelle Wachstum der Pappel, sondern auch dadurch, daß sich ihre Blätter im Herbst (mit aller Symbolik) gold färben und, wenn sie fallen, zahllose Zweige senkrecht gen Himmel ragen. Der Geist der Pappel ruft in uns Menschen die Möglichkeiten wach, die das Leben bietet und weckt die Erinnerung daran. Dieser Geist (er ist weiblich) erinnert uns gleichfalls daran, daß in jeder Lebenserfahrung Gold liegt und wir alle zu höchster Blüte gelangen können.
Der Geist der Pappel gehört zu denen, die sich um die irdischen und weltlichen Dinge der Menschen in seiner Umgebung Gedanken machen. Er lehrt uns, daß wir die Härte des Lebens ertragen können, wenn unsere Wurzeln stark sind, und wie wir persönliche Ängste und Selbstzweifel, die unsere Pläne blockieren, überwinden können. Durch das sanfte Wispern ihrer Blätter mit jeder Brise enthüllt uns die Pappel verlorene, vergessene Erinnerungen an unsere Träume. Sie ermutigt uns und führt uns zu vielen Möglichkeiten, diese Erinnerungen wieder hervorzuholen.

Eine alte Tradition der Baummagie besagt, daß man beim Pflanzen eines Baumes einen Wunsch oder einen Traum mit eingraben soll. Während der Baum wächst, arbeitet sein Geist, um das Wachstum des Wunsches oder Traumes zu manifestieren und zu unterstützen. Mit keinem anderen Baum ist dies einfacher als mit der Pappel, denn ihr Geist zeigt den Menschen, daß sie nie eine Hoffnung, einen Wunsch oder einen Traum erhalten, ohne die Möglichkeit, ihn in die Realität umzusetzen.

Platane

Die Platane war einst für die Ägypter heilig und stellt auch heute noch einen Eingang dar zu jenen Reichen, in denen Wesen und Kräfte, die mit dem alten Ägypten zu tun haben, leben und angesprochen werden können. Der Geist der Platane kann uns lehren, die Gaben des Kosmos anzunehmen - seien es Hilfe, Geschenke oder was auch immer. Der Geist der Platane hütet das Wissen um die Gesetze des Überflusses und der Fülle, und wie diese zum größten Nutzen in die Praxis umgesetzt werden können. Er weiß auch von verborgenen Schätzen. Sich auf die Platane einzustimmen, intensiviert alle unsere Verbindungen mit der Natur.

Stechpalme

Botanisch gesehen ist die Stechpalme ein Busch, aber sie hat die Kraft eines Baumes, und ihr Geist beschützt viele Wesen des *Kleinen Volkes*. Die Stechpalme ist daher Heim für eine Vielzahl von Elfen und Feen. Den Druiden, die sie während des Winters in ihren Häusern hielten, um den Feenwesen ein Heim zu bieten, war sie heilig. Dieser Geist tritt oft in männlicher Form auf und verfügt über Wissen von den Engelsreichen und wie man sich mit ihnen wirkungsvoller verbinden kann. Er lehrt, wie man ein echter geistiger Krieger wird. Wer mit ihm arbeitet, kann dynamische Heilfähigkeiten entwickeln.

Tanne

Der Geist der Tanne hat großes Heil-Wissen, vor allem in Verbindung mit den metaphysischen Ursachen von Krankheit. Sein Geist ist sanft und öffnet die Tore zur Welt der Feen auf eine Weise, mit der die Menschen am besten umgehen können. Wer sich auf den Geist der Tanne einläßt, findet nicht selten, daß sich mit der Zeit immer mehr Tiere in der Nähe dieses Baumes einfinden. Der Geist der Tanne liebt menschliche Gesellschaft und Aktivität und bevorzugt Familien. Wenn auf Ihrem Hof eine Tanne steht, so ist sie oft der Hauptschutz und Bewacher des Hofes. Der Geist der Tanne geht gerne eine Beziehung zu den Menschen ein und kann die Träume beeinflussen. Wenn man sich auf ihn einstimmt, erscheint er sogar gelegentlich im Traum.

Ulme

Die Ulme ist der Baum der Intuition. Sein Geist hütet das Wissen, wie man diese Eigenschaft zu voller Blüte bringen kann. Er zeigt, wie wir die ‘innere Stimme’ hören können. In der Nähe dieses Baumes ist die Aktivität der Elfen immer sehr stark, und wenn der Mensch nicht im Gleichgewicht ist, kann er leicht dem Zauber der Feen erliegen. Der Geist dieses Baumes ist so sensibel, daß er trauert, wenn Mitglieder seiner Familie gefällt werden. Er hält den Schlüssel zu Empathie* und Mitleid.

---

* Fähigkeit, sich in andere Menschen einzufühlen.

Walnuß

Der Geist des Walnußbaums ist sehr alt und kennt die Gezeiten der Wandlung. Diese zu erkennen und zu nutzen, ist ein Teil dessen, was er uns lehren kann. Er kann den Menschen für neue Aspekte Sichtweisen auf das Leben öffnen. Der Geist der Walnuß kennt auch die Mysterien von Tod und Wiedergeburt und weiß, wie sich diese in Ihrem Leben einbauen lassen. Er stellt ein Tor zur Welt der Feen dar, die Veränderung und den schöpferischen Übergang der Wiedergeburt bewirken können. Feen fühlen sich von ihm angezogen. Er gibt ihnen ein Heim, und es ist nicht ungewöhnlich, daß sich Feen auf Walnußbäumen versammeln, um dort zu spielen.

Weide

Die Weide ist ein magischer Baum voller Mystik und Leben. In der griechischen Tradition wurde er mit Orpheus und in der keltischen mit Brigid in Verbindung gebracht. Er hat eine langwährende Beziehung zum Feenreich. Sein Geist und die Elfen, die unter ihm leben, sind Hüter der Kräuterheilkunde. Die Weide kann zu uns sprechen, und wir können sie hören, wenn wir lernen, ruhig zu werden und zuzuhören. Am ehesten ist das nachts möglich. In alten Geschichten wird erzählt, daß der Weidengeist den Baum oft des Nachts verläßt und Reisenden folgt, indem er vor sich hinbrummelt und mit ihnen spricht. Da sie ihn nicht verstehen, haben die meisten Reisenden große Angst. Der Weidengeist weiß, wie man einen Zauberstab macht und ihn verwendet. Die Weide schenkt Visionen, Kommunikation und regt die Traumaktivität an. Die beste Zeit, sich auf die Weide, ihre Energien und ihren Geist einzustimmen, ist die Nacht.

Weißdorn
Der Weißdorn ist der heilige Baum der Feen und Elfen, und sie lieben diesen Baum und seinen Geist sehr. Es ist der Baum der Magie - aller Magie innerhalb des Feenreichs. Dieser Geist verschafft Zugang zu den inneren Reichen und bietet Schutz gegen ihre Magie. Sie müssen lernen, mit dem Geist des Weißdorns geduldig zu sein, oder jene inneren Türen werden sich nie ganz für Sie öffnen. Dieser Geist kann Wachstum und Fruchtbarkeit in alle Bereiche Ihres Lebens bringen und es so verändern, daß Ihre Mitmenschen beginnen, an Zauberei zu glauben.

Zeder
Dieser Baum und sein Geist verkörpern Schutz und Heilkraft. Er ist auch mit dem Einhorn des Feenreichs verbunden - da das Einhorn seine Schätze in Kisten aus Zedernholz aufbewahrt. Dieser Geist kann unsere Emotionen zur Ruhe und ins Gleichgewicht bringen und die Traumaktivität stimulieren.

Übung

Begegnung mit den Baumgeistern

Diese Übung ist am wirkungsvollsten, wenn man sie inmitten von Bäumen, unter einem Baum oder mit Blick auf einen Baum macht.
Beginne deine Begegnung mit dem Baum, der schon immer dein Lieblingsbaum war. (Das beweist, daß er bereits zu dir gesprochen hat). Wenn du keinen Lieblingsbaum hast, wähle einen Baum, der in deinem Garten steht oder in der Nähe deines Hauses, denn du hast bereits eine Art Beziehung aufgebaut.

Lies soviel wie möglich über diesen Baum - entweder auf wissenschaftlicher Basis oder auf mythisch/mystischer. Je mehr du von diesem Baum weißt, desto eher verstehst du die Besonderheiten seines Geistes. Das wird dir helfen, dich auf seine Schwingung einzustellen.
Wenn möglich, wähle einen sonnigen, windstillen Tag. Setze dich in den Schatten des Baumes. Der Schatten des Baumes ist ein Grenzbereich, der es dir erleichtert, mit dem Baumgeist und allen Feen und Elfen in seiner Nähe Verbindung aufzunehmen. (Betrachte den Schatten des Baumes als eine nach außen gekehrte Umarmung des Baumgeistes).
Vielleicht möchtest du dich an den Stamm des Baumes lehnen, um ihn zu spüren. Oder du setzt dich ihm gegenüber, damit du ihn und seine Rinde beobachten und das Erscheinen des Geistes selbst sehen kannst. Wähle die Position, die dir am ehesten zusagt. Du wirst sehen, daß sie von Baum zu Baum verschieden ist.
Schließe die Augen und nimm ein paar tiefe Atemzüge. Vielleicht möchtest du in eine tiefere Entspannung gehen. Je entspannter du bist, desto leichter wird es für dich sein, den Geist des Baumes und andere Wesen des Feenreichs wahrzunehmen.
Stell dir vor deinem geistigen Auge das Bild des Baumes vor. Sein Schatten reicht bis zu dir hin, ohne dich zu berühren. Siehe, wie stark und ausladend er dort steht. Das Gras unter dir ist weich und saftig; die Luft süß und rein. Das Sonnenlicht, das durch den Baum dringt, hüllt dich in einen sanften Dunstschleier.
Du schaust dich um und findest dich an einem dir vertrauten Ort wieder. Es ist jene kleine Schlucht, in der du die Blumenfeen getroffen hast. In der Ferne erkennst du den hohen Berg und den Pfad, der hinaufführt. Auf der anderen Seite geht der Pfad weiter und führt in das Tal unter dir. Das ist dein Heilig-

tum - der Ort, an dem sich Wirklichkeit und Phantasie begegnen. Es ist die Schnittstelle zwischen der Welt der Sterblichen und der des Feenreichs.
Stark und mächtig steht dein Baum in der Mitte dieser Schlucht - eine einzelne Antenne, die Himmel und Erde verbindet. Während du ihn anschaust, spürst du Ergriffenheit und Entzücken über seine einfache Schönheit und Stärke. Und während du dies fühlst, kommt eine leichte Brise auf und läßt die Blätter erzittern. Es ist, als würden sie dir antworten. Und für einen kurzen Augenblick bist du sicher - die Blätter haben deinen Namen geflüstert!
Du schaust auf den Baum, siehst Schatten und Bewegungen - eine Art Flattern - an den Ästen und am Boden. Zuerst denkst du, es seien Eichhörnchen oder Vögel, aber du kannst keine Einzelheiten erkennen.
Und während du den Anblick dieses Baumes tief in dich aufnimmst, beginnen sich die Linien der Rinde zu verändern und zu bewegen. Sanfte, freundliche Augen schauen aus der Rinde zu dir hinüber. Nicht länger du beobachtest den Baum: Er beobachtet dich.
Eine verschwommene Bewegung, und eine Gestalt schält sich aus dem Baum und stellt sich in seinen Schatten. Sie schimmert und bewegt sich mit unglaublicher Schönheit. Um sie herum flackern winzige Lichter. Es müssen Feen sein! Und hinter ihrem Rücken siehst du ein winziges Elfengesicht, scheu, aber neugierig, das hervorlugt. Dann spricht der Geist deinen Namen. Die Blätter des Baumes rascheln erneut, und du lachst voller Glück auf.
Während du dieses Wesen anschaust, achte darauf, was du erlebst. Gibt es bestimmte Farben? Düfte? Fühlst du irgendwo am Körper eine Berührung oder ein Kribbeln? Ist dieser Baum männlich oder weiblich? Denke daran, die Wesen des Feen-

reichs wählen oft eine Form, von der sie glauben, daß du sie erwartest.

Sanft beginnt der Geist mit dir zu sprechen. Er spricht vom Sinn seiner Existenz und seinem Wissen. Er erzählt dir, welche Rolle er in der Natur spielt und welche Rolle er in deinem Leben spielen könnte. Er erzählt dir von dem Mysterium des von dir gewählten Baumes, und warum er so wichtig für dich ist.

Sieh es als eine Zwiesprache zwischen dir und dem Baum an. Erzwinge nichts. Laß die Kommunikation natürlich fließen. Laß dieses Wesen von sich erzählen. Laß es erzählen, warum es mit dir arbeiten möchte. Und scheue dich nicht, Fragen zu stellen.

Mach dir keine Sorgen, daß du dir das Ganze vielleicht nur einbildest und diese Begegnung nur ein Produkt deiner Phantasie ist. Du wärest nicht in der Lage, es dir vorzustellen, wenn nicht etwas Reales daran wäre.

Während dieses wundersame Wesen mit dir spricht, rascheln die Blätter in einer Art Singsang und lassen dich vor Entzücken erschauern. Du siehst Vögel und andere wilde Tiere, die sich dort versammeln, und du erfährst, daß dies ein Zeichen der Begrüßung ist - jetzt und in Zukunft.

Die Gestalt hält ihre Handfläche nach oben, und der Schatten des Baumes dehnt sich aus, bis er dich umfängt. Zum ersten Mal fühlst du wirklich einen Schatten. Sein Streicheln ist sanft, zart und liebevoll, und du bist erfüllt von dem Gefühl eines großen Versprechens. Dann zieht sich der Schatten allmählich zurück.

Währenddessen halten die Augen des Baumgeistes die deinen fest, und in ihnen liegt eine unglaubliche Zärtlichkeit, bis er sich schließlich in das Herz des Baumes zurückzieht. Du kannst seine Gestalt in den natürlichen Strukturen des Baumes

sehen und weißt, von nun an bis in alle Ewigkeit wirst du ihn immer wieder erkennen. Noch einmal wispern die Blätter deinen Namen - dann ist es still.
Ein nie gekanntes Gefühl der Freude und Entspannung durchrieselt dich. Währenddessen beginnt sich die Szene vor dir zu bewegen und zu verändern, bis du dich dort wiederfindest, wo du mit deiner Meditation begonnen hast, wohlbehalten und friedlich. Denke an alles, was du gehört hast. Nun weißt du, warum du dich von diesem Baum immer so angezogen gefühlt hast.
An dieser Stelle atme tief und regelmäßig. Lausche und fühle. Nimm deine Umgebung mit all deinen Sinne wahr. Fühlst du eine Berührung oder ein Prickeln irgendwo am Körper? Hörst du das Flüstern der Blätter? Hörst du das Flattern bestimmter Vögel oder die Geräusche wild lebender Tiere? Nimmst du irgendwelche Düfte wahr?
Jetzt öffne langsam die Augen und schaue sanft auf den Baum, der Gegenstand dieser Meditation war. Halte die Augen halb geschlossen und konzentriere dich. Siehst du einen Schatten und Formen? Siehst du die Gestalt des Baumgeistes im realen Baum, so wie in der Meditation?
Beobachte alles, was geschieht, und nimm alles in dich auf. Vielleicht möchtest du deine Beobachtungen niederschreiben, sozusagen als Würdigung und Dank für diese Begegnung und künftige Kontakte mit diesem Baumgeist. Danke für dieses Erlebnis - wie, das bleibt dir überlassen. Der alte Brauch, einen Baum zu umarmen, ist sehr wirkungsvoll. Den Baum zu berühren oder ihn zu umfangen, wird deine Energien erden und die Kommunikation mit dem Geist und den Wesen des Feenreiches, die ihn ihr Heim nennen, würdigen.

Kapitel 10

PHANTASIEGESCHÖPFE DES FEENREICHES

Für die Vorstellungskraft des Menschen haben die Tierwelt und das Reich der Feen großen Reiz. In den meisten Kulturkreisen wachten Götter und Göttinnen über das Reich der Tiere und behüteten es. Viele Wesen aus dem Feenreich halfen ihnen dabei. Selbst heute noch fungieren viele Feen und Elfen als Beschützer der Tiere.

Obwohl in vielen mittelalterlichen symbolisch-mystischen Geschichten Tiere dafür herhalten mußten, moralische und religiöse Doktrinen zu veranschaulichen (wobei der tierische Charakter des Menschen betont wurde), lehren uns die Feen und Elfen einen anderen Aspekt der Tierwelt. Durch sie lernen wir die Verbundenheit zwischen Tier und Mensch. Wenn wir mit den Feen arbeiten, um unsere Verbindung zum Königreich der Tiere wieder aufzunehmen, gewinnen wir die uns angeborene Intuition zurück.

- Wir werden sensitiver gegenüber feinstofflichen Veränderungen in unserer Umgebung. Das schließt die unsichtbaren, subtilen Veränderungen durch das Wetter, die Jahreszeiten, die Äußerungen anderer etc. mit ein.
- Wir lernen, die Botschaften der Natur zu verstehen, so daß wir bevorstehende Ereignisse voraussehen können. Das ist ein echtes Muster für die Zukunft, das auf dem Verständnis des Verhaltens von Tieren beruht und nicht auf Aberglauben.
- Indem wir mit der Welt um uns herum, der physischen und der feinstofflichen, kommunizieren und sie verstehen, lernen wir, visuelle, auditive und taktile Signale zu erkennen und einzusetzen.

- Wir lernen, die Schönheit und Essenz des Lebens in all seinen Ausdrucksformen und auf allen Ebenen zu erkennen.
- Die Kraft unserer Phantasie bleibt lebendig.

Es gibt noch viel mehr in der Welt der Feen als nur Feen, Elfen, Gnome und Elementargeister. Auch Tiere spielen eine bedeutsame Rolle. Von der Fähigkeit vieler Elfen und Feen, ihre Gestalt zu verändern, haben wir bereits gesprochen. Am häufigsten wählen sie die Gestalt eines Tieres. Die Feen und Elfen wissen, daß die Welt der Tiere eine große Anziehung auf die menschliche Vorstellungskraft ausübt.
Eine tierische Gestalt anzunehmen, dient mehreren Zwecken. Sie ermöglicht den Feen und Elfen, sich in die Welt der Menschen zu wagen, ohne durch deren Neugierde gestört zu werden. So können sie das menschliche Verhalten beobachten, ohne selbst beobachtet zu werden. Es ist eine Form, die dem Durchschnittsmenschen weniger Angst einjagt als viele Erscheinungswesen, die Elfen und Feen sonst verwenden. Es erhöht unser Interesse an diesem Aspekt von Mutter Natur und unsere Faszination. Es kann auch eine Form der Boshaftigkeit und des Spiels sein.

Wenn wir uns der Welt der Feen öffnen, wird auch unsere Verbindung zum Reich der Tiere stärker. Tiere werden oft in ungewöhnlichen Beziehungen zu Feenwesen auftauchen. Vielleicht sehen Sie eine Fee, die rittlings auf einer Feldmaus sitzt, oder winzige Elfen, die auf einem Glühwürmchen reiten. Oder Minipferde und riesige Vögel. Und während Sie sich diesen neuen Wahrnehmungen öffnen, scheint alles, was Ihnen bisher vertraut war, zusammenzubrechen.
Sie sehen vielleicht ein Kaninchen in Blau, ein Pferd in Rot und einen Igel in Weiß. Und eine Eule flüstert mit einem aus-

ländischen Akzent. Oder sie hören eine Fliege über Philosophie parlieren und sehen einen Käfer mit goldenen Schuhen oder einen Fuchs im Frack. Und ein Blatt singt, während es sanft vom Baum sinkt. Eine Krähe bringt Sie zum Lachen, bis Ihnen der Bauch wehtut. Oder Sie nehmen den Gesang der Nachtigall als Farbwellen in der Luft wahr. Im Feenreich wird das Normale phantastisch, und das Phantastische normal.

Wenn Sie sich dem Reich der Feen und Elfen öffnen, öffnen Sie sich auch jenen phantastischen Geschöpfen, die der Vorstellungskraft entsprungen sind. Es ist das Heim der mythischen Geschöpfe und der wundersamen Tiere, von denen wir gelesen und die wir in unseren Träumen gesehen haben. Oft sind diese wundersamen Geschöpfe eine Kombination aus Wirklichkeit und Phantasie, aber selbst wenn man sich ihnen nur von einer symbolischen Ebene aus nähert, helfen sie uns doch, unser normales Bewußtsein und unsere Wahrnehmung zu transzendieren.

Vielleicht begegnen Sie einem geflügelten Pferd wie Pegasus aus der griechischen Mythologie. Dieses Wesen ist Symbol für die erhöhte Macht der natürlichen Kräfte und reflektiert die Fähigkeit, das Tier in uns unter Kontrolle zu halten und seine Energien einzusetzen, damit wir uns zu neuen Höhen emporschwingen können. Er kann Symbol sein für die zunehmende Fähigkeit, uns von der Welt der Sterblichen in das Reich der Feen zu begeben.

Oder Sie treffen bei Ihren Abenteuern mit dem Wasserelement ein Wesen wie den norwegischen Kraken. Dieses legendäre Seemonster war die Ursache großer Strudel. Es besaß einen runden, flachen Körper mit vielen Armen und war so groß, daß Matrosen es oft für den Rücken einer Insel hielten. Es ist das Symbol für das Mysterium des Wassers und die Macht, die dieses über das Leben hat. Die phantastischen Geschöpfe, auf

die Sie im Feenreich stoßen, sind so real wie die Feen und Elfen selbst. Man kann und sollte sich ihnen gleichzeitig von mehreren Ebenen nähern. Die erste ist, sie als eine eigene Lebensform zu betrachten. Als zweites kann man sie als eine Kraft des Feenreichs ansehen und aus der Gestalt schließen, wie sich jene Kraft manifestieren wird. Und als drittes hat das Geschöpf immer auch eine symbolische Bedeutung - für Sie oder einen bestimmten Aspekt Ihres Lebens.
Egal, was das Geschöpf darstellt oder welche Form es annimmt - jeder seiner Aspekte hat eine Bedeutung und sollte beachtet werden. Dazu gehören Farbe, Form, Größe, Temperament etc. Alle diese Attribute sind symbolisch und sollten zumindest von der Ebene aus betrachtet werden, die mit Ihnen und Ihrem Leben in Beziehung steht. Je mehr Sie verstehen und tieferen Sinn darin finden, desto deutlicher wird sich die Kraft für Sie manifestieren.
Vorgefaßte Meinungen über diese mystischen und phantastischen Geschöpfe sind oft nicht haltbar. Sie mögen tatsächlich einem Drachen begegnen, aber er kann die Größe einer Libelle haben. Oder Sie treffen einen Riesen oder ein Ungeheuer und stellen fest, daß er so nett ist wie Ihr bester Freund. Denken Sie daran, die Verbindung zum Feenreich hilft uns, die Scheuklappen abzulegen und uns neuen, kreativen Möglichkeiten zu öffnen.
Die Energien der Feen und ihre Fähigkeiten, Sie, Ihr Bewußtsein und Ihr Leben zu beeinflussen, sind großartig. Seien Sie vorsichtig mit Vermutungen. Und bitte: Erschlagen Sie den Drachen nicht. Betrachten Sie ihn als eine Kraft, die Ihnen Energie geben kann.
Die phantastischen Geschöpfe des Feenreichs sind selten und sehr einsam, da sie noch menschenscheuer sind als Feen und Elfen. Sie mögen jahrelang im Reich der Feen arbeiten und

spielen, ohne je den Schatten eines solchen Geschöpfes zu sehen. Vielleicht werden Sie ihm tatsächlich niemals begegnen. Wenn es dennoch geschieht, dann wird dies für Ihr Leben eine große Bedeutung haben. Es ist am besten, sich nicht bewußt auf die Suche zu machen, denn die Energien dieser Wesen sind viel stärker als die der Feen und Elfen, und es kann schwierig werden, damit umzugehen. Vergessen Sie nicht - wie die Feen und Elfen können sie ein dynamischer Katalysator in Ihrem Leben sein.

Die nachstehenden Beschreibungen dienen nur als Anhaltspunkt. Die Zahl der Phantasiegeschöpfe dieses Reiches ist unbegrenzt. Sie manifestieren sich in vielen Formen.

Wenn Sie einem Geschöpf von furchterregender Gestalt begegnen, dann kann dies ein Symbol für Energien in Ihrem Leben sein, vor denen Sie sich hüten sollten. Denken Sie daran - die Wesen dieses Reiches wählen oft eine Form, von der sie wissen, daß Sie damit etwas anfangen können. Sie mag Symbol für eine Gefahr sein oder für das, was Sie überwinden müssen, wenn Sie die Pfade zwischen den Welten betreten wollen. Solch ein Wesen kann auch ein Spiegel der Kraft der Natur sein, die manchmal erschreckend ist, wenn man sie nicht versteht und respektiert.

Diese Liste ist also, wie gesagt, nur eine Hilfe. Sie gibt Ihnen gewisse Anhaltspunkte hinsichtlich der bekanntesten Geschöpfe, denen Sie begegnen können, und nennt Ihnen einige ihrer verborgenen Bedeutungen und Kräfte. Mit Hilfe dieser Liste werden Sie die Rolle der Wesen in diesem Reich besser verstehen.

Drachen

Drachen sind phantastische Geschöpfe, die auf der ganzen Welt in unterschiedlicher Form aufgetaucht sind. Obwohl das

Christentum sie als böse abgestempelt hat, sind sie der Inbegriff von Kraft und Stärke schlechthin.
Die meisten Drachen werden als eine Kombination von mehreren Tieren dargestellt. Sie können den Körper einer Schlange und die Klauen eines Löwen haben, die Flügel eines Adlers oder einer Fledermaus. Sie können vielköpfig sein wie eine Hydra oder ihre Form immer wieder ändern.
Das Wort 'Drachen' stammt aus dem griechischen *drakon* und bedeutet *Schlange* oder *großer Wurm.* Es war das griechische Verständnis des Drachens, das zum Prototyp für die westliche Welt wurde.
Drachen waren oft Hüter von Schätzen oder Torwächter zu Schatzkammern, zum Beispiel an der Quelle neben dem Baum, an dem das Goldene Vlies hing, oder jener Drache, der die goldenen Äpfel der Hesperiden hütete. Er gilt als Symbol für verborgene Weisheit, die sich enthüllen wird, oder für eine neue Schwelle in Ihrem Leben, die Sie bald überschreiten werden.
Der Basilisk war ein sehr bösartiger Drache. Er ähnelte einer Kobra und wurde oft als schreckliches Geschöpf dargestellt. Er spie Feuer, und sein Gift war tödlich. Schon ein Blick aus seinen Augen konnte töten. Traf ein Mensch einen Basilisken und erblickte das Monster zuerst, blieb der Mensch am Leben. Umgekehrt mußte der Mensch sterben.
Viele Eigenschaften des Basilisken und anderer Drachen sind symbolisch zu sehen. Die Auffassung, daß er töten konnte, hatte wahrscheinlich mit dem Schock zu tun, den der Mensch bekam, wenn er dieses seltsame und mächtige Geschöpf sah, so seltsam und mächtig wie die Veränderungen, die sich im Leben und im Bewußtsein eines Menschen als Folge einer solchen Begegnung ergaben. Der Tod kann als Sterben eines Aspekts im Leben des Menschen gedeutet werden.

So erschreckend der Basiliskdrachen auch war - er besaß große magische Kräfte. Seine Haut konnte Schlangen und Spinnen abwehren, und Silber, mit seiner Asche vermischt, wurde zu Gold. Kristall reflektiert seinen tödlichen Blick und sein Gift. Es heißt, die Augen seien der Spiegel der Seele, und die Basiliskgestalt des Drachens lehrt uns, die wahre Seele eines Menschen zu sehen, indem wir in seine Augen blicken. Dieser Drachen weiß, wie man die Augen einsetzt, um Zugang und Kontrolle zu gewinnen.

Diese Form des Drachens rufe und bitte ich in meine heimische Umgebung, wenn ich auf Reisen bin. Er beschützt das Haus und alles in ihm. Die Energie dieses Hüters sorgt dafür, daß sich Einbrecher in der Nähe des Hauses unwohl fühlen und mein Haus meiden.

In anderen Länder werden Formen und Mythen des Drachens anders dargestellt. Der Inbegriff des Drachens des alten englischen Volksguts ist wahrscheinlich am ehesten in dem Ungeheuer Grendel des Epos *Beowulf* zu finden. In Ägypten wurde das Volk der Schlangen und Drachen von Ibis bewacht.

Die Chinesen vermitteln uns eine andere Sicht des Drachens. In ihrer Mythologie sind Drachen mächtige, meist wohlwollende Wesen. Sie sind nicht nur feuerspeiende Ungeheuer, sondern haben Verbindung zu jedem der vier Elemente. Es gibt Wasserdrachen und Wolkendrachen. Der Hauptdrache (der mächtigste) hat immer fünf Klauen und hält - entweder in den Klauen oder unter dem Kinn - eine große Perle. Diese Perle ist magisch und kann alles, womit sie in Berührung gerät - Nahrung, Essen, Juwelen, um nur einige Beispiele zu nennen - vervielfachen.

Der Drache war die Quelle zahlreicher schöpferischer und zerstörerischer Mythen und Märchen. Er symbolisiert die ungeheure Kraft, die die Menschen mit ihm verbinden, und hat ihre

Phantasie im Osten wie im Westen beflügelt. Er ist eines der Geschöpfe im Reich der Feen, das immer noch große Achtung und sogar Angst hervorruft, selbst wenn er im allgemeinen gutartig ist.

Der Drache tritt in vielen Größen und Formen auf und ist meist die Personifizierung des Lebens schlechthin. Seine Augen sind oft glitzernde Quellen oder aus Gold. Er kann besser als jedes andere Tier hören und sehen. Sollten Sie bei Ihren Abenteuern im Feenreich auf einen Drachen stoßen, so kann dies bedeuten, daß sich Ihre Sinne und Ihre Lebensenergien vervielfachen werden.

Der Drache steht für Weisheit, Stärke und spirituelle Macht und ist Symbol für die Urkraft der Schöpfung. Er ist aber auch Beschützer, und wenn Sie einem Drachen begegnen, werden Stärke und Schutz in Ihrem Leben zunehmen.

Drachen sind wundervolle Wesen und eine der größten Belohnungen, wenn Sie sich dem Feenreich öffnen. Wie in Kapitel 8 beschrieben, sollten Sie Basilikum pflanzen (geweiht der Basiliskgestalt des Drachens) wenn Sie einen Drachen einladen und Ihre Wahrnehmung schulen möchten.

Einhorn

Das Einhorn ist zum dynamischen Symbol von Magie, Zauber und den Kräften des Feenreichs schlechthin geworden. Anziehungskraft und Symbolgehalt des Einhorns sind universell. Es findet sich in Indien, Afrika, China, Mesopotamien, Babylon, im frühen Christentum, sogar in modernen Geschichten und nicht zuletzt im Volksgut. In Lewis Carrolls *Alice hinter den Spiegeln* trifft Alice ein Einhorn, und James Thurber beschrieb eine humorvolle Begegnung mit einem Einhorn in seiner Geschichte *Das Einhorn im Garten.*

Das Einhorn wird unterschiedlich dargestellt. Bei den klassischen Autoren besaß es den Kopf eines Hirsches, die Füße eines Elefanten, den Schwanz eines Bären und den Körper eines Pferdes. Und ein einziges schwarzes Horn. Der griechische Schriftsteller Ctesie beschrieb in *Indica* das Einhorn mit einem weißen Körper, einem purpurfarbenen Kopf und dunkelblauen Augen. Sein Horn war unten weiß, in der Mitte schwarz und an der Spitze dunkelrot. In den meisten Abbildungen jedoch wird es als Pferd mit einem einzigen gedrehten Horn auf der Stirn dargestellt.
Vielleicht ist der einleuchtendste Grund für die weitverbreitete Anziehungskraft des Einhorns der, daß es durchaus im Bereich des Möglichen liegt. Schließlich haben viele Tiere auf unserem Planeten Hörner ... warum also nicht ein Pferd?
Das Einhorn spricht die Vorstellungskraft an. Es ist ein Teil der Welt des Traumes, Symbol für die Sonne und ein langes Leben und steht für Geheimnis, Kraft, Schönheit, Reinheit und Wildheit. Es verkörpert die Sehnsucht des Menschen nach dem Geheimnisvollen und dem Unerreichbaren. Ein Einhorn zu töten, bedeutet, die Unschuld zu verlieren.
Sein Heim ist der Apfelbaum, und so ist Apfelblütenduft in der Meditation günstig, um ein Einhorn anzulocken. Auch Zeder ist gut, da das Einhorn seine Schätze in einer Schachtel aus Zedernholz hüten soll.
Demut, Reinheit des Herzens und sanfte, liebende Unschuld sind die Eigenschaften, die ein Einhorn anlocken. Die Suche nach dem Einhorn läßt sich mit der Suche nach dem Heiligen Gral vergleichen - nur der Stärkste und Reinste wird es finden.
Die Begegnung mit einem Einhorn kann neues Verständnis für Reinheit und Keuschheit und die wahre Kraft der Sexualität wecken. Das Einhorn hütet das Wissen und die Schätze der Alchemie, es kann Heilung stimulieren und Wasser allein

durch seine Gegenwart reinigen. Mehr als alles andere wird eine Begegnung mit einem Einhorn die Phantasie beflügeln, und wenn die Phantasie wirklich frei ist, steht das Tor zum Reich der Feen weit offen.

Greif

Der Greif hat seinen Ursprung im Mittleren Osten und wird im allgemeinen als Kombination tierischer Eigenschaften dargestellt. Meistens ist er teils Löwe, teils Adler (Flügel und Kopf haben das Aussehen des Adlers). Andere haben in ihrer Darstellung dem Greif Attribute aus jedem Teil des Königreichs der Tiere gegeben: den Schnabel eines Falken, die Augen eines Menschen, die Ohren eines Fisches, den Schwanz einer Schlange etc. Manchmal wird er sogar mit dem Geweih einer Antilope dargestellt, als Symbol für seine Schnelligkeit, und mit goldenen Federn auf dem Kopf, am Hals und an den Flügeln als Zeichen seiner spirituellen Magie.

Im allgemeinen ist jedes Geschöpf ein Greif, das eine Mischung aus Säugetier und Vogel ist, ungeachtet der anderen spezifischen Eigenschaften. Als Geflügelter und als Vierbeiner dargestellt, ist er Symbol für Himmel und Erde, Geist und Materie, Gut und Böse. Als Hüter soll er beschützend und sanft sein; als Rächer bösartig und unnachgiebig.

Oft wird der Greif als Rächer der Feen und Elfen dargestellt, da er ihr Reich vor Mißbrauch und ungewünschten Eindringlingen beschützt. Diese Fürsorge und dieser Schutz äußern sich durch ein Naturphänomen (Sturm etc.). Bei den Assyrern kam der Todesengel in Form eines Greifs. Er stand für die Einheit zwischen dem Falken und seinem Sonnenaspekt und den Katzenaspekten der Nacht - ein Symbol nie endender Wachsamkeit.

Eine Begegnung mit einem Greif ist eine Begegnung voller Magie und Kraft. Er ist immer wachsam und behütet Erde und

Himmel. Das bedeutet Schutz während Schlafen und Wachen. Der Greif hat ein außerordentlich gutes Gehör, und wenn er als Ihr Beschützer arbeitet, reagiert er auf Ihr leisestes Flüstern. Er weckt in Ihnen auch die Fähigkeit, die wahre Bedeutung hinter den Worten anderer Menschen zu erkennen.

Der Greif ist schneller als ein Blitz. Bei der ersten Begegnung findet man ihn oft ruhend, die Augen allerdings immer wachsam. Und meistens wüten im Hintergrund Blitz und Donner, als wolle er sich deutlich vom Himmel abheben. Nach drei Tagen Begegnung mit einem Greif im Feenreich - egal, wie sehr diese ein Produkt der Einbildung sein mag (wie Sie vielleicht glauben) - wird es, wenn es eine echte Begegnung war, blitzen und donnern.

Nach solch einem Ereignis werden Sie in der sterblichen Welt oft eine Feder bekommen - als Geschenk eines Menschen, oder Sie finden sie auf der Erde rein 'zufällig', aber sie wird eine einzigartige Feder sein. Normalerweise geschieht dies innerhalb von sieben Tagen und stellt eine direkte Verbindung zu dem Greif und seinen Energien dar. Die Feder zu halten und mit ihr zu meditieren, ist eine Möglichkeit, den Greif herbeizurufen. Eine meiner schönsten Federn erhielt ich nach einer Begegnung mit einem Greif (ich erzähle die Geschichte am Ende dieses Kapitels).

Adler-, Geier- und Falkenfedern sind direkt verbunden mit dem Greif der Alten. Sie wurden einst in Fetischen verwendet, um seinen Einfluß herbeizurufen. Noch besser geeignet war der goldene Adler, auf Grund der goldenen Feder an Kopf und Hals. (Dabei muß ich erwähnen, daß es heutzutage vielerorts verboten ist, Federn von Adlern und den meisten Raubvögel zu besitzen, da viele dieser Arten gefährdet sind.) Die Begegnung mit einem Greif ist Vorbote einer Zeit voller Macht und Magie, da diese zu immenser Stärke und Offenheit für jegliche Aufgabe, die uns die Zukunft bescheren mag, führen wird. Sie ist ein Hinweis auf einen neuen Weg im Leben - eine Zeit der Aktion und neuer Lösungen durch die Verbindung Ihrer sensitiven Energien mit den Aktivitäten des Alltags.

Phönix

Der Phönix ist der legendäre Vogel, der sich dem Feuer opferte, um neu geboren aus der Asche emporzusteigen. Viele Geschichten ranken sich um den Phönix. Ihre Helden haben ein langes Leben, und der Phönix taucht entweder kurz vor oder nach ihrem Tod auf. Der Tod gibt dem Helden die Chance, neu zu leben.
Mit seinen goldenen und roten Federn, seinem fasanenähnlichen Kopf und dem langen Gefieder rührt der Phönix Körper und Seele an. In der chinesischen Mythologie ist das Federkleid eine Mischung aus fünf Farben, die eine Harmonie aus fünf Noten bilden und einen lieblichen Klang haben. In Ägypten wurde er mit der Verehrung des Sonnengottes Ra in Verbindung gebracht, und sogar im Christentum steht er als Symbol für Tod und Wiederauferstehung Jesu.

Nach der Überlieferung gibt es immer nur einen einzigen lebenden Phönix, der fünfhundert Jahre alt wird. Er legt ein goldenes Ei, und während es vom Feuer verzehrt wird, schlüpft der neue Phönix aus dem Ei und schwingt sich aus den Flammen empor. Er ist ein uraltes Symbol für die Sonne und die Wiederauferstehung, für das Leben nach dem Tod. Er steht für die unsterbliche Seele, Liebe, ewige Schönheit und Freiheit.
Der Phönix ist eines der wenigen Phantasiegeschöpfe, die zu suchen Spaß machen kann. Die beste Zeit ist der frühe Morgen, wenn die Sonne erwacht, oder in den letzten Strahlen der

Abendsonne. Die besten Jahreszeiten für eine Begegnung mit dem Phönix sind Frühling und Herbst. Myrrhe ist ein Duft, mit dem man ihn anlocken kann. Eine Begegnung mit dem Phönix steht für ein neues Leben, Energie, also einen Neubeginn schlechthin und wird immer dynamisch und positiv sein.

Riesen

Riesen spielen in vielen Schöpfungsmythen und -erzählungen eine Rolle. Die Griechen hatten ihre Titanen und die Germanen ihre Riesen - von den Frostriesen bis zu den Riesen wie *Rübezahl.* Im sumerischen *Gilgamesh-Epos* war der Riese Humbaba der Hüter des Garten der Ishtar, und die Bibel erzählt die Geschichte von dem Riesen Goliath.

Riesen sind Symbole für die Urkraft von Mutter Natur und hüten oft einige ihrer Schätze. Es gibt Hügelriesen, Bergriesen, Flußriesen und Waldriesen. Sie verkörpern die Energie ihrer natürlichen Umgebung und halten den Schlüssel zu deren Weisheit und Macht. Sie sind weder gut noch schlecht, aber ihre Energien verstärken die Energie des Menschen.

Sasquatch (Großfuß) in Nordamerika, der *Yeti* (der schreckliche Schneemann) im Himalaya und andere Riesen dieser Art gehören zum Feenreich. Sie spiegeln die Energien ihrer Umgebung wider und nehmen oft eine Form an, in der sie sich leicht bewegen können. Daher ist es so schwierig, ihnen auf die Spur zu kommen und sie ausfindig zu machen. Weil sie Teil des Feenreiches sind, können sie verschiedene Gestalt annehmen und sich sichtbar oder unsichtbar machen.

Riesen haben den Blick für das richtige Verhältnis der Dinge zueinander. Sie können auch Symbol dafür sein, wie Sie am besten über Ihre gegenwärtige menschliche Statur hinauswachsen können. Die spezifischen Eigenschaften und die Gestalt des Riesen liefern die entscheidenden Schlüssel.

Riesen und große Geschöpfe im Feenreich dienen oft als Lehrer und Beschützer. Obwohl uns in Geschichten wie *Jack und die magischen Bohnen* und bei Begegnungen mit den Zyklopen in der *Argonautensage* negative Aspekte der Riesen begegnen, bilden diese eigentlich die Ausnahme. Für Menschen, die nicht verstehen, wem sie in diesen Wesen wirklich begegnen, verkörpern sie Furcht und Schrecken. Und das ist schade, denn Riesen lassen sich nicht in eine bestimmte Schablone pressen.
Riesen sind eine Bündelung von Energien und Verhaltensweisen, die sie verstärken und an sie zurückgeben. Sie werden von den Menschen angezogen, die Stärke brauchen, Angst haben und introvertiert sind, und von jenen, die ein freundliches und ein kindliches Gemüt haben. Sie verteidigen das gemeine Volk und die einfache Würde, ein gutes Leben zu führen.
Sie nehmen eine Gestalt und ein Erscheinungsbild an, die für Sie persönlich eine starke Symbolik und Bedeutung haben. Oft kümmern sie sich um das, was am ehesten geschätzt werden sollte, aber oft nicht anerkannt ist. So kann zum Beispiel ein einäugiger Zyklop ein Lehrer sein, der das innere Auge öffnet oder weitsichtige Visionen erzeugt.

Sirenen

Den Sirenen werden oft die negativen Aspekten der Wassergeister zugeschrieben. Sie werden als Vogelfrauen oder als Seenymphen dargestellt. Nach der Überlieferung gehörten sie dem weiblichen Geschlecht an und sangen so süß und verführerisch, daß sie die Seeleute verzauberten und deren Boote an den Felsen der Sirenen-Inseln zerschellen ließen. Eigentlich sind diese Geschichten viel symbolischer als alles andere, da sie die Verlockung des Feenreichs für die, die seinen Ruf hören, wiedergeben. Sirenen sind aber auch Symbol für das

Sterben eines unserer Aspekte, wenn wir uns einander öffnen. Kontakt mit einer Sirene kann das Geheimnis um die magische Kraft des Wortes lüften. Sirenen hüten das Wissen der Verzauberung und der Verlockung, und obwohl oft als häßliche Erscheinungen dargestellt, macht ihr Gesang sie schön. Diese Wesen halten den Schlüssel zu unserer inneren Schönheit - ungeachtet unserer äußeren Erscheinung.

Sphinx

Die Gestalt der Sphinx umgibt ein großes Mysterium. Für die Griechen war sie ein geflügeltes Ungeheuer mit dem Kopf einer Frau und dem Körper eines Löwen. Bei den alten Phöniziern hatte sie den Körper eines Löwens und den Kopf eines Mannes oder einer Frau. Die Ägypter gaben ihr den Körper eines Löwen und den Kopf eines Mannes, Widders oder Habichts. (Letzteres hat eine enge Verbindung zu dem Bild und der Kraft des Greifs, mit dem die Sphinx verwandt ist).

Die Sphinx symbolisierte göttliches Wissen und die Kraft des Geistes, der sich zu neuen Höhen und Wahrnehmungen emporschwingen kann. Dieses Geschöpf hütete die alten Mysterien. Um sich diesen Mysterien zu öffnen, mußte der Suchende eine Prüfung bestehen oder ein Rätsel lösen. Die Strafe für Versagen war der Tod - und oft genug war es die Sphinx selbst, die den Menschen verschlang. Dies symbolisiert die Gefahr, wenn der Mensch sein Wissen nicht nutzt oder mißbraucht. Vergeßlichkeit, Unwissenheit oder Geisteskrankheit hindert den Menschen daran, Zugang zu den wahren Mysterien und zu höherer Weisheit zu erlangen.

Eine Begegnung mit der Sphinx kündigt eine Zeit des Lernens und der Erfahrung an, eine Gelegenheit für den Geist, sich über die Natur zu erheben, und ist gleichzeitig ein Hinweis, daß der Verstand mit der Seele verbunden ist.

Die Sphinx verfügt über die Kunst der Prophetie und des Wahrsagens, ist die Hüterin des Wissens und der Schönheit von Vergangenheit und Gegenwart. Sie kann jegliche Art verborgener Liebe (sei sie gut, schlecht oder gleichgültig) enthüllen und hält auch den Schlüssel für die physischen und spirituellen Mysterien von Sexualakt und Geburt.

Wassermänner und Seejungfrauen

Wie bereits in dem früheren Kapitel über die Geister des Wasserelements gesagt, ist es auch wichtig, sich mit diesen Geistern als Phantasiegeschöpfen des Feenreiches zu beschäftigen. Seejungfrauen sind Frau bis zur Taille, den unteren Teil bildet ein Fischschwanz, manchmal sind es zwei Beine oder zwei Schwänze. Sie haben eine wunderschöne Stimme und liegen oft ruhend auf einem Felsen.

Eine Seejungfrau ist die Inkarnation der Schönheit, die das Wasser in all seiner Vielfalt bieten kann. Eine Begegnung mit einer Seejungfrau kann Sie bereichern oder in Gefahr bringen, je nachdem, wie sehr Sie im Gleichgewicht sind. Diese Wesen nehmen Sterbliche unter ihre Fittiche und sind starke und treue Beschützer, wobei sie sich vorzugsweise um Frauen kümmern, für die sie sogar als Rächerinnen auftreten.

Seejungfrauen sind Symbol für Toleranz und die Trennung zwischen Tier und Verstand und symbolisieren erwachende Freiheit und Vorstellungskraft. Sie haben die Macht über Stürme und das Wissen künftiger Ereignisse, können Wünsche erfüllen und dem Menschen übernatürliche Kräfte verleihen. Manchmal verraten sie das Versteck verborgener Schätze und lehren Weisheit.

Das männlichen Gegenstück zur Seejungfrau ist der Wassermann. In der griechischen Mythologie stellte Triton - ein seegeborener Gott, der Vereinigung von Poseidon und Amphitrite entsprungen - die Verkörperung dieses Bildes dar, denn er besaß Kopf und Rumpf eines Mannes und den Schwanz eines Fisches.

Zentauren

Zentauren sind halb Pferd, halb Mensch. Meistens wird die menschliche Hälfte als männlich dargestellt, sie kann aber auch eine Frau sein. Die tierische Hälfte ist mal ein Pferd, mal ein wilder Esel.

In der Mythologie haben die Zentauren ihren Ursprung in Babylonien, wo sie Schutzgeister waren. Bei den Griechen galten sie als gewalttätig und als Menschenfresser und Blutsauger.

Geschöpfe mit halb menschlichen, halb animalischen Eigenschaften haben stark symbolischen Charakter. Sie stehen für eine Bewegung weg vom Tier, da sie eine Veränderung im Bewußtsein und ein Anheben auf eine neue Bewußtseinsebene repräsentieren.

Zentauren sind sehr triebhafte Geschöpfe; sie wecken starke sexuelle Reaktionen. Eine Begegnung mit einem Zentauren kann zu einer Lektion zum Thema Sexualität führen, bei der man lernt, seine dynamische Kraft auf neue Weise einzusetzen, und kann somit eine Zeit symbolisieren, in der wir aus Turbulenzen heraus größeres Wissen erlangen.

Die Begegnung mit einem Zentauren kann auch ein Hinweis darauf sein, daß Sie in einem bestimmten Bereich Ihres Lebens Schutz brauchen. Zentauren werden gelegentlich zu Beschützern der Sterblichen und dienen ihnen als Führer und Helfer. Chiron ist wahrscheinlich der bekannteste von ihnen. Als Lehrer von Achilles, Herkules und Äskulap verfügte er über großes Wissen in Medizin, Heilkunde und Alchemie. Chiron ist auch der Hüter der Ehe.

Eine Eheschließung bedeutet ein stark symbolträchtiges alchemistisches Ritual auf vielen Ebenen und steht für die Vereinigung von Gegensätzen - eine neue Verbindung zu größerer Fruchtbarkeit und Kraft. Eine Heirat trägt das Versprechen neuen Lebens in sich, das in Gang gesetzt werden kann durch eine Begegnung mit einem Zentauren.

Auszug aus meinem persönlichen Tagebuch
Als ich am Kapitel über die Phantasiegeschöpfe arbeitete, fragte ich mich, warum kein Greif gekommen war, um die Zerstörung hinter meinem Haus zu verhindern. Jene Wesen und Geschöpfe des Natur-Elements reagieren eigentlich immer sofort.
Ich beendete das Kapitel und sah, daß auch die Arbeiter fertig waren. Was für ein trauriger Tag! Obwohl sie sich bemüht hatten, es 'nett' zu machen, verspürte ich ein wehes Gefühl der Einsamkeit.
Als ich mich an jenem Abend vor dem Fernseher entspannte, vernahm ich plötzlich ein lautes, klirrendes Geräusch. Ich stellte den Fernseher leise, hörte aber nichts mehr. Dann, eine halbe Stunde später, krachte und splitterte es, und dann war das Haus in völlige Dunkelheit gehüllt. Der Strom war ausgefallen.
Als ich in den Hinterhof ging, hätte ich beinahe laut "Hurra" gerufen: Einer der Bäume, den die Arbeiter stehengelassen hatten, war gespalten, als wenn der Blitz hineingefahren wäre. Der Stamm war umgestürzt und hatte die Stromleitungen zum Apartmentkomplex hinweggefegt. Ich konnte mir nicht helfen, mir kam die Verbindung Elektrizität und Greif als Wächter in den Sinn. Ich schloß die Augen und sandte ein ruhiges Dankeschön an den Greif. Er hatte soeben seine Visitenkarte abgegeben.
Als ich mich am nächsten Morgen auf der Veranda hinter meinem Haus niederließ, entdeckte ich zu meinen Füßen eine kleine, einzigartige Feder. Als ich sie aufhob, verspürte ich einen Luftzug und fühlte mich an die Schwingen eines Greifs erinnert. Eine Gänsehaut überlief mich. Da hatte ich die Bestätigung!

Kapitel 11

SCHUTZGEISTER

Wenn wir uns mit Volksmärchen und -mythen beschäftigen, finden wir viele Wesen mit übernatürlichen Fähigkeiten, die den Menschen halfen, sie leiteten oder ihr Schicksal veränderten. In den traditionellen Mythologien lag die Fähigkeit, das Schicksal und Leben eines Menschen zu beeinflussen, meistens im Einflußbereich gewisser übernatürlicher Wesen.

Götter und Göttinnen hatten oft ihre Lieblingsmenschen, denen sie halfen oder denen sie die Mittel gaben, sich selbst zu helfen. In der griechischen Sage von Perseus stattete ihn der Gott Hermes mit einem unbesiegbaren Schwert und Kenntnissen aus, die ihm bei seiner Suche helfen sollten. Athene lieh ihm außerdem ihren eigenen Schutzschild, den er als Spiegel verwendete, um sich vor dem tödlichen Blick der Medusa zu schützen.

Schon immer hat es Wesen gegeben, die das Lebensmuster für Frauen und Männer woben. War dies einmal geschehen, hatte der Mensch wenig Chancen, etwas zu ändern, obwohl Götter und Göttinnen oft das Gewebte nach ihren eigenen Vorstellungen färbten. In der griechischen Mythologie waren es die Parzen, die die Richtung eines menschlichen Lebens bestimmten: Die Göttin Klotho spann den Lebensfaden, Lachesis hielt und maß den Faden und hütete das Element des Glücks, und Atropos herrschte über Leben und Tod, indem sie den Faden abschnitt.

Die nordischen Entsprechungen zu der griechischen Parzen waren die Nornen: *Urd* (Vergangenheit), *Verdandi* (Gegenwart) und *Skuld* (Zukunft). Mit den Nornen in Verbindung standen die Disen, die Schicksalsgöttinnen, die die Talente eines Menschen bewachten. Disen, die in Träumen Warnungen und Rat sandten, hießen *Hamingias;* die *Giptes* schenkten bevorzugten Menschen Glück und Schätze, und Elfenmädchen sorgten für die Ungeborenen und suchten liebevolle Mütter für die Kinder.

Das Wirken der Disen entspricht dem traditionellen christlichen Glauben an einen Schutzengel. Jedes Kind kennt diesen Begriff, und die meisten Menschen glauben, daß sie in unserem Leben von einem besonderen Engel behütet werden. Tatsächlich stehen wir jedoch unter den liebevollen und wachsamen Augen einer ganzen Gruppe von Engeln oder ihren jüngeren Brüdern und Schwestern aus dem Feenreich, die uns unterstützen, ohne für uns zu handeln.

In einigen Kulturen finden sich große Geister in Tiergestalt, die Menschen in Zeiten der Not und der Prüfung Schutz gaben und ihnen besondere Eigenschaften und Kräfte verliehen. Das geschah oft in alten schamanischen Kulturen, zum Beispiel bei den amerikanischen Indianern. Manchmal war es das Orakel einer Quelle oder eines Brunnens, das zum Hüter wurde und das Schicksal eines Menschen beeinflußte. Manchmal war es ein alter Mann oder eine alte Frau, von denen der Mensch einen weisen Rat bekam. Die Zukunft des Helden oder der Heldin hing in diesen Märchen sehr oft davon ab, wie er oder sie mit diesem Rat umging.

Ein anderes Mal wurden einfache Feen und Elfen zum Beschützer eines Menschen - manchmal nur für eine bestimmte Zeit, manchmal sogar auf Dauer -, denn, auch wenn viele Feen und Elfen ihre Zeit damit verbringen, bescheidene Aufgaben auszuführen, besitzen sie doch außerordentliche Stärke und nehmen oft eine große Ähnlichkeit mit bestimmten Menschen an. Dies zeigt sich in dem Märchen *Der Schuhmacher.*

In dem Märchen von *Rumpelstilzchen* dient der magische Zwerg vorübergehend als Schutzgeist der Müllerstochter und hilft ihr, Stroh zu Gold zu spinnen. Von allen Märchen jedoch regen Geschichten wie *Schneewittchen, Dornröschen* und *Aschenputtel* die Phantasie am stärksten an.
Viele Wesen aus dem Feenreich besitzen die Fähigkeit, Sterbliche mit großen Gaben zu beschenken. Sie werden Pate und Patin genannt und beschützen Menschen und helfen ihnen oder anderen Wesen des Feenreichs, ihr Schicksal zu verändern. Dazu gehören die traditionellen Schutzgeister wie auch jene Feen und Elfen, die uns im normalen Alltag helfen.
Jene Wesen, die für die Schutzgeister in der Überlieferung als Inspiration gedient haben, sind Geister von hohem Alter und großer Kraft. Die *Weißen Frauen* und die *Fées* gehören zu den bekanntesten. Mit dem Aufkommen des Christentums und seiner Ablehnung derartiger Überlieferungen in Verbindung mit der Rationalität der Menschheit und ihrem Mißbrauch der Natur scheinen beide verschwunden zu sein. Sie sollen jedoch, so erzählt man sich, in diesem Jahrhundert wiederkehren. Auf meinen Reisen habe ich viele Menschen getroffen, die eine Begegnung mit solch einem Wesen hatten.
Die *Weißen Frauen* sind sehr alt und weit entwickelt. Sie entsprechen etwa unserem überlieferten Glauben an Engel. Man sieht sie eigentlich nur, wenn sie ein Kind küssen, es segnen, oder wenn man allein in der Natur ist. Dann treffen Sie vielleicht nur eine alte Frau, die durch die Wälder streunt und stehenbleibt, um Sie zu grüßen, und wenn Sie sich umdrehen, ist sie verschwunden. Das ist oft die erste Begegnung und der Beginn eines Segens der *Weißen Frau.*
Dieser Segen bringt oft eine Veränderung Ihrer Lebensweise und -umstände mit sich. Was nicht funktioniert hat - jetzt funktioniert es. Die Dinge und Menschen, die Ihnen Proble-

me gemacht haben, ändern sich oder verschwinden aus Ihrem Leben. Türen öffnen sich. Sie treffen Menschen, die Ihnen und dem, an das Sie glauben, mehr entsprechen.
Die *Fées* werden oft als die ältesten Wesen auf dem Planeten bezeichnet. Von ihnen stammt das traditionelle Bild der Schutzgeister mit dem blauen, bauschigen Gewand und dem Zauberstab. Die Farbe und Form des Gewandes ist nichts anderes als ein Symbol für die Energie, die diese Wesen ausstrahlen. Sie finden sich in jedem Winkel der Natur, und ihren Rat sollte man ganz genau befolgen.
Sie treten als Fremde auf, die etwas borgen, von dem sie wissen, daß Sie es haben. Der einzelne ist oft erstaunt, woher eine *Fée* das weiß. Wie die *Weißen Frauen* verschwinden sie oft unmittelbar danach, als hätten sie sich in Luft aufgelöst. Aber irgendwie geben sie das Geborgte wieder zurück, meistens ohne direkten Kontakt, aber mit ihrem Segen. Sie finden es zufällig wieder, oder entdecken einen anderen Gegenstand oder eine Geldsumme dort, wo Sie es am wenigsten erwartet haben. Dann beginnt der Segen zu wirken.
Die meisten Feenpaten und -patinnen sind wunderschön und besitzen große Kraft. Sie kontrollieren die dynamischen Elementarkräfte und werden von ihren jüngeren Brüdern und Schwestern geachtet und geliebt. Sie müssen nicht, wie wir oft glauben, weiblich sein. Wie im Kapitel über die Feuergeister beschrieben, waren sie diejenigen, die als Modelle für die dienstbaren Geister des Volksguts gedient haben. Sie nahmen gern männliche Gestalt an (wenn auch nicht ausschließlich) als Symbol für den dynamischen maskulinen Aspekt der Feuerenergie, mit der sie arbeiten.
Einige Paten und Patinnen passen sich bestimmten Menschen an, andere einer bestimmten Umgebung. Im letzteren Fall ist das Betreten jener Umgebung eine Möglichkeit, in den Ge-

nuß des Segens der Waldfrauen, des Herrschers des Sees, des Berggeistes zu gelangen. Interessanterweise hausen vor allem in Birkenhainen *Weiße Frauen*, die über den Hain wachen und über alle, die in ihm leben oder durch ihn hindurchgehen. Meistens wird man einer *Weißen Frau* nicht direkt begegnen, aber es gibt Ausnahmen.
Schutzgeister pflegen zu Beginn ihre wahre Erscheinung oder ihren wahren Zweck nicht zu offenbaren. In vielen Kulturen gibt es Märchen und Mythen von Schutzgeistern, die spezifische Formen angenommen haben, um die Zuneigung potentieller menschlicher Schützlinge zu testen. Nur wenn der Mensch den Test besteht, hat er die Chance, dem Schirmherrn einst in seiner wahren Gestalt zu begegnen. Andernfalls wird er nie erfahren, daß er eine große Chance vertan hat.
In der spanischen Überlieferung gibt es das Märchen von den *anjanas*, den Bergnymphen. Diese Wesen nehmen die Form einer alten Frau an, um die Liebe menschlicher Wesen zu testen. Wird der Test bestanden, enthüllen sie ihre wahre Erscheinung.

In Wirklichkeit sind sie schöne, junge Frauen mit blondem Haar und blauen Augen, in Gewänder aus Blüten und silbernen Sternen gehüllt. Sie tragen einen goldenen Stab und grüne Strümpfe. Sie beschützen die Tiere, und unter der Erde besitzen sie Paläste aus Juwelen und andere Schätze. Die Berührung ihres Stabes macht alles und jeden reich. (J. E. Cirlot, Dictionary of Symbols).

Viele Kulturen kennen Geschichten von Schutzgeistern und Wesen, die in unterschiedlichster Gestalt die Liebe der Menschen getestet haben. Das Volk der Bantu in Afrika erzählt von Songi, der großen Mutter, die die Gestalt einer alten Frau

annahm, um zu schützen und zu segnen. Sogar der nordische Gott Odin betrat die Welt der Menschen in Verkleidung, wobei er einen Hut trug, den er schräg ins Gesicht gezogen hatte, um seine leere Augenhöhle zu verbergen.
Die Wohltaten, die ein Schutzgeist den Menschen angedeihen ließ, hingen sehr davon ab, wie er in seiner verkleideten Gestalt behandelt worden war. Schutzgeister haben bestimmte Bedingungen, die erfüllt werden müssen, bevor man zu ihrem Schützling werden kann:

- *Der Mensch muß frei sein.*
Das heißt nicht: ohne Verantwortung, Familie oder Ehepartner. Gemeint ist eine eher geistige Form der Freiheit. Der Mensch sollte ein Freidenker, kreativ sein, und nicht den Strukturen der Gesellschaft oder einem religiösen Glauben verhaftet.

- *Der Mensch muß offen sein.*
Diese Offenheit bezieht sich auf neue Ideen und neue Möglichkeiten. Wer nicht in der Lage ist, das Leben mit anderen Augen oder aus einer anderen Perspektive zu betrachten, wird niemals das Feenreich wahrnehmen. Der Mensch darf nicht an die Vergangenheit oder Gegenwart gebunden sein. Dies bedingt eine Art Unschuld - eine kindliche Unschuld, die aufgeschlossen und aufnahmebereit ist für neue Wunder.

- *Der Mensch muß anderen gegenüber großmütig sein.*
Nächstenliebe ist eine der wichtigsten Prüfungen der Wesen aus dem Feenreich. Das bedeutet: Der Mensch sollte unter allen Umständen gütig sein und Mitgefühl für alle Formen des Lebens (Mensch, Fee, Tier, Pflanzen etc.) haben.

- Der Mensch muß von Natur aus höflich und freundlich sein.
Höflichkeit ist in allen Bereichen und Lebensformen wichtig und bezieht sich nicht nur auf Menschen. Das ist einer der Tests, den Wesen aus dem Feenreich oft verwenden, bevor sie eine engere Begegnung mit einem Menschen eingehen. Sie werden versuchen herauszufinden, wie höflich und freundlich Sie wirklich sind.

- Der Mensch muß in Worten und Taten wahrhaftig und aufrichtig sein.
Wie gesagt, Feen und Elfen lehnen Schwätzer oder Menschen ab, die alles nur oberflächlich verrichten. Verantwortung auf allen Ebenen zu übernehmen ist eine Eigenschaft, die für Feen und Elfen sehr wichtig ist. Wahrhaftigkeit ist für sie gleichfalls von großer Bedeutung. Dabei legen sie selbst nur selten einen Eid ab, weil sie Lügen voll und ganz ablehnen. (Der Gedanke, daß die Lüge einer Fee nur dann geduldet und vergeben wird, wenn sie aus Nächsten- oder romantischer Liebe geschieht, hat mit ihrem schlechten Ruf und den Amouren zu tun, die man ihnen nachsagt). Das Wort oder das Versprechen einer Fee ist rein, und sie erwartet vom Menschen dasselbe.

Ich kenne keine einzige Methode oder Meditation, mit der man den Schutz eines Wesens aus diesem Reich herbeirufen kann. Machen Sie sich einfach bereit, indem Sie die oben beschriebenen Eigenschaften entwickeln, und verbringen Sie dann so viel Zeit wie möglich in der Natur. Zeigen Sie Respekt für Mutter Natur in all ihren Ausdrucksformen. Engagieren Sie sich in schöpferischen Tätigkeiten, singen und meditieren Sie in und mit dem Reich der Natur. Selbst wenn dies nicht sofort einen Schutzgeist in Ihr Leben bringen sollte, wird es Sie offen machen für das Wispern der Elfen und die Liebkosungen der Feen. Ein neues Leben, voller Veränderung und Wunder, wird die Belohnung sein.

Kapitel 12

DAS MAGISCHE LEBEN LEBEN

Es gibt wirklich kein großartiges mystisches Geheimnis, um das magische Leben zu leben. Allerdings läßt es sich nicht durch Zaubersprüche, Amulette, Rituale oder Anrufungen erreichen, und auch nicht, indem man sich dem Leben oder der Verantwortung unseres Mitwirkens im Alltag entzieht. Es geschieht, wenn man bereit ist, sich den unendlichen Möglichkeiten zu stellen, die jeder Tag bietet. Und das ist nur möglich, wenn man erkennt, daß Wachstum und Reifen nicht bedeutet, das *Innere Kind* zu leugnen oder zu mißachten.

Als wir Kinder waren, war die Welt voller Zauber. Jeder Tag bot neue Abenteuer und neue Wunder. Jeder Mensch und jedes Ding war etwas Besonderes. Und alles, was wir uns vorstellen konnten, war real - sei es ein Geist, ein Raumschiff oder eine Fee. Wir konnten sein, was wir wollten. Morgens Indianer, nachmittags auf der Suche nach einem vergrabenen Schatz, und abends der Spielgefährte eines Einhorns. Es gab keine Grenzen und keine Schranken!

Es war eine Zeit, in der die Entfernung zwischen unserer Welt und der der Phantasie nicht größer war als die zum Schrank oder zum Hinterhof. Jeder Grashalm und jede Blume konnte eine Geschichte erzählen.

Auf unserer Suche nach dem modernen Leben haben wir verlernt, mit den Augen eines Kindes zu sehen. Statt dessen machen wir uns lustig über jene, die es tun.

In einer Welt der Technologie und des High Tech haben wir unser Gefühl für die Nuancen der Natur verloren. Wir haben Grenzen um uns herum aufgebaut und schützen uns vor dem, was wir nicht verstehen. Unser Leben erscheint sicherer, aber

es hat viel von seiner Verzauberung verloren.
Wir haben vergessen, daß es im Universum mehr gibt als das, was sich innerhalb unserer eigenen Lebensgrenzen aufhält. Es ist leicht, eine falsche Zufriedenheit aufzubauen und ein ungestörtes Leben zu leben - egal, wie begrenzt und langweilig es ist. Die meisten Menschen fürchten sich vor der Suche nach dem, was vielleicht gar nicht existiert. Für viele wird es nie eine Jagd nach dem Schatten geben. "Am besten die Finger davon lassen, und sich mit dem zufrieden geben, was greifbar ist. Oh, mag sein, daß es irgendwo da draußen wundersame Dinge gibt, aber vielleicht sind sie auch gar nicht so wundervoll." Solch eine Einstellung ist traurig, denn sie erstickt die Neugierde und nimmt die Chance zu träumen.
Furcht verschließt die Tür zum magischen Leben, sie bringt die Ströme zum Schweigen und gebietet den Winden Einhalt. Furcht hindert uns daran, Tiere und Pflanzen als etwas zu sehen, was nicht von uns getrennt ist, und läßt nur das menschliche Leben als Leben gelten. Dadurch verliert die Natur ihren Zauber.
Die heutige Wissenschaft lehrt, daß jede Erscheinung ein Objekt oder Prozeß profaner Art ist und nicht Teil eines großen Ganzen. Das ist der Grund, warum die Natur vom Heiligen getrennt und unsere Fähigkeit, Liebe und Mitgefühl für alles Leben auf der Erde zu empfinden, verschwunden ist.
Wir alle sind Inkarnationen von Gaia, der Erdgöttin. Wir sind verwandt mit allem, was auf der Erde ist - sichtbar und unsichtbar, belebt und unbelebt. Um diese Verbindung auf allen Ebenen erleben zu können, müssen wir unsere Aufmerksamkeit nach innen richten. Das ist jedoch schwierig, vor allem in einer Welt, in der sich die Konzentration auf das Äußere und Oberflächliche richtet und wir oft vergessen, aus unserer Mitte zu leben.

Was also ist zu tun?
Wir müssen unsere Selbst-Wahrnehmung ändern. Wir müssen uns dieses Selbst als bewegliche, atmende, lebendige Kraft bewußt machen. Wir müssen jede Berührung als Übermittlung von Energie ansehen - Energie, um zu verletzen oder zu heilen. Wir müssen lernen, jedes Wort als fühlbaren Fluß einer Energie zu sehen, die abgegeben wird, um jene, die hören, zu berühren - zum Guten oder Schlechten, zum Fluch oder zum Segen. Wir müssen lernen, die Welt durch die Augen eines jeden Menschen zu sehen, dem wir begegnen - und jeden Schritt als eine Verehrung des Lebens und jeden Atemzug als ein Gebet. Und, vor allem: Wir müssen uns bewußt werden, daß unsere Familie nicht beschränkt ist auf die Menschen, mit denen wir unter einem Dach leben.
Der einzige für mich geltende Grundsatz ist: “Nie wird uns eine Hoffnung, ein Wunsch oder ein Traum geschenkt, ohne daß wir die Möglichkeit haben, ihn in die Realität umzusetzen, und das einzige, was uns diese Chance nehmen kann, ist, wenn wir darauf verzichten, indem wir Kompromisse schließen.”
Um ein magisches Leben führen zu können, brauchen wir die Bereitschaft, Langeweile und Vorurteile zu opfern.
Indem wir lernen, uns den verborgenen Bereichen des Lebens und seinen Quellen zu öffnen, nehmen wir Einfluß auf unser Leben und unsere Umgebung. Wir öffnen uns der uns angeborenen Fähigkeit, mit der Energie und dem Leben auf allen Ebenen zu arbeiten. Wir lernen, uns auf diese Gabe einzustimmen, sie zu stärken und umzuwandeln. Unser Leben ist umgeben und durchdrungen von der Ehrfurcht gebietenden Kraft der Natur. Wir haben die Wahl, mit ihr zu arbeiten und schöpferisch umzugehen, oder uns von ihr zu trennen und sie zu zerstören. Es liegt ganz allein bei uns.

Jene verzauberten Welten existieren nach wie vor, weil das Kind in uns niemals stirbt. Die Tore mögen im Dunkeln liegen, aber wir können sie suchen. Noch immer gibt es Abenteuer, noch immer Bäume, die sprechen, und Höhlen, die zu den Reichen unter der Erde führen. Immer wird es Feen und Elfen geben, die in der Natur tanzen, weil sie in unseren Herzen tanzen.

Mögen deine Augen stets offen sein
Möge dein Herz überfließen
Das, was dich verzaubert, schützt dich -
Sei dir dessen stets bewußt

Anhang A

MUSIK FÜR FEEN UND ELFEN

Instrumente, deren Musik Naturgeister anziehen

Gnome und Erdgeister
Schlagzeug
Trommel
Rassel
Gong
Glockenspiel
Blechinstrumente

Undinen und Wassergeister
Glockenspiel
Rohrflöten
Saiteninstrumente
Singstimmen

Sylphen und Luftgeister
Blasinstrumente
Flöten
Wind-Glockenspiele

Salamander und Feuergeister
Sistrum (Rassel)
Lyra
Harfe
Komponieren

Musikstücke, die den Kontakt mit dem Feenreich begünstigen

Richard Wagner
Ritt der Walküren
Feuerzauber
Ring des Nibelungen

Edvard Grieg
Halle des Bergkönigs
Anitras Tanz
Nocturne

Erik Satie
Gymnopédies

Christoph Gluck
Tanz der gesegneten Geister

Claude Debussy
Nocturnes
Die überflutete Kathedrale
Heilige und profane Tänze

Ludwig van Beethoven
Pastorale

Felix Mendelssohn-Bartholdy
Ein Sommernachtstraum

Peter Tschaikowski
Schwanensee
Dornröschen

Charles Ives
Der Teich

Johannes Brahms
Sinfonie Nr. 2

Anhang B

ASTRALE TORE ZUM FEENREICH

Die Symbole auf der übernächsten Seite sind sehr wirkungsvoll, um sich den Naturelementen von astraler Ebene zu nähern. Diese Symbole stammen aus der Astrologie und arbeiten in der gleichen Weise wie die Tattvas* im Hinduismus. Sie öffnen Türen und aktivieren die damit verbundenen Kräfte der Natur. Die Symbole sind am wirkungsvollsten, wenn man sie in Meditationen einsetzt, die ich in diesem Buch beschrieben habe, um mit den Kräften der einzelnen Elemente in Verbindung zu treten.

Nachdem du dich auf die Meditation vorbereitet hast (entspannt und ungestört bist), konzentriere dich auf die zwei Symbole - elementar und spirituell - des Elementes und seiner Geister, mit denen du Verbindung aufnehmen möchtest.
Beschäftige dich bewußt mehrere Minuten lang mit den Symbolen, so daß du sie mit geschlossenen Augen sehen kannst. Vielleicht möchtest du sie in bestimmten Farben visualisieren, um die Wirkung zu verstärken:

Erde = Erdtöne oder Gelb
Wasser = Grün oder Silber
Luft = Blau
Feuer = Rot oder Orangerot

---

* Grundprinzipien im Hinduismus, die mit den vier Elementen gleichgesetzt werden.

Jetzt schließe die Augen und beginne das Elementarsymbol zu visualisieren. Vor deinem geistigen Auge siehst du, wie sich dieses Symbol ganz deutlich und immer klarer bildet. Sieh, wie es immer größer wird. Visualisiere es und stell es dir als eine Tür vor, durch die du hindurchgehen kannst. Die Konzentration auf das Elementarsymbol aktiviert die Kraft und Energie des Elements und holt sie in den Vordergrund.
Visualisiere, wie du durch diese Tür einen kleinen Gang betrittst, der mit kristallinem weißen Licht erfüllt ist. In diesem Raum fühlst du dich sicher und geborgen.
Visualisiere das Symbol für den spirituellen (unsichtbaren) Aspekt desselben Elements. Sieh, wie es sich vor dir bildet und wächst, um eine zweite Tür zu schaffen. Die Konzentration auf dieses Symbol ist ein Signal an jene Wesen aus dem Element, mit denen du in Verbindung treten möchtest.
Tritt durch diese Tür in die Meditation oder das Feenmärchen, das du gewählt hast. Die Verwendung dieser beiden Türen macht deine Verbindung stärker und die Antwort auf die Übungen dynamischer.
Am Ende einer jeden Übung gehst du durch die Tür des spirituellen (unsichtbaren) Symbols des Elements zurück. Dreh dich um, schau die Tür an und stell dir vor, wie sie kleiner wird und sich schließt. Dann dreh dich wieder um und verlasse diesen Korridor aus Licht durch die erste Tür, die das Elementarsymbol gebildet hatte. Stell dir vor, wie die Tür kleiner wird und sich schließt. Jetzt beende deine Meditation.

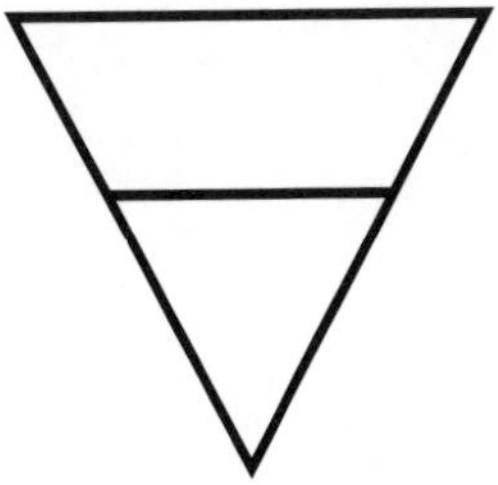

Elementar Erde

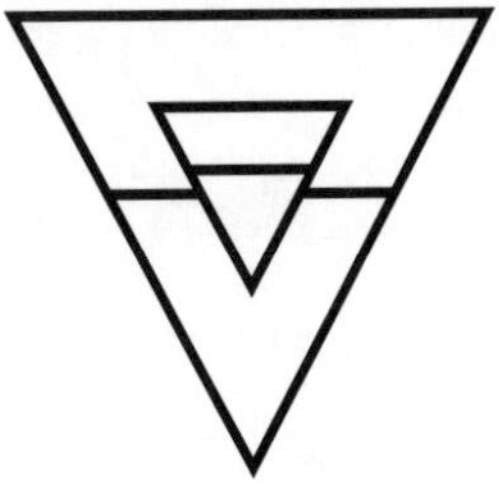

Spirituell (unsichtbar)
Erde

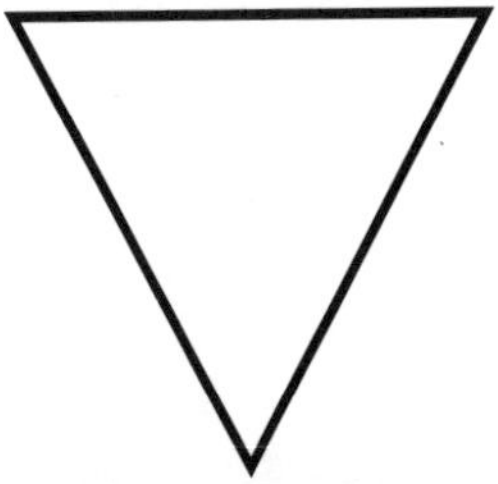

Elementar Wasser

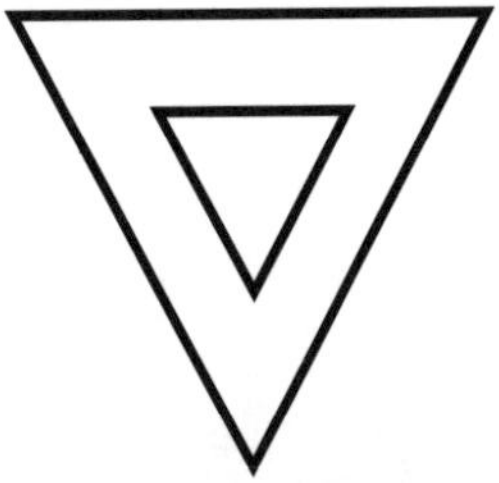

Spirituell (unsichtbar)
Wasser

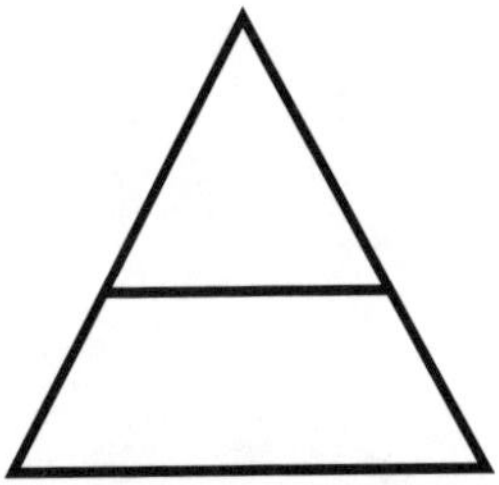

Elementar Luft

Spirituel (unsichtbar)
Luft

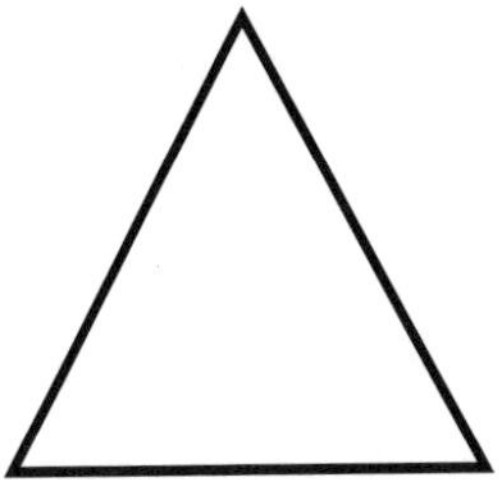

Elementar Feuer

Spirituell (unsichtbar)
Feuer

ISBN 3-931 652-17-3
gebunden, 304 Seiten, DM 33,00

Jean-Marie Paffenhoff

Die Engel Deines Lebens

Wie Du mit ihnen Kontakt aufnimmst

Ein Buch über unsere drei unterschiedlichen Schutzengel und darüber, wie wir mit ihnen in Verbindung treten können. Es werden die Zusammenhänge der Schutzengel zur Bibel, zur Kabbala und zum hebräischen Alphabet erläutert. Der Autor gibt außerdem eine Einführung in das System der Kabbala mit Meditationstechniken.

ISBN 3-923 781-85-7
gebunden, 190 Seiten, DM 29,80

Heinrich R. Hrdlicka

Der Zufall und seine Gesetzmäßigkeit

Liebesbotschaften der Engel

In diesem Buch geht es darum, ein neues Verständnis für unser Leben zu entwickeln und die Situationen, die uns zufallen, im Sinne einer höheren Ordnung zu deuten.
Durch die Verbindung zu den Engelwesen, die uns liebe- und humorvoll zur Seite stehen, lernen wir, mit dem Alltag anders umzugehen, in negativen Ereignissen einen Sinn zu sehen, Leid anzunehmen und in Liebe umzuwandeln.

ISBN 3-923 781-77-6
gebunden, 9 Farbbilder, 40 Seiten,
DM 19,80

Christiane Rackuff

Die kleine Blätterfee

Märchen von Mut und Wandlung

»Jedes Blatt wird eine Fee«. So singt es die Amsel, wenn die Sonne frühmorgens die Vogelnester mit ihren ersten Strahlen umfängt, so flüstert es der Wind, der zwischen Gräsern und Blumen weht. Die Botschaft des Märchens heißt Mut zur Veränderung und mit dem Herzen geben, um das eigene Leben und das Leben aller anderer Wesen zum Guten zu lenken.

ISBN 3-923 781-49-0
gebunden, 8 Aquarelle, 32 Seiten,
DM 16,80

Hans Friedrich Werkmeister

Myrikos

Der Autor schildert die Freundschaft zwischen dem Schutzengel Myrikos und seiner Tochter Andrea. Sie sah ihren Schutzengel täglich und redete mit ihm. Auch ihr Vater durfte ihn bei Gelegenheit sehen.

Eine wahre spirituelle Erzählung für Kinder von 4 bis 100 Jahren.

Elsa Barker

Licht hinter dem Schleier

Wegweiser in die vierte Dimension

ISBN 3-931 652-03-3
gebunden, 270 Seiten, DM 29,80

»Licht hinter dem Schleier« nimmt uns die Angst vor dem Tod und läßt uns die Verbindungen zwischen der irdischen und jenseitigen Welt erkennen.
Dieses Buch macht uns durch authentische Geschichten mit einer Welt vertraut, die wir mit unserer Innenwelt ständig berühren, jedoch meistens nicht bewußt wahrnehmen. Lebendig und spannend wird diese in ihrer Vielschichtigkeit und mit ihren unterschiedlichsten Wesen beschrieben.

Marianne Dubois

Erwachen zur Freude

ISBN 3-931 652-02-5
gebunden,176 Seiten, DM 29,80

Die Autorin, die einen erstaunlichen Zugang zu einer Ebene hat, die jenseits unserer Dualität existiert, gibt Antworten auf Fragen, die jeden von uns ansprechen. Diese zeigen uns ungewöhnliche, wirkungsvolle und einfache Lösungen für unsere persönlichen existentiellen Probleme in allen Lebensbereichen auf.
Wir finden uns an einem inneren Ort wieder, wo uns Harmonie, Freude und Gelassenheit berühren und wir in der Lage sind, Liebe in den Mittelpunkt unseres Lebens zu stellen.